文史哲學集成

陳雄勳著

知止齋論學集

——詩歌論・詩詞課・文叢合集

文史哲出版社印行

國家圖書館出版品預行編目資料

知止齋論學集：詩歌論、詩詞課、文叢合集 / 陳雄勳著. -- 初版. -- 臺北市：文史哲, 民86
面：　公分.（文史哲學集成；391）
ISBN 957-549-116-5(平裝)

848.6　　86016093

知止齋論學集

—詩歌論、詩詞課、文叢合集

編著者：陳　雄　勳
出版者：文史哲出版社
登記證字號：行政院新聞局版臺業字五三三七號
發行人：彭　正　雄
發行所：文史哲出版社
印刷者：文史哲出版社
臺北市羅斯福路一段七十二巷四號
郵政劃撥帳號：一六一八〇一七五
電話 886-2-23511028・傳真 886-2-23965656

實價新臺幣三〇〇元

中華民國八十六年十二月初版

ISBN 957-549-116-5

作者的知止齋校書圖

(中華民國美術協會會長余偉畫)

黃序

中國文學發源甚早，西周初年，詩歌興源於北地；戰國時期，楚辭崛於南方，此史有可稽者。至於相傳卿雲之詩、大禹之歌，爲肘之遙遠，更無論矣。至其體制，則風雅互興，騷賦並作；其內容則茂於哀樂，緣事而發，粲然可觀。降及後世，樂府創於漢世，民歌興於六朝，散文盛於唐宋，表奏弔祭，各體並興，衆制鋒起，可謂盡矣。

吾友陳雄勳教授，早年志學，精研中國文學，於詩詞文聯，書論銘誄，兼具各體之長，執教上庠，講授詩詞，其所著述，有詩歌論、詩詞課與其平時酬應詩文聯及應各方邀請演講詞多篇，結集出版，名爲《知止齋論學集》。古云：「於止知其所止，蓋欲止於至善也。」此陳教授之謂歟！是爲序。

丁丑年初夏　**黃錦鋐**敬述

自序

我六歲入私塾，塾師陳占元先生，係清末秀才，擅長書法，因此，我自小就喜歡毛筆字，陳先生首先教我《三字經》、《千字文》，依次背完《孝經》、《大學》、《中庸》、《論語》、《孟子》，然後回過頭來，背誦先此唸過的四子書的朱註。到十歲，已背誦完的有《詩經》、《左傳》三十餘篇、《莊子》五篇、屈原的〈離騷〉、唐宋八家文五十餘篇、《千家詩》、《唐詩三百首》等，這一年政府強制取締私塾，嚴格要求轉入新式小學，接受那時所謂「洋學堂」的教育。年十三，考進尤溪縣立初中。初一國文老師陳瘦愚先生，每每喜歡把他作的詩，寫在黑板上，講解給我們聽。當時聽得津津有味的，似乎只有我一個人，我還每週自行到陳先生住處，向他請教，從此，我與詩遂結下了不解之緣。初二國文老師王逸民先生（筆名柳虞慧），浙江紹興人，原是《東南日報》編輯，教法很合學生口味，可惜只教了一學期就辭職，回《東南日報》去了。同學們依依不捨，要我作一首詩送給他。這首詩是我少時唯一勉可成詩的「傑作」：

師道崇隆仰斗魁，春風桃李及時栽。半年化雨苗初茁，應記南中眾小孩。

之後，高中、大學階段，零零散散地也作了些詩，可惜沒有保存，連刊登福州中央日報、閩報的詩，竟然只保有民國三十七年所寫的〈登南平明翠閣〉、〈暮春次韻酬冰絃〉等幾首而已。三十八年仲夏由福州避地臺員，得和都中詩壇諸大老往返，積詩漸多，民國五十九年曾承商務印書館刊行《唱隨集》，民國六十四年世界書局刊行第二集，均已售罄，原書局同意由作者收回自行改版。六十四年至八十六年春，其間所作詩，因遷居頻繁，除刊載刊物部分，託蒲筱芸小姐代爲搜尋影印，得以保有外，其餘全都散失了。

民國八十五年夏天，因患運動神經元病，辭掉所有的課，留美就醫，眼看病情日漸惡化，左手指幾已全部無力，右手指看情況也不妙，乃決定在繼續整理數十年來詩稿預備和繼室范月嬌教授詩稿另行合刊前，先就幾十篇雜文與三十多年前任教高中、專校時所存的詩歌論、詩詞課兩稿合成一集，取名爲「知止齋論學集」，交由文史哲出版社刊行。認識我的朋友和學生，不會以淺陋而不自知取笑吧。這本書能夠獲得文學大師黃錦鋐教授惠賜序文，感激無比，謹此誌謝。

中華民國八十六年（西元一九九七年）夏日　**陳雄勳**　自識於美國新澤西州

知止齋論學集　目　錄

——詩歌論・詩詞課・文叢合集

文叢

詩歌論

詩的起源

詩是藝術的藝術，所以，論詩的起源，便牽涉到藝術的起源問題。藝術的起源，有一派人從心理學的觀念去觀察，認爲藝術的衝動，是人類的本能，如康德（Kant）、席勒（Schiller）以及斯賓塞（Spencer）的「遊戲本能說」，亞里斯多德（Aristotle）的「模倣本能說」，達爾文（Darwin）的「吸引本能說」等，這些人，有的認爲人類實際生活上，受了物質與精神方面的拘束，常置身於兩種爭鬥的中間；如果我們有了生之餘裕力的時候，即尋求官能與理性的調和之天地，這便是遊戲，故遊戲衝動是藝術的起源。有的人認爲人類從嬰兒時起便善於模倣自然，故模倣衝動是藝術的起源；有的認爲外界好聽的聲音，好看的色彩，都可以引起藝術的衝動，故「吸引」也是藝術的起源。雖然，他們觀察立論的角度不同，但其基本觀念，卻是相去無幾，他們都認爲藝術的產生，全在人類本能的衝動。另一派人則從社會的實際生活情況觀察，如主張「勞動說」的格羅色（Grosse），主張「神話說」的勃格坦諾夫（Bogdanov），以及其他所謂「戀愛說」、「戰爭說」等等，這些說法，都有其歷史根據。大體說來，詩的起源，不外下列幾端：

一、**男女的戀愛**——在上古時代，男女戀愛，多用唱詩做媒介。例如中國的苗、猺族的「跳月」，他們就是在風和日麗的時候，男女相與唱歌於山巔水涯，大家合意的，就在當時結婚。猺歌：「思娘猛——行路也思，睡也思。行路思娘留半路，睡也思娘留半牀。」（娘指女情人）苗歌：「遠處唱歌沒有離，近處唱歌離一身。願兄爲水，妹爲土，和來揑作一個人。（離，就是和合的意思。）」我想就是這種「跳月」的情歌了。

又如六朝的子夜歌：

攬枕北窗臥，郎來就儂嬉，小喜多唐突，相憐能幾時？

江浙一帶流行的民歌：

竹公、竹婆、竹爺娘！今年讓儞長，明年讓我長。儞長無用處，我長嫁兒郎。

粵人民歌：

「一頭東風二頭西囉，兄當行船妹唔知囉，上高落下要仔細囉，免得你妹掛心懷囉。」「約郎約到月上時，等郎等到月差西，不知是奴處山低月上早，還是郎處山高月上遲。」這些都是婦孺皆知的情詩。

詩經中很多都是情歌，就以關雎篇爲例：

關關雎鳩，在河之洲；窈窕淑女，君子好逑。

> 參差荇菜，左右流之；窈窕淑女，寤寐求之；求之不得，寤寐思服；悠哉悠哉，輾轉反側；
> 參差荇菜，左右采之；窈窕淑女，琴瑟友之。
> 參差荇菜，左右芼之；窈窕淑女，鐘鼓樂之。

這首詩，詩序說是美周文王后妃之德的詩，其實完完全全是一首男女情戀的詩，古往是這樣，現在也是這樣。以往詩人淡妝濃抹的香艷詩，卿卿我我的疑雨體，是從這個原因產生的。現在新式詩「平行線」的無期戀愛，「植物」的情婦愛，「圓規的雙腳」的夫妻愛一類情詩，也都是起源於這個原因的。

二、感情的衝動——感情的衝動，也就是所謂「藝術的衝動，是人類的本能」說。朱文公詩經傳序說：

> 人生而靜，天之性也。感於物而動，性之欲也。夫既有欲矣，則不能無思；既有思矣，則不能無言；既有言矣，則言之不能盡，而發於咨嗟咏歎之餘者，必有自然之音響節族而不能已矣，此詩之所以作也。

這是說人的感情受到外物的影響而激盪，發之於聲，甚至於手舞足蹈而不能已，完全是自然的流露，這種基於悲歡的感情衝動，便是最眞摯的詩。例如樵夫哭母歌：

> 叫一聲，哭一聲，兒的聲音娘慣聽。如何娘不應？

項籍垓下歌：

力拔山兮，氣蓋世，時不利兮，騅不逝，騅不逝兮，可奈何？虞兮，虞兮，奈若何？

劉季的大風歌：

大風起兮，雲飛揚。威加海內兮，歸故鄉。安得猛士兮，守四方。

樵夫是不識字的人，劉邦、項籍也都是老粗，他們並無意作詩。但是一是心裡悲痛很深，一是心裡得意非凡，說不出，卻唱得出，不唱出來，心裡便會不舒服；唱出來之後，心裡才會好過些，這是天籟，就是游夏之徒也不能贊一辭。李陵見蘇武苦盡甘來，可以回到漢朝去了，在餞別蘇武的席上，感到自己身處異域，生不得歸鄉邦，死不得正丘首，悲傷悔恨得不能已，於是他起來歌道：

徑萬里兮度沙幕，爲君將兮奮匈奴。路窮絕兮矢刃摧，士衆滅兮名已隤，老母已死，雖欲報恩將安歸？

這都是由於感情受到外物的激蕩，發抒悲歡的情緒，藝術由此而產生，眞正的好詩也由此而來。

三、戰爭的鼓舞——上古的時候，人民無日不在爭鬥中，戰鬥精神非常普遍，因爲「詩可以興。」它能使人神經受到刺激而狂熱，戰爭時很用得著。這和蟋蟀打鬥時，振翼發聲，戰勝後發聲鳴叫，是同樣道理。這種情況也是詩的起源之一。例如北朝敕勒歌：

敕勒川，陰山下（音户），天似穹廬，籠蓋四野（音墅）。天蒼蒼，野茫茫，風吹草低見牛羊。

相傳這首詩是北齊神武用來鼓舞士氣，安定軍心的歌。據樂府廣題載：「北齊神武攻周王壁，士卒死者十四五，神武憂憤疾發。周王下令曰：『高歡鼠子，親犯王壁，箭弩一發，元兇立斃。』神武聞之，勉坐以安士衆，悉引諸貴人，使斛律金唱敕勒，神武自和之。」

詩經的無衣：

豈曰無衣，與子同袍；王於興師，脩我戈矛，與子同仇。

豈曰無衣，與子同澤；王於興師，脩我矛戟，與子偕作。

豈曰無衣，與子同裳；王於興師，脩我甲兵，與子偕行。

屈原的國殤：

操吳戈兮被犀甲，車錯轂兮短兵接（音霎）。旌蔽日兮敵若雲，矢交墜兮士爭先（音散）。

北朝的折楊柳歌：

健兒須快馬，快馬須健兒，䟆跋黃塵下，然後別雄雌。

杜甫的後出塞：

挽弓當挽強，用箭須用長，射人先射馬，擒賊先擒王……雄劍四五動，彼軍爲我奔，虜其名王歸，繫頸授轅門。

王維的少年行：

一身能擘兩雕弧，虜騎千重只似無。偏坐金鞍調白羽，紛紛射殺五單于。

程善之譯的拔都西征藉以取勝的軍歌：

可汗如太陽，高高坐東方。威德之所被，煜爲天下光。部屬如草木，小醜如冰霜。草木日以長，冰霜日以亡。太陽有出沒，可汗壽無疆。

惟我大可汗，手把旌與旗。下不見江海，上不見雲霓。天亦無修羅，地亦無靈祇，上天與下地，俯伏肅以齊。何物蠢小醜，而敢當馬蹄。

我們讀了這些詩，不禁也雄心勃勃，摩拳擦掌了，詩的刺激作用，其強烈程度可見一斑了。所以「戰爭」也是詩的起源。

四、勞動情趣的激發——勞動時，或因體力疲累，或因情緒沉悶，會情不自禁地喊出來，用以忘記疲勞，發洩沈悶，這便是詩。例如船夫在岸邊拖船上行時，口裏喊的「荷嘿！荷嘿！」的聲音，就是最簡單的詩歌。他們這樣喊著，足藉此以安慰自己，鼓舞工作情趣。拔河比賽，兩方面隊伍口裏都在喊著：「嘿索！嘿索！」的也是一樣原理。這一類的詩，漁人唱的，叫做「漁歌」；樵夫唱的，叫做「樵歌」，撐船的人唱的，叫做「櫂歌」，其他如「牧童歌」、「採茶歌」、「插秧歌」……等等都是。朱自清引台靜農先生山歌原始之傳說一文說：

秦始皇築長城，勞苦死的人很多——孟姜女的丈夫也死在這一役。但大家迫于威力，都不敢不幹。有一天，他們正疲乏不堪的時候，有的瞌睡，有的嘆息，有的手足不能動，深宮裏繡樓上兩位在刺繡的年輕公主，忽然看見這些可憐的人們，他們非常感動，並覺得長此下去，他們怕只有疲乏與倦怠，長城將永修不成；於是作了些山歌來鼓起他們的精神。當時一面作，一面寫，都從樓窗飛給他們。從此他們都高興地唱起來，將所有的疲乏都忘了。

這正有力地說明詩歌有激發勞動情趣的妙用。

在廣東民謳中，有挑水女子唱的歌，牧童唱的歌，車夫唱的歌等等，現舉一例如下：

女子挑水歌：

細妹子，著紅裙，挑擔水桶出河唇（河灘），河唇擔水水會渾，鯉嫲（鯉魚）一撥又過渾。

牧童歌：

牧童兒（音移），眞受欺！夾著鹹魚又無尾（音米），夾片豬肉又有皮；一碗冷飯滌凍水；接轉牛繩又要去，想起悲哀腦根顑，日日如是悲憂慮！哀涕之時涕絲縷，何時得到仙骨髓？行雲駕霧似夢去。

車夫歌：

車夫歡！車夫歡！時來運轉過難關。從此努力新事業，誓死不入膠皮團。（洋車都有膠皮，故云膠皮團。）

在中國古詩裏，有水經注所引的漁歌：

巴東三峽巫峽長，猿鳴三聲淚沾裳！

帆隨湘轉，望衡九面！

劉向說苑所引的榜人女歌：

山有木兮，木有枝，心悅君兮，君不知。

至於孟子中的滄浪歌，屈原楚辭引爲漁人之歌：

滄浪之水清兮，可以濯我纓；滄浪之水濁兮，可以濯我足。

水經注中的：

灘頭白勃堅相持，倏忽淪沒別無期。

朝發黃牛，暮宿黃牛；三朝三暮，黃牛如故。

前者是「行者常苦之」，而唱出來的歌，用以解除心身的疲累，後者是「江湍紆廻」而唱出來的歌，用以發洩心中的沈悶，詩對激發勞動時的情趣，是很有用的。至於「睅其目，皤其腹，于思，于思，棄甲復來！」這類的詩，似是宋國築城的役人嘲笑華元而唱的，其實正藉此發洩一下勞動的煩苦，以滿足其心情，從而提高其工作情趣。所以，勞動也是詩的起源。

五、宗教的媚神——廚川白村在苦悶的象徵中以爲文學的起源由於「祈禱與勞動」（Orae et laborare）。祀神時用以媚神的歌，也是詩的起源之一。古時候，人類對自然界事物的驚奇，因而對神生了恐怖的意志，所以祭神時，便不得不出于歌舞以媚之了。周禮春官所謂「大司樂分樂而序之，以祭以享以祀。」商書言「恒舞於宮，酣歌於室，時謂巫風。」王靜安宋元戲曲史云：「歌舞之興，貞始於古之巫乎？巫之興也，蓋在上古之世，楚語：『古者民神不雜，民之精爽不携貳者，而又能齊肅衷正……如是則明神降之，在男曰覡，在女曰巫……及少皞之衰，九黎亂德，民神雜糅，不可方物，夫人作享，家爲巫史。』」又云：「巫之事神，必用歌舞。」這些都是說明，媚神是詩的起源之一，西洋文藝家也認爲「宗教歌才是一切詩歌的源頭」。（見Kittrdgt英吉利蘇格蘭民間敍事歌引論）中國集媚神歌之大成的，當推屈原，他的九歌，便是媚神詩的代表作。茲錄九歌十一首中的山鬼一首，示例如下：

若有人兮山之阿，披薜荔兮帶女蘿。既含睇兮又宜笑，子慕予兮善窈窕。乘赤豹兮從文狸，辛夷車兮結桂旗。被石蘭兮帶杜蘅，折芳馨兮遺所思。予處幽篁兮終不見人，路險難兮獨後來。表獨立兮山之上，雲容容兮而在下。杳冥冥兮羌晝晦，東風飄兮神靈雨。留靈修兮憺忘歸，歲既晏兮孰華予？采三秀兮於山間，石磊磊兮葛蔓蔓。怨公子兮悵忘歸。君思我兮不得閒。山中人兮芳杜若，飲石泉兮蔭松柏。君思我兮然疑作。雷塡兮雨冥冥，猿啾啾兮狖夜鳴。風颯颯兮木蕭蕭，思公子兮徒離憂。

風土記載：

越俗性率朴，初與人交有禮，封土壇，祭以雞犬，祝曰：「君乘車，我載笠，他日相逢下車揖；君擔簦，我跨馬，他日相逢爲君下。」

民間流行的一首歌謠：

天皇皇，地皇皇，我家有個啼哭郎，見人行過望一望，等我家小兒一睡到天光。

這完全是一首想藉神的保佑，使他家的小兒不再夜夜啼哭的歌，媚神的氣氛十分濃厚。所以，「宗教」的媚神詩，也是詩的起源。

有的人以爲韻語比較容易記憶，應是詩的起源之一，其實這種看法是不正確的，就如蔣伯潛所舉的：

眾志成城，眾口鑠金。

少所見，多所怪；見囊駝言馬腫背。

這兩個例子，上個例子只能說是格言，下個例子只能說是諺語，都不能算詩。（上句出自國語，下句出自牟子）。其他如湯頭歌，千字文，三字經等都不是詩，因爲它欠缺詩的神韻和意境。

總之，詩的起源，固可分爲上述五種，嚴格來說，詩的起源，和藝術的起源一樣，那就是一切藝術的起源，都是由於人生的缺憾，爲了補償人生的缺憾，藝術便產生了，詩是文學的精華，也是藝術的藝術，所以「人生的缺憾」，纔是一切詩篇的起源。人人都知道，在文藝的國度裏，詩是最早產生的作品，人類在未有文學以前，便已有口頭詩的產生。就是因爲詩和宇宙人生的關係最深，它可以調和宇宙，協調人生。「文學寓言」有一段話是很好的說明：

「神剛創造宇宙的時候，地球上只有五個人—哲學家、科學家、商人、聖人和詩人。他們看到宇宙萬物的景象，各人心裡都有感觸。」

哲學家心想：「爲什麼要造萬物？」

科學家心想：「萬物到底是怎麼造的呢？」

商人心想：「但願我能得到這一切。」

聖人心想：「看啊！我願努力使我自己與造物者永遠結合在一起。因爲它是無窮的美，無窮的善，是我心靈的極大安慰。」

詩人沈吟了很久，才低聲自語地說：「萬物的景象太美了。」說著，就動手寫詩。他以生動的筆法，描寫萬物，並且還不停地歌頌。

幾年之後，詩人的詩散佈到全世界的每個角落。當他們各發現了一部份詩的時候，哲學家說：「這些詩幫助我明白了爲什麼要造萬物。」科學家說：「這些詩是結構得最精密的眞理。」商人說：「這些詩非常值錢。」

於是詩人的詩越傳越廣，相愛的人聽到後，更形相愛；相恨的人聽到後，仇恨漸消；快樂的人聽到後，更加快樂；憂傷的人聽到後，不致絕望。很久以後，詩人雖然不再歌唱，但是人人說：「他的詩的確能永垂不朽，因爲這些眞善美的詩，能表達出我們所感觸到的事物。」我們試就「男女戀愛」來說，不是由於「求之不得，寤寐思服。悠哉，悠哉，輾轉反側」之下而產生的詩麼？再以「勞動情趣的激發」來說，什麼「樵歌」「櫂歌」之類，不是由於「好逸惡勞，人之常情。」而人生又不能不勞動，不能不奮鬥之下而產生的詩篇麼？論文學的人，都承認：「文學，由於人生的缺憾而產生。」詩是文學的精華，當然更是如此。俗語說：「家家有本難念的經。」這句話恰當地指出「人生的境遇，沒有一個人能十全十美的。」釋迦牟尼爲了解脫不滿的人生—生、老、病、死，寧願拋棄了王子的高貴生活，跑到菩提樹下，靜坐了四十九天。孔夫子棲棲皇皇，周遊列國十四年（據史記說），「突不得黔。」耶穌的釘死十字架，老莊的無爲，墨子的兼愛，楊朱的私我，孟子的仁義，甚至於屈原的投江，那一個不是爲求解決「缺憾的人生」，求自我安慰之道呢？詩人對此「缺憾的人生」感到不滿，而又無法解決此種不滿之人生，遂發出悲苦怨歎之聲，這便是詩。因此，歷來的大詩人，他的成名之作，都是屬於悲劇的。李後主除「一斛珠」、「菩薩蠻」兩闋外，其餘的都是不朽的作品。屈原的離騷，李杜的詩篇，莎士比亞（Shakespeare）的戲劇，我默伽亞姆（Omar Khayyam）的魯拜集，都是屬於悲劇性的。說到這裡，也許有人要問，那麼，凡屬於喜劇性的，都不是好詩了，我的回答是肯定的。李後主的「一斛珠」、「菩薩蠻」刻畫未始不入微，但終比不上他的「虞美人」、「相見歡」等來的感人。就如劉邦的「大風歌」，表面上似乎是描寫其得意之情，其實，正是反映他心裡的悲哀。因爲他出擊匈奴，兵次平城，被冒頓重重圍困，幾乎做了俘虜。那時，他困苦狼狽的情形，可從漢書匈奴傳所載的「平城歌」，知其梗概。「平城歌」云：「平城之下亦誠苦，七日不食，不能彀弩。」後來雖僥倖突圍成功，但心中仍耿耿於北方的大患，因此很感慨的喊出：「安得猛士兮守四方！」「關雎」「葛覃」，表面上似是愉悅的詩篇，骨子裏也顯示出人間正有多少人，未能琴瑟相友，鳥鳴相喈。屈原的離騷、九章、天問，更是因懷王、頃襄王的失德，不聽忠言，以致「衆踥蹀而日進，美超遠而逾邁。」眼見「郢都之日遠」，終於「秦火入夷陵」，而使他傷心憤恨，於是產生了不朽的詩篇。陳思王、杜工部之作也是一樣。但喜劇性的詩，如果對人生有深遠的影響，仍然是好詩，不過這只是詩人的夢，而不是詩人的眞實，等到從夢境回到眞實時，只有感到更悲哀，更悽戚。王維的竹裏館：「獨坐幽篁裏，彈琴復長嘯；深林人不知，明月來相照。」表面上不是描寫隱士生活的逍遙寫意麼？其實，在此閒逸的夢醒來時，更悲哀到人生的空虛和寂寞呢？陶淵明寫桃花源記，也是由於不滿悲慘的現實，而編撰出他的美夢。西遊記裡「孫悟空大鬧天宮」一幕，看得使人感到全身舒服。三國演義中張飛說：「我哥哥乃漢朝宗親，就稱皇帝有何不可？」以及看到張飛圓睜環眼，喝得曹操心驚膽裂，望西奔逃的一幕，也不禁對此不畏強暴，向強權者挑戰的英雄，樂得發出由衷的喝彩！但仔細一想，這仍是吳承恩、羅貫中二人所編撰的美夢。相反的，正反映出人間的不平，社會的不公。吳承恩生在明朝嘉靖年間，那時政治腐敗社會黑暗，正是「天地閉，賢人隱」之時，他對此非常不滿，但又沒有力量去改造它，只有借用文字的想像反擊。羅貫中寫三國演義的動機，自然也是一樣，這些都和陶淵明寫桃花源記同一旨趣。英國大詩人華雷禮（Valery）說：「詩人在想像裏償還了社會對他的不公。」這眞是一針見血之言。

人類雖是萬物之靈，但不能如鳥兒之自由飛翔，不能如獅虎之孔武有力，不能如蛟龍之翻江倒海，不能如松喬般之長生不老，這是生理方面加予我們的壓制。榮華富貴是人人所喜愛的，孔子說：「富與貴是人之所欲也。」所以，見人家有財富，便希望自己有財富；看人家有地位，便希望自己也有地位。但財富地位，終不可能人人都一樣可以得到的，這便是社會方面加予我們的壓制。人人都希望自己永遠能夠椿萱並茂，琴瑟相調，兄弟無故，朋友相聚，但生離死別，聚散無常，是永遠不可能抹去的字眼，這便是人倫方面加予我們的壓制。人類受了這三大壓制，心頭苦悶得透不過氣來，詩人把人類藏在心頭中的苦悶發洩出來，便是絕妙好詩。陶淵明詩：「望雲慚飛鳥，臨水羨游魚。」這不是對人們之不能像鳥兒一樣地自由飛翔，不能像魚兒一樣地自由遊戲，而感到苦悶徬徨嗎？杜少陵詩：「安得廣廈千萬間，大庇天下寒士俱歡顏。」這不是對士人的寒酸，發出惻隱的悲哀嗎？再就如蘇東坡念奴嬌詞：「大江東去，浪淘盡千古風流人物。」赤壁賦：「挾飛仙以遨遊，抱明月而長終。知不可乎驟得，託遺響于悲風。」白樂天詩：「田園寥落干戈後，骨肉流離道路中。」李義山詩：「夕陽無限好，只是近黃昏。」「管樂有才元不忝，關張無命欲何如？」這些不眞裸裸地表示出人生受到各種限制的苦悶嗎？烏孫公主（即漢江都王劉建之女劉細君）悲秋歌：「居常土思兮心內傷，願爲黃鵠兮歸故鄉。」李陵與蘇武詩：「欲因晨風發，送子以賤軀。」李益詩：「不知何處吹蘆管，一夜征人盡望鄉。」元稹詩：「同穴窅冥何所望，他生緣會更難期。」沈佺期詩：「白狼河北音書斷，丹鳳城南秋夜長。」王維詩：「春草明年綠，王孫歸不歸？」寧戚飯牛歌：「南山矸，白石爛，生不逢堯與舜禪。」古詩：「仙人王子喬，難可與等期。」從這些詩中我們可以了解人類的心靈裡是多麼的希望能夠在堯天舜日下過生活，又多麼的希望兄弟無故，夫妻團圓，父子相親，朋友常聚，壽與仙齊。但這有幾人能夠很理想地得到呢？我們究竟是如杜甫所說的：「人生不相見，動如參與商。」更如東坡所說的：「人有悲歡離合，月有陰晴圓缺，此事古難全。」所以古詩說：「生年不滿百，常懷千歲憂」啊！也正因爲如此，詩纔有永恒的生命，不斷的產生。

詩的要素

考意索浦（Couithope）在他的作品The Liberal Movement in England一書中：「詩是產生快感的藝術，用有韻的文句來適當的表現想像的思想與情感的。」韓德（Theoder W. Hunt）說：「文學是思想經由想像、感情及趣味的文字的表現。」由此可知，是由情感、想像和思想三個要素所構成的。現分述如下：

一、情感

情感是詩的靈魂，詩無深摯的情感，便像人只有軀殼，沒有靈魂一樣。王靜安說：「今之成大事業大學問者，必經過三種之境界：『昨夜西風凋碧樹，獨上高樓，望盡天涯路，此第一境也』；『衣帶漸寬人不悔，爲伊消得人憔悴』，此第二境也；『衆裏尋他千百度，驀然廻首，那人卻在燈火闌珊處』，此第三境也。」第一境是描寫思鄉之情，羈旅之思；二境是描寫男女之情，相慕之思；第三境是寄託國家之愛，民族之情，無一境界不是以「情感」爲骨幹爲主體。所以，詩人一身都是情感，梁任公說：「倘若用化學化分『梁啓超』這件東西，把裏面所含一種原素名叫『趣味』的抽出來，祇怕所剩下的僅有個零了。」我以為倘若用化學化分「詩人」這件東西，把裏面所含的一種原素名叫「情感」的抽出來。祇怕所剩下的也僅有零了。沒有情感的人，他永遠不會有詩篇。沒有深摯情感的人，他永遠不會有動人的詩篇。陸放翁遇唐氏夫人於沈家花園，一腔情感便如泉水滾滾湧出，遂寫成了膾炙人口的「釵頭鳳」詞。周清眞的詞：「樓上晴天碧四垂，樓前芳草接天涯。勸君莫上最高梯。」更是因爲清眞居士一身都是情感，當他登上高樓，舉目眺望，一見青草萋萋時。心中不覺又傷感起春光之易逝，所以才有「勸君莫上最高梯」的自作多情之語。姜白石夜泛西湖，逍遙荷花之中，便對荷花動了深摯的感情，所以纔有「嫣然搖動，冷香飛上詩句」、「只恐舞衣寒易落，愁入西風南浦」等一類名句流傳人間，歐陽永叔亦「人間的情痴」也，所以「未語春容先慘咽」。芳草、荷花、春容，在凡夫俗子的眼光裏，是平凡不過的東西，在詩人眼中，乃有如許的作用，詩人被目爲瘋子，被罵爲「自作多情」，其原因想即在此吧。

其實，詩人不是瘋子，他只是能看出平凡人所不能看到的事物罷了。李白斗酒詩百篇，便是因酒醉而情感亢進，能深一層的觀看世界時的產物。拙句「醉來欲笑醒來哭，人願裝痴我願聾」，便是在此種情形下而得來的，西方哲人巴士卡兒（B.Pascal）說：「感情知道理性所不知道的眞理。」這話確有道理。

情感是詩人的細胞，詩人以情感處理事物，科學家以理智處理事物。例如：遊臺北圓山動物園，中間有座鐵絲圍繞的大籠子。大籠子內睡臥著一條巨大的錦蛇，旁邊放著幾隻小白兔，當科學家看到時，他心裏所想的是這隻大錦蛇，除了小白兔外，有無其他更經濟更營養的飼料。而詩人看到時，心裏的感想便不同了，當詩人看到小白兔在大錦蛇旁邊一蹦一跳地竟不知自己大禍的將臨，那種天眞活潑的樣子。心中覺得牠既可愛又可憐，對大錦蛇自然湧起了厭惡憎恨之情。甚至內心裏還會在咒罵動物園管理人員的殘忍可惡，滿腔的情感，一肚子的牢騷，便由此而發。再如：當詩人看到一個美麗的少女，因爲患了長久的肺癆病，而骨瘦如柴，面容憔悴時，他的心裏一定會發出了悲歎：「上帝爲何既然給了她如此美麗的體質，偏不給她健康的身體呢？」眞是「好花不常開，紅顏多命薄」麼？於是提筆作詩了。但當醫生看到她時，他心裏決不這樣想。他一定會想：這位少女應馬上進醫院開刀割肺，否則，性命難保了。所以，詩人是偏重於情感的，科學家是偏重於理智的。

情感有高級的，也有低級的。凡夫俗子的情感，多屬於低級的，也就是屬於形而下的，是物質的。而詩人的情感，都是高級的，是屬於形而上的，非物質的。所以，詩人，所常用的字眼總是風、花、雪月、江、河、星、辰、煙、雲等的一類，而非金錢財富的一類。凡屬高級的情感，都是永生的，不是暫時的。具體的說，凡是同情人生的情感，都是高級的；而同情人生的情感，卻多屬於悲劇的，沉痛的。因此，悲劇的情感，沉痛的情感，同情人生的情感。是永恒的。人生悲苦的時候多，歡樂的時候少，詩人同情人生，悲天憫人，所以發出來的吟聲，都是悲傷的，沉痛的。試舉例如下，以說明高級情感和低級情感的分別：

寥落古行宮，宮花寂寞紅。白頭宮女在，閒坐說玄宗。

行宮

攜手事河梁，見舅如見娘；兩人齊下淚，三行！

環珮響丁當，夫人出畫堂；金蓮三寸小，橫量！

十七字詩

我們讀了「行宮」一首詩，但覺得古盛今衰，榮枯瞬息，不勝其人事滄桑之感，心中眞有「念天地之悠悠，獨愴然而涙下」之慨！短短二十字，給予我們的「人生啓示」，無窮無盡，這便是高級的情感，是永恒不變的情感。

至於十七字詩，前一首相傳是少一目的舅父送外甥回家，臨別時舅父揮涙叮嚀，外甥作了這首詩嘲弄他。舅父大爲光火，告到官府去。官老爺以事屬雅謔，只略爲斥責幾句，不想加之以罪，但卻要限他當場再作類似詩一首。此時恰好官老爺夫人步出大堂，她的一雙大腳，使人生憎，看在這位輕薄子眼裏，煙士披里純（Inspiration）立即湧出，信口唱出了第二首的十七字詩。官老爺雖然被幽了一默，但也無可奈何，只好釋放他回去。這兩首詩，雖然也含蓄有味，但和「行宮」一詩相較，畢竟感人不深，這種感情只是倏忽的，便是低級的情感。

再以李後主的兩闋詞爲例，說明永恒的情感和倏忽的情感的異同。

一斛珠

晚妝初過，沈檀輕注些兒個，向人微露丁香顆。一曲清歌，暫引櫻桃破。羅袖裛殘殷色可，杯深旋被香醪涴。繡床斜凴嬌無那。爛嚼紅茸，笑向檀郎唾。

浪淘沙

簾外雨潺潺，春意闌珊，羅衾不耐五更寒。夢裏不知身是客，一晌貪歡。　獨自莫凭欄，無限江山，別時容易見時難。流水桃花春去也，天上人間。

一斛珠是描寫和大周后結婚時，小兒女閨房的歡樂情景，用心的巧妙，刻畫的細微，可稱到了家。但這種情感給人的反應是倏忽的，短暫的。

浪淘沙是後主失國後，在精神極端痛苦下所寫的。簾外雨聲潺潺，春意衰落，已使他感到悽苦不堪；而料峭春寒，羅衾難耐，較中主「細雨夢回雞塞遠」句更爲感人。片刻貪歡，暫求麻醉內心的痛苦，不言苦痛，而苦痛之情自見；憑欄遠眺，無限江山，橫接在目，該是如何的高興啊！無奈錦繡河山，已非我有，故國重歸，只有在夢中尋求了。因此，後主不禁悲抑地說：「獨自莫凭欄，無限江山，別時容易見時難。」花落隨著流水，春意已經闌珊，忽忽如癡的後主，已是昏昏然不能辨別天上、人間了。這是多麼的沉痛啊！這首詩的情感，給我們的感應是永恒不變的，這便是永恒的感情。

最後，再舉李義山、王摩詰兩首同樣詠月的詩，來證明凡是給人生影響最深，關係最深的情感，便是最高級的情感，而其文學價值最高。

嫦娥

李義山

雲母屏風影深，長河漸落曉星沈。嫦娥應悔偷靈藥，碧海青天夜夜心。

竹裡館

王摩詰

獨坐幽篁裏，彈琴復長嘯；深林人不知，明月來相照。

義山嫦娥詩是借月寫出人生的寂寞與悲哀，情感深摯，詞意悲苦，與李後主「自是人生長恨水長東」句具有同樣的境界。人生原是悲苦的時候多，歡樂的時候少，寂寞的時候多，得意的時候少，義山以同情人的立場而寫的，所以能一往情深，成此絕唱。

摩詰竹裏館詩，也是借月描寫人生的寂寞。但他是以出世的立場而寫的，與人生的關係便不深了。兩首詩相較，寫作的技巧，同樣的美妙；但義山之作，使人讀後心中有無限蒼涼，無限寂寞的感覺，而摩詰之作，就沒有同樣深刻的情感了。

情感必須眞摯，越眞摯的情感，感人越深刻，尼采謂：「一切文學，余愛以血書者。」王靜安謂：「詞人者不失其赤子之心也。」所謂「以血書者」，就是說情感必須以眞摯爲主；所謂「赤子之心者」，是說詩人的可貴，就在他的情感是同情人生的。古詩「昔爲倡家女，今爲蕩子婦，蕩子行不歸，空牀難獨守。」「何不策高足，先據要路津。無爲久貧賤，轗軻長苦辛。」此淫鄙之尤也，但並不被看作淫詞鄙詞；其原因就是它的情感眞摯而沉痛。孔雀東南飛：「府君謂新婦，賀君得高遷？磐石方且厚，可以卒千年；蒲葦一時紉，便作旦夕間。」輕薄之語也，但沒有落入輕薄，也是因爲它骨子裏是具有同情人生的沉痛感情。王靜安謂後主儼有釋迦基督擔荷人類罪惡之意，就是說他的作品深具「赤子之心」，而以同情人生之心境所寫成的。相反的，蘇子瞻詩「東坡先生無一錢，十年家火燒凡鉛。黃金可成河可塞，只有霜鬚無由玄。龍邱居士亦可憐，談空說有夜不眠，必聞河東獅子吼，拄杖落手心茫然。」此首詩雖有幾分豁達，但與人生關係不深，無沉痛之致，終不能使人感發興起。

所以，一個大詩人大作家，他們先天就是有濃厚而眞摯的情感，富有同情人生的情感，且善於運用他們的眞摯情感，而寫成不朽的作品。

二、想像

詩人必須有豐富的想像，情感固然是詩歌的靈魂，但必須賴有豐富的想像，情感纔能有恰當的表達。詩的創作，不能「閉門造車」，不能「無病呻吟」，要體驗人生，要觀察人生，要根據活生生的人和物的再現，所寫出來的「人」和「物」都像眞的一樣，使讀者讀了之後，如同自己身臨其境，作品裏每個人和每件事，都與讀者不陌生，這樣才能引起讀者的共鳴，如果沒有豐富的想像力，是無法做到的。

譬如：馬東籬的天淨沙。

枯藤、老樹、昏鴉、小橋、流水、平沙。古道、西風、瘦馬。夕陽西下，斷腸人在天涯。

這首散曲，以「斷腸人在天涯」，爲描寫秋景蕭瑟的中心，又以「枯藤、老樹、昏鴉、小橋、流水、平沙、古道、西風、瘦馬」以及「夕陽西下」的景象，配置得熨貼均勻，使「斷腸人腸斷天涯」

的情調，有如親眼所見，親身所經，這中間的「枯」「老」「昏」「小」「流」「平」「古」「西」「瘦」「夕」諸字，只要動了任何一字，全篇情調便被破壞無遺。

又如木蘭詩：

東市買駿馬，西市買鞍韉，南市買轡頭，北市買長鞭。旦辭爺孃去，暮宿黃河邊，不聞爺孃喚女聲，但聞黃河流水聲濺濺（音煎，流水聲。）」

這段詩以「東市買駿馬，西市買鞍韉，南市買轡頭，北市買長鞭」來形容木蘭代父從軍出發前的忙碌的情景，簡直像電影一樣地現在吾人的眼前。以「不聞爺孃喚女聲，但聞黃河流水聲濺濺」，來描述一個女孩兒家初離家門，遠處異地，在夜深人靜的時候，一種孤單寂寞的心境，使人有如親受。想像力對情感的恰當表達，眞是太重要了。

相傳宋徽宗的時候，考試四方畫工，有一次畫題是「竹鎖橋邊賣酒家」。許多人都在酒家上用工夫，畫得非常精細工緻，但都不合式，入選的一幅畫，卻只在橋頭竹外，畫一幅酒帘，上面寫一個「酒」字罷了。又有一次畫題是「踏花歸去馬蹄香」，很多人對這個「香」字，感到太抽象，無法畫得好，有一個人卻在馬蹄後面畫了幾隻蝴蝶在飛逐著，這樣一來，「馬蹄香」三字完全給表示出來了。

我們再讀雪萊（Shelley）的雲雀歌（To a Skylark）的一段，便知雪萊之所以能成爲大詩人，便是靠他有豐富的想像。例如：

Like a poet hidden

in the light of thoaght,
Singing hymns unbidden,
Till the world is wrought
To sympathy with hopes and fears it heeded not:
Like a high-born maiden
in a palace-tower
Soothing her love-laden
Soul in secret hour
With music sweet as love, which overflows her bower:
Like a golow-worm golden
in a dell of dew.
Scattering unbeholden
Its aerial-hue
Among the flowers and grass, which
screen it from the view:
Like a rose enbowered,

In its own green leaves
By warm winds deflowered.
till the scent it gives
makes faint with too much sweet these heavy-winged thieves.

雲雀是一種飛得很高，發出鳴聲嘹亮的飛鳥。雪萊的想像裏，把它比作吟著神祕的詞句，去感動人類的詩人。又把它比作幽居高樓的名門閨秀，背著人唱著美妙的音樂，安慰著心靈的岑寂。又把它比作幽谷澗邊的流螢，在花陰中草叢裏，隱約地閃爍著光芒。接著又把它比作綠葉遮蔽著的薔薇花，一旦被風吹開，透出濃香的氣息，便清風聞到都被陶醉了，這種新穎的想像，正和姜白石的「齊天樂」描寫蟋蟀、史達祖的「綺羅香」描寫春雨的手法一樣的令人激賞：

齊天樂　蟋蟀　姜白石

庾郎先自吟愁賦，淒淒更聞私語。露溼銅鋪，苔侵石井，都是曾聽伊處。哀音似訴。正思婦無眠，起尋機杼。曲曲屏山，夜涼獨自甚情緒。豳西窗又吹暗雨，爲誰頻斷續，相和砧杵。候館吟秋，離宮弔月，別有傷心無數。豳詩漫與，笑籬落呼燈，世間兒女。寫入琴絲，一聲聲更苦。

綺羅香　春雨　史達祖

做冷欺花，將烟困柳，千里偷催春暮。盡日冥迷，愁裏欲飛還住。驚粉重蜨宿西園，喜泥潤燕歸南浦。最妨他佳約風流，鈿車不到杜陵路。　沉沉江上望極，還被春潮晚急，難尋官渡。隱約遙峯，和淚謝娘眉嫵。臨斷岸新綠生時，是落紅帶愁流去。記當日門掩梨花，剪燈深夜語。

這兩首詞，前一首寫蟋蟀的吟聲，眞是想入非非，極盡新穎之能事；後一首寫雨意、雨景。纏綿美妙。想像力的豐富，絕不下於前首。這兩首詞寫蟋蟀沒有一個「蟋蟀」字眼，寫雨也沒有一個「雨」字，這雖然是詠物詞的玩弄文字的技巧，但如無新穎的想像，這種技巧也無從用起。朱熹詩：「問渠那得清如許，爲有源頭活水來。」便是這個意思。

又如幾十年前，國共內戰末期，報紙報導金門砲戰共軍砲火盲目射殺了我們平民多少多少，古寧頭之役，共軍死了多少多少，投降了多少多少，一江山之役，我軍如何如何的壯烈犧牲，儘管新聞如何渲染得有聲有色，但總不如我們讀了「試聽沙場風雨夜，冤魂相喚覓頭顱。」「可憐無定河邊骨，猶是深閨夢裏人。」「醉臥沙場君莫笑，古來征戰幾人回。」「秦時明月漢時關，萬里長征人未還。」「夢繞關河與黑山，朝朝馬策與刀環」等一類詩句來得迴腸盪氣，悽愴動人。這便是情感經過詩人的想像，而產生出來的偉大效果。想像力的重要，於此可見一斑了。

想像力，天才的成分固多，但後天的培養更爲重要。古人所謂「多讀書境界自高」，便是這個道理。詩藪內編說：「嚴氏以禪喻詩，旨哉！禪則一悟之後，萬法皆空，棒喝怒呵，無非至理。詩則一悟之後，萬象冥會，呻吟咳唾，動觸天眞。然禪必深造而後能悟，詩雖悟後，仍須深造。自昔瑰奇之士，往往有識窺上乘，業阻半途者。」

悟，就是想像的成熟表達，沒有「深造」，也就是沒有「學養」，沒有「經驗」。沒有高深的學養、豐富的經驗，是不易活圓其想像的。所謂「江郎才盡」，便是「識窺上乘。而業阻半途者」的一個有力例證。因此，想像與經驗是分不開的。沒有經驗過的事物，是不易想像出來的。耶穌生在孔子之後，因此，孔夫子只說：「甚矣！吾衰也；久矣，吾不復夢見周公。」而不曾說：「甚矣！吾衰也；久矣，吾不復夢見耶穌。」經驗並不單指自身的生活經驗，書本上的知識，更是寶貴的經驗，曹雪芹自身不是女人，但他能寫出紅樓夢中的十二金釵，施耐庵本身沒有做過綠林豪傑，但他能刻畫出一百零八個好漢。這當然賴他有豐富的想像力，但也賴他有淵博的書本知識的經驗。沙士比亞（Shakespeare）說：「狂人、情人、和詩人，都是富於想像的人。狂人看見的都是鬼怪，情人看見的都是海倫（Helen），詩人則能見常人所不能見的，也能想像常人所不能想像到的。」所以，詩人所歌的不必盡是直接的經驗。但是，沒有經驗，則想像無從憑依，因爲想像不能離開意象，而意象是由經驗得來的。而且藝術的想像，必須是「創造的」，既是「創造的」，就不能祇是複演舊經驗，必須含有新成分。這就是根據已有的意象做材料，把它們加以剪裁、綜合，成一種新形式。材料是固有的，形式是新創的；材料是自然，形式是藝術。例如馮延己「風乍起，吹縐一池春水」一句詞九個字所指的意象，拆開來說都很平凡，但是合在一起——綜合這九個意象所成的形式——卻非常新穎有趣，叫人不能不承認它是創造出來的藝術。詩人能把平常的材料，也就是經驗——作不平常的綜合變化，所以纔能成爲藝術創造者。而曹雪芹、施耐庵眞可謂善於把經驗實際——平凡材料——綜合變化的了。法國大作家左拉（E. Zola）是個勤於尋取實際經驗的人，他爲了要描寫酒店，曾經跑遍了巴黎各酒店，作詳細的觀察，但小說中描寫男女的淫蕩，是不易有直接經驗的。佛羅貝爾（G. Flaubert）作鮑美利夫人，爲了要描寫女主人公的服砒霜自殺，竟然自己試嘗砒霜。但書中女主人公服砒霜臨死前的苦悶，他是無法嘗到的。

建安時代的大詩人曹子建，他所寫洛神賦，所以膾炙人口，便是憑他的自身直接經驗，借用洛神宓妃，以極豐富的想像力抒寫而成的。我們先看他的原文：

洛神賦有序

黃初三年，余朝京師，還濟洛川。古人有言，斯水之種，名曰宓妃，感宋玉對楚王神女之事，遂作斯賦，其辭曰：

余從京域，解歸東藩，背伊闕，越轘轅，經通谷，陵景山。日既西傾，車殆馬煩，迺稅駕乎蘅皋，秣駟乎芝田，容與乎陽林，流眄乎洛川。於是精移神駭，忽焉思散俯則未察，仰則殊觀。覩一麗人，於巖之畔。迺援御而造之曰：「爾有覿於彼者乎？彼何人斯？若此之艷也！」御者對曰：「臣聞河洛之神，名曰宓妃，然則君王所見，無乃是乎？其狀若何，臣願聞之。」余告之曰：「其形也，翩若驚鴻，婉若游龍，榮曜秋菊，華茂春松；髣髴兮若輕雲之蔽月，飄飄兮若流風之廻雪；遠而望之，皎若太陽升朝霞，迫而察之，灼若芙蘭出綠波。纖穠得衷，修短合度，肩若削成，腰如約素，延頸秀項，皓質呈露，芳澤無加，鉛華不御，雲髻峩峩，修眉聯娟，丹脣外朗，皓齒內鮮，明眸善睞，靨輔承權，瓌姿艷逸，儀靜態閒，柔情綽態，媚於語言。奇服曠世，骨像應圖，披羅衣之璀粲兮，珥瑤碧之華琚，戴金翠之首飾，綴明珠以耀軀，踐遠遊之文履，曳霧綃之輕裾，微幽蘭之芳藹兮，步踟躕於山隅。」於是忽然縱體，以遨以嬉，左以采旄，右蔭桂旗，攘皓腕於神滸兮，采湍瀨之元芝。余情悅其淑美兮，心振蕩而不怡，無良媒以接懽兮，託微波而通辭，願誠素之先達兮，解玉珮以要之。嗟佳人之信修，羌習禮而明詩。抗瓊珶以和予兮，指潛淵而爲期。執眷眷之款實兮，懼斯靈之我欺，感交甫之棄言兮，悵猶豫而狐疑。收和顏而靜志兮，申禮防以自持。於是洛靈感焉，徙倚彷徨，神光離合，乍陽乍陰，竦輕軀以鶴立，若將飛而未翔，踐椒塗之郁烈，步蘅薄而流芳，超長吟以永慕兮，聲哀厲而彌長。爾乃眾靈雜逸，命儔嘯侶，或戲清流，或翔神渚，或採明珠，或拾翠羽，從南湘之二妃，攜漢濱之遊女，歎匏瓜之無匹兮，詠牽牛之獨處。揚輕袿之猗靡兮，翳修袖以延佇。體迅飛鳧，飄忽若神，陵波微步，羅襪生塵，動無常則，若危若安，進止難期，若往若還，轉眄流精，光潤玉顏，含辭未吐，氣若幽蘭，華容婀娜，令我忘餐。

於是，屏翳收風，川后靜波。馮夷鳴鼓，女媧清歌，騰文魚以警乘，鳴玉鸞以偕逝。六龍儼其齊首，載雲車之容裔。鯨鱗踊而夾轂，水禽翔而爲衛。於是，越北沚，過南岡，紆素嶺，廻清揚。動朱唇以徐言，陳交接之大綱，恨人神之道殊兮，怨盛年之莫當。抗羅袂以掩涕兮，淚流襟之浪浪。悼良會之永絕兮，哀一逝而異鄉。無微情以效愛兮，獻江南之明璫。雖潛處於太陰，長寄心於君王，忽不悟其所舍，悵神宵而蔽光。於是，背下陵高，足往神留，遺情想像，顧望懷愁。冀靈體之復形，御輕舟而上遡；浮長川而忘返，思緜緜而增慕！夜耿耿而不寐，霑繁霜而至曙。命僕夫而就駕，吾將歸乎東路；攬騑轡以抗策，悵盤桓而不能去。

在這篇賦中，子建把心中的感情，透過極深刻的想像，完全借宓妃的故事表現出來，文中寫宓妃之神的「色」、「容」、「態」無一不想像入微，動人心竅。萩原朔太郎說：「詩的精神之本質，第一是『向著非所有的憧憬』。是揭出某種主觀上之意欲的夢的追求」。洛神賦具有「詩的感情」，便是作者基其日夜所追求的一種「意欲的夢」，所想像而成的。

由此，可知想像須賴有經驗，庖丁刃，靖節琴，雖是神趣，但其所想像亦非無經驗者所可得。古人有句話：「讀萬卷書，行萬里路」，上句話是教我們從書本中得到經驗，下句話是教我們多從生活中得到經驗。書中經驗固可貴，但實際生活經驗更重要。局限於詩文中討生活。而不與閱歷、經驗相參證，則其想像無論如何得最上乘，明第一義，而下劣詩魔，總會進入其肺腑之間。東坡所謂「日與水居，則十五而得其道」，有了實際經驗，想像力才能充實。想像並非幻想，必須以新穎的理想去追求，生活便是培養理想的不二法門。李義山的「藍田日暖。良玉生煙」，後人批評他想像的太抽象，使人不易捉摸，這是他生活不夠充實，缺乏遠大理想，所必然的結果。

二、思想

詩人必須具有偉大的思想。一個偉大的作家，同時也是一個偉大的思想家。人生經驗越豐富的人，他的思想越偉大。孟子說：「觀於海者難爲水；遊於聖人之門者難爲言。」韓文公說：「德，水也；言，浮物也；水大而物之浮者小大畢浮，德盛則其言也旨必遠。」杜甫所以被尊爲「詩聖」，便是他的生活閱歷深（德盛），思想境界高（旨遠）。我們試讀他的「羌村詩」三首：

崢嶸赤雲西，目脚下平地。柴門鳥雀噪，歸客千里至。妻孥怪我在，驚定還拭淚。
世亂遭飄蕩，生還偶然遂。鄰人滿牆頭，感歎亦歔欷。夜闌更秉燭，相對如夢寐。
晚歲迫偷生，還家少歡趣。嬌兒不離膝，畏我復卻去。憶惜好追涼，故繞池邊樹。
蕭蕭北風勁，撫事煎百慮。賴知禾黍收，已覺糟牀注。如今足斟酌，且用慰遲暮。
群雞正云叫，客至雞鬥爭；驅雞上樹木，始聞叩柴荊。父老四五人，問我久遠行，
手中各有攜，傾榼濁復清，苦辭酒味薄，黍地無人耕。兵革既未息，兒童盡東征。
請當父老歌，艱難愧深情。歌罷仰天歎，四座淚縱橫。

這三首詩語語從眞性情流出，思想純厚，感人至深，王遵嚴說：「一字一句鏤出肺腸，而婉轉周至，躍然目前。又若尋常人所欲道，皆國風之義。」是中肯的評斷，決不是諛詞。

東坡的代表作「念奴嬌」，就是成於他和王安石政見不合，被王安石指使御史謝景溫奏其過錯於前，又被中丞李定，御史舒亶。何正臣一般人，挑抉他的詩詞，羅致其罪，逮赴台獄於後，幾乎送了一條老命，而放逐黃州的時候。思想是隨著人生的認識，而漸次高深，杜少陵所謂「庾信文章老更成，凌雲健筆意縱橫。」便是這個道理。孔子是大家最崇拜的聖人。就是由於他的「吾少也賤，故多能鄙事。」

以及「好古敏求」的結果。更由他的自述：「五十有五而志於學，三十而立，四十而不惑。五十而知天命，六十而耳順，七十而從心所欲，不踰矩」的一段話可以得到證明。李後主失國之後，才體會出人生的哲理，所以才產生他後來具有偉大思想的不朽詩篇，王靜安甚至讚美他具有耶穌基督的偉大精神。歌德（Goethe）的成名之作「少年維特之煩惱」，是成於他敬愛的女友夏綠蒂和他的摯友克思諾結婚之後。他最具有高深思想的作品「浮士德」，是完成於距寫「少年維特之煩惱」的六十年之後。他寫「浮士德」的時候，向他的學生愛克爾曼解釋它的高深思想說：「德國眞奇怪，以他們深刻的思想，以他們到處尋找和到處引導思想，使生活的確難受得多。但你要有勇氣走到你的印象，走到創造，走到感受，走到欣賞偉大的事物，你不要以爲在作品裏發現不出抽象的思想，就一切都失敗了。你問我浮士德裏要具體化的是甚麼思想，如我所知道的，如我自己所能講的：『從天上、經地上、直到地獄、再到天上。』」浮士德是一部不易讀懂的作品，就是它所含的思想極爲偉大崇高的緣故。

思想也隨著詩人生活世界的大小而淺深，生活的天地寬濶，思想自然高深，生活的圈子狹小，思想也隨之淺陋，太史公跑徧名山大川，因之文章氣勢，汪洋浩瀚。相反的，如孟郊的「寒」，便是境遇侷促，不能擴展他狹隘的胸襟。蘇子由說：「唐人工於詩，而陋於聞道。孟郊嘗有詩云：『食薺腸亦苦，強歌聲無歡。出門即有礙，誰謂天地寬？』郊耿介之士，雖天地之大，無以容其身，起居飲食，有戚戚之憂，是以卒窮以死。」以是可知，孟郊的「寒」，實由於生活世界太小，思想無由高深之故。孟浩然的「不才明主棄，多病故人疏」，殆和孟郊一樣。前人傳說：「一書生進入官庫，見錢不認識，有人覺得很奇怪，就問他爲什麼連錢都認不出來？」他說：「我固然知道它是錢，只奇怪它爲什麼不包在紙包裏。」馬后見大練，以爲異物；晉惠帝問飢民爲什麼不吃肉糜，這也是同樣的道理。孟子說：「觀於海者難爲水，遊於聖人之門者難爲言。」韓文公說：「氣，水也；言，浮物也。水大而物之浮者大小畢浮。氣之與言猶是也，氣盛則言之短長與聲下高下者皆宜。」蘇子由說：「孟子曰：『我善養吾浩然之氣。』今觀其文章，寬厚宏博，充乎天地之間，稱其氣之大小。太史公行天下，周覽四海名山大川，與燕趙間豪俊交遊，故其文疎蕩，頗有奇氣。此二子者，……其氣充乎其中，而溢乎其貌，動乎其言，而見乎其文，而不自知也。」生活的歷練，與思想的關係，是如此密切的。

詩人，他永久站在時代前面的，民間的痛苦，社會的窳敗，政治的黑暗，道德的虛僞，沒有人比詩人更首先的感覺到，更深刻的感覺到，詩人如果缺乏偉大的思想，怎麼能夠站在時代的前面？建安諸子的作品「和而不壯」，「壯而不密」，「甚或雜以嘲笑戲謔之詞」，就是缺乏崇高偉大的思想，所必然的結果。

人生有兩種境界，一種是現實的，一種是理想的。也就是一種是精神的，一種是物質的。現實的人生，也就是屬於物質的，永遠是缺憾的，不能滿足的。所謂「花無百日紅，人無千日好」，無錢的人有苦惱，有錢的人也有苦惱；短命的人固不幸，長壽的人也不見得都快樂。無地位的人有苦悶，有地位的人也一樣有苦悶，甚至地位越高，苦悶越大。漢武帝尊爲天子，富有四海，仍然有「懽樂極兮哀情多，少壯幾時兮奈老何」之歎。有理想的人生，也就是屬於精神的，抱有這種人生觀的人，也是有思想的人，他們知道只有向理想去追求，才能「有勇氣走到你的印象，走到你的創造，走到你的感受，走到你欣賞偉大事物」，成爲一個有思想的大詩人。

寫離騷的屈原被後人尊爲南方詩歌的鼻祖，便是他有理想，有思想，而產生他偉大的作品——楚辭我們試細讀他的離騷一篇，只覺得他的理想是多麼崇高，他的思想是多麼偉大，他在離騷中說：

> 扈江蘺與辟芷兮，紉秋蘭以爲佩。汨余若將不及兮，恐年歲之不我與。朝搴阰之木蘭兮，夕攬洲之宿莽。日月忽其不淹兮，春與秋其代序。惟草木之零落兮，恐美人之遲暮。不撫壯而棄穢兮，何不改乎此度也。乘騏驥以馳騁兮，來道夫先路。……豈余身之憚殃兮，恐皇輿之敗績，忽奔走以先後兮，及前王之踵武。荃不察余之中情兮，反信讒而齊怒。余固知謇謇之爲患兮，忍而不能舍也。指九天以爲正兮，夫唯靈修之故也。

在這一段中，屈原告訴我們他是如何的想及時努力，報效國家，他如何的明白忠言逆耳，但爲了國家。他仍「忍而不能舍。」所以，他隨後又說：「亦余心之所善兮，雖九死其猶未悔。」這種偉大的愛國思想，便是他產生偉大詩篇的源泉。但偉大的思想，一定要憑豐富的想像，才能表達出來。屈原就憑他極深遠的想像力，表達他偉大理想和思想，所以成爲歷史上第一個愛國大詩人，且再看他的離騷中的另一段描寫：

> 吾令羲和弭節兮，望崦嵫而勿迫。路曼曼其修遠兮，吾將上下而求索。飲余馬於咸池兮，總余轡乎扶桑，折若木以拂日兮，聊逍遙以相羊。前望舒使先驅兮，後飛廉使奔屬。鸞皇爲余先戒

兮，雷師告余以未具。吾令鳳凰飛騰兮，繼之以日夜。飄風屯其相離兮，帥雲霓而來御。紛總總其離合兮，班陸離其上下。吾令帝閽開關兮，倚閶闔而望予。

「羲和」是日神，「望舒」是月神，「飛廉」是風伯，「鸞皇」是兩種俊鳥。這段是抒寫他爲國尋求賢才的殷切，他要命令「羲和神」爲他按節。不要讓太陽立即下山去，月神做他先驅，風神爲他助勢，「鸞皇」爲他先戒，盡禮以求。復又化鳳鳥飛騰，日夜四處以求賢才。這種想像的奇突，只有大詩人才有這種本領，他的「天問」借用了許多山川、天地、神靈、古聖及怪物行事，反覆於鯀、禹、啓、少康的事，更是想像力發揮的極致，我在民國卅七年詩人節曾以屈原、陸放翁等愛國詩人爲題，作了八首絕句，其中詠屈原一首：

九歌徒燕昵，天問極神靈；舉世皆昏醉，何容汝獨醒。

這首詩前兩句就是指屈原的作品富有想像力，後二句就是指屈原的人格高超，富有思想和理想，不肯與人同流合污。所以太史公讚美他說：

濯淖汙泥之中，蟬蛻於濁穢，以浮游塵埃以外，不獲世之滋垢，皭然泥而不滓者也。推此志，雖與日月同光可也。

西洋有兩句格言說：「凡藝術是技術，但僅乎技術，不是藝術。」這幾句話，便說明了詩必須具有思想，才有價值，也就是說有思想才算是詩，才算是藝術。

王靜安的「境界」，王漁洋的「神韻」，袁隨園的「性靈」，都嫌籠統、抽象。初學詩的人，往往會有模糊的感覺。我以爲「境界」「神韻」「性靈」就是「思想」，有「思想」，就有「境界」，有「思想」，就有「神韻」，有「思想」，就有「性靈」。離愁、別恨、原是常事，在歷盡滄桑的人看來，已不足激盪他心湖中的漣漪了。但讀了溫飛卿的「梳洗罷，獨倚望江樓，過盡千帆都不是，斜暉脈脈水悠悠，腸斷白蘋洲。」「冰簟銀床夢不成，碧天如水夜雲輕，雁聲遠過瀟湘去，十二樓中月自明。」古詩中的「河漢清且淺，相去復幾許？盈盈一水間，脈脈不得語。」「步出城東門，遙望江南路，前日風雪中，故人從此去」等一類詩句，不但會給我們心靈以無限的舒適熨貼，就是曾經滄桑的人，也會爲之回味無窮，咨嗟不盡了。反之，如文心雕龍所謂：「瘠義肥辭，繁雜失統。」「思不環周，索莫乏氣。」「鷙集翰林」、「雉竄文囿」，都是缺乏偉大思想的弊病。「思想」對於「文學精粹」的詩的重要，可想而知了。

時代已經不同了，人的思想自然也和往昔很多不一樣了，以前的人認爲「天不可階而升」，「日月無得而踰焉」，現在人類不但已登陸月球多次，且在可見的未來，進而登陸火星、金星乃至其他一切星球，宇宙的神秘，越來越揭露了。但詩永遠是詩，詩的國度裏，是天下爲公的大同世界，在本質上說，它沒有時間、空間之別，那怕甚麼氫彈、原子彈，甚至更厲害千百倍的武器，也毀滅不了它。詩人艾略特（Thomas Sterns Eliot）一九二二年發表的「荒蕪的土地」詩篇中，對別人覺得原子時代，詩這東西已遭受危機的話，他卻滿懷信心地說：「我相信像我這一代稱爲詩的創造活動這類東西，將來還會存在的，因爲他是人性的一部分。」所以，凡描寫人性至眞的詩，都是有思想，而傳誦不朽的詩篇，在此獸性橫流的世界，只有詩人能以深摯的感情，豐富的想像，崇高的思想，寫出人性的光輝，爲這末日的世界留一線希望。

詩的形式

詩之所以稱爲詩，而不稱爲文，自有它特殊的形式。詩的形式可分爲內在形式和外在形式，內在形式就是藝術的材料，這應屬於詩的意境問題，已另有專論。這篇所謂詩的形式，是指狹義的外在形式而言，重內在形式的詩人，認爲詩重在意境，只要有詩意便是好詩，不能因爲遷就外在形式而限制詩境，所以他們否定了外在形式的重要。這是懲羹吹虀，因噎廢食的執著偏見，是不敢苟同的。詩，固然重在內在的意境，但也必具有詩的外在形式，纔可稱爲詩。陶淵明的「桃花源記」，歌德的「少年維特之煩惱」，朱自清的「春」，徐志摩的「我所知道的康橋」，這些作品不都是極富有詩意的嗎？然而爲什麼不稱爲「詩」呢？這不是明顯地表示詩的外在形式有很重要的地位嗎？

詩在意境上說實沒有新舊之分，例如我們幾千前的詩經，至今還是很新鮮。像：「靜女其姝，俟我於城隅。愛而不見，搔首踟躕。」「窈窕淑女，寤寐求之；求之不得，寤寐思服；悠哉悠哉，輾轉反側」等一類詩篇，你能說它是「舊」的男女之戀，而不是「新」的男女之情嗎？如果單在外形式上說，便有新體詩和舊體詩的差別了。

舊體詩的外在形式大略可分爲下列數種：

甲、以字數言

一、四言詩

三百篇大多屬於四言詩。例如：周南關雎

關關雎鳩，在河之洲。窈窕淑女，君子好逑。
參差荇菜，左右流之。窈窕淑女，寤寐求之。
求之不得，寤寐思服。悠哉悠哉，輾轉反側。
參差荇菜，左右采之。窈窕淑女，琴瑟友之。
參差荇菜，左右芼之。窈窕淑女，鐘鼓樂之。

三百篇後，西漢初年，四言詩仍很流行，韋孟諫王戊之詩，文心雕龍及滄浪詩話許爲首唱。「卿雲歌」、「八伯歌」，大抵也是秦漢之交的擬作。其他如傅毅「廸志詩」、張茂先「勵志詩」、陶潛「停雲詩」，都是極好的作品。自此以後，四言詩便無繼響了。爲甚麼後來沒有人再作四言詩呢？鍾嶸詩品序說是：「每苦文繁而意少，故世罕習焉。」劉後村說是因爲三百篇在前，繼響難工的緣故。

現錄韋孟「諷諫詩」及陶潛「停雲詩」各一首爲例：

諷諫詩

韋孟

肅肅我祖，國自豕韋。黼衣朱黻，四牡龍旂。彤弓斯征，撫寧遐荒，總齊群邦，以翼大商，迭彼大彭，勳績維光。至于有周，歷世會同，王赧聽譖，實絕我邦。我邦既絕，厥政斯逸，賞罰之行，非繇王室。庶尹群后，靡扶靡衛，五服崩離，宗周以墜。我祖斯微，遷于彭城，在予小子，勤唉厥生。阨此嫚秦，耒耜斯耕，悠悠寧秦，上天不寧。乃眷南顧，授漢于京，於赫有漢，四方是征。靡適不懷，萬國攸平。乃命厥弟，建侯于楚，俾我小臣，惟傅是輔。矜矜元王，恭儉靜一，惠此黎民，納彼輔弼。享國漸世，垂烈于後，迺及夷王，克奉厥緒。咨命不永，惟王統祀，左右陪臣，斯惟皇士。如何我王，不思守保？不惟履冰，以繼祖考，邦事是廢，逸遊是娛，犬馬悠悠，是放是驅。務此鳥獸，忽此稼苗，蒸民以匱，我王以媮。所弘匪德，所親匪俊，唯囿是恢，唯諛是信。睮睮諂夫，諤諤黃髮，如何我王，曾不是察？既藐下臣，追欲縱逸，嫚彼顯祖，輕此削黜。嗟嗟我王，漢之睦親，曾不夙夜，以休令聞。穆穆天子，照臨下土，明明群司，執憲靡顧。正遐由近，殆其茲怙。嗟嗟我王，曷不斯思？匪思匪監，嗣其罔則，彌彌其逸，岌岌其國。致冰匪霜，致墜匪嫚，瞻惟我王，時靡不練。興國救顛，孰違悔過？追思黃髮，秦穆以霸。歲月其徂，年其逮耇，於赫君子，庶顯於後。我王如何，曾不斯覽，黃髮不近，胡不時鑒？

停雲詩 並序

陶潛

停雲，思親友也。罇湛新醪，園列初榮，願言不從，嘆息彌禁。

靄靄停雲，濛濛時雨。八表同昏，平路伊阻。靜寄東軒，春醪獨撫。良明悠邈，搔首延佇！

停雲靄靄，時雨濛濛。八表同昏，平陸成江。有酒有酒，閑飲東牕。愿言懷人，舟車靡從。

東園之樹，枝條載榮，競用新好，以怡余情，人亦有言，日月于征。安得促席，說彼平生。

翩翩飛鳥，息我庭柯，斂翮閑止，好聲相和。豈無他人，念子實多，愿言不獲，抱恨如何。

二、五言詩

鍾嶸詩品以爲五言詩始于「李陵與蘇武詩」，我以爲三百篇中的「誰謂雀無角，何以穿我屋？誰謂女無家，何以速我獄？」儼然是一篇成格的五言詩了。且五言單句如：小雅甫田中的「以介我稷黍，以穀我士女。」「乃求千斯倉，乃求萬斯箱。」田中的「彼有不穫穉，此有不斂穧。」等都散見三百篇中，只是沒有成爲完整的體式罷了。現錄「李陵與蘇武詩」一首爲例：

李陵與蘇武詩

李　陵

良時不再至，離別在須臾，屏營衢路側，執手野踟躕，仰視浮雲馳，奄忽互相踰，風波一失所，各在天一隅。長將從此別，且復立斯須。欲因晨風發，送子以賤軀。

三、七語詩

七言詩體製始于漢武帝元封三年的「柏梁詩」，而盛于李唐，因字數的適中，音節的和諧，代有名篇，歷久彌盛。在「柏梁詩」之前，七言單句已散見於詩騷，例如：「自今伊始歲其有，君子有穀貽子孫。」「如彼築室於道謀，」「遷藏就岐何所有？殷有惑婦何所譏？」等等都是。至於禹玉牒辭：「祝融司方發其英，沐日浴月百寶生。」倘使不是後人僞擬，簡直是七言詩的最古絕唱了。現錄柏梁詩一首爲例：

柏梁詩

日月星辰和四時，驂駕駟馬從梁來。群國士馬羽林材，總領天下誠難治，和撫四夷不易哉！刀筆之吏臣執之。撞鐘伐鼓聲中詩，宗室廣大日益滋，周衛交戟禁不時，總領從宗柏梁台。平理清讞決嫌疑，修飾輿馬待駕來，群國吏功差次之，乘輿御物主治之。陳粟萬石楊目箕，徼道宮下隨討治，三輔盜賊天下危，盜阻南山爲民災。外家公主不可治，椒房率更領其材，蠻夷朝賀常舍其，柱枅欂櫨相枝持。枇杷橘栗桃李梅，走狗逐兔張罘罳，齧妃女脣甘如飴，迫窘詰屈幾窘哉！

細看上詩，也像是七言單句一樣，只是把各人一句加以聯綴一起就是了。據三秦記分析「柏梁詩」也是後人擬作，果如是，必欲說那首詩是七言的權輿，我以爲劉季的大風歌當是最早而不再懷疑的首唱了。

四、其他

詩以字數形式言，當以四言、五言、七言爲最普遍。其他一言、二言、三言、六言、八言、九言乃至十七言，也可屢見，但畢竟不流行，故不予詳論。

乙、以句數言

一、絕句

絕句每首四句，有五言絕句、七言絕句兩種。詩藪說：「五、七言絕句，蓋五言短古、七言短歌之變也。」現各舉一例如下：

五絕：塞上寄內　　崔　融

旅魂驚塞北，歸望斷河西。春風如可寄，暫爲遶蘭閨。

七絕：楓橋夜泊　　張　繼

月落烏啼霜滿天，江楓漁火對愁眠。姑蘇城外寒山寺，夜半鐘聲到客船。

二、律詩

律詩又稱近體，有五律、七律之別，每首八句，第一、二兩句名爲起聯，又名發句，三、四兩句名頷聯，五、六兩句名頸聯，七、八兩句名尾聯，又名落句。是由梁、陳駢偶演變而來。不論抒情寫景，以景寓情，因情景寫，大抵以格調爲主，意興爲經，詞句爲緯。以渾厚爲上，雅淡爲次，穠艷又次。現各舉一例如下：

五律：登岳陽樓　　杜　甫

昔聞洞庭水，今上岳陽樓。吳楚東南坼，乾坤日夜浮。親朋無一字，老病有孤舟。戎馬關山北，憑軒涕泗流。

七律：聞官軍收河南河北　　杜　甫

劍外忽傳收薊北，初聞涕淚滿衣裳。卻看妻子愁何在？漫卷詩書喜欲狂。白日放歌須縱酒，青春作伴好還鄉。即從巴峽穿巫峽，便下襄陽向洛陽。

三、古詩

古詩也稱古風。有四言、五言、七言之別。四言古風以雅潤爲本，五言古風以清麗爲宗，七言古風聲長字縱，以優柔和平爲貴。句數長短不限，中間可以轉換韻腳。現各舉一例如下：

四言古風：朔風詩　四首錄一

曹　植

仰彼朔風，用懷魏都。願騁代馬，倏忽北徂。凱風永至，思彼蠻方。願隨越鳥，翻飛南翔。

五言古風：遊子吟

孟　郊

慈母手中線，遊子身上衣。臨行密密縫，意恐遲遲歸。誰言寸草心，報得三春暉。

七言古風：飲中八仙歌

杜　甫

知章騎馬似乘船，眼花落井水底眠。汝陽三斗始朝天。道逢麴車口流涎，恨不移封向酒泉。左相日興費萬錢，飲如長鯨吸百川。銜杯樂聖稱避賢，宗之瀟灑美少年。舉觴白眼望青天，皎如玉樹臨風前。蘇晉長齋繡佛前，醉中往往愛逃禪。李白一斗詩百篇，長安市上酒家眠，天子呼來不上船，自云臣是酒中仙。張旭三杯草聖傳。脱帽露頂王公前，揮毫落紙如雲煙。焦遂五年方卓然，高談雄辯驚四筵。

四、排律

排律有五排、七排之分。這種長律六朝已開其端，到唐朝纔盛行，排律不以鍛鍊爲工，而布置有序，首尾貫氣，最爲重要。現舉例如下：

五言排律：白帝懷古

陳子昂

日落滄江晚，停橈問土風。城臨巴子國，台沒漢王宮。荒服仍周甸，深山尚禹功。巖懸青壁斷，地險碧流通。古木生雲際，歸帆出霧中，川途去無限，客思坐何窮。

七言排律：泛太湖書事寄微之

白居易

煙渚雲帆處處通，飄然舟似入虛空。玉杯淺酌迎初匝，金管徐吟曲未終。黃夾纈林寒有葉，碧流璃水靜無風。避旗飛鷺翩翻白，驚鼓跳魚潑剌紅。澗雪壓多松偃蹇，巖泉滴久石玲瓏，書爲故事留湖上，吟作新詩寄浙東。軍府威容從道盛，江山氣色定知同，報君一事君應羨，五宿澄波皓月中。

丙、以題名言

一、口號

口號就是口頭吟號，也稱「口占」。這類詩大抵心有所感，情有所觸，不加思索，隨口吟成的，現舉例如下：

十五夜御前口號

張　說

花萼樓前雨露新，長安城裡太平人。龍銜火樹千重燄，雞踏蓮花萬樹春。帝宮三五戲春台，行雨流風莫妬來。西域燈輪千影合，東華金閣萬重開。

二、行

「步驟馳騁，疏而不滯日行。」這是詩體明辯的解釋。現舉例如下：

武溪深行　　馬援

滔滔武溪一何深，鳥飛不度，獸不敢臨。嗟哉武溪多毒淫。

三、歌

放情長言，雜而無方，便是「歌」。例如：

鴻鵠歌　　劉邦

鴻鵠高飛，一舉千里。羽翼已就，橫絕四海。又可奈何！雖有矰繳，尚安所施？

四、歌行

兼備「歌」、「行」兩體的，稱歌行。例如：

短歌行　　曹操

對酒當歌，人生幾何？譬如朝露，去日苦多。慨當以慷，憂思難忘，何以解憂？唯有杜康。青青子衿，悠悠我心，但爲君故，沈吟至今。呦呦鹿鳴，食野之苹，我有嘉賓，鼓瑟吹笙。明明如月，何時可掇？憂從中來，不可斷絕。越陌度阡，枉用相存，契濶談宴，心念舊恩。月明星稀，烏鵲南飛，繞樹三匝，無枝可依，山不厭高，水不厭深，周公吐哺，天下歸心。

五、其他

其他除上述四種常見形式之外，其他還有稱爲：「謠」、「引」、「詞」、「詠」、「吟」、「曲」、「唱」……等不一而足，作者不多，不予多論。

舊體詩形式已略如上述，至於新體詩有無一定的形式沒有？試爲分述於後：

甲、豆腐干式

五四運動期間，中國詩歌，因受西洋詩的影響，一班新作家，如徐志摩等幾乎完全依效英文的十四行詩形式，學者稱這派詩爲豆腐干式的方塊詩，也稱做「新月詩派」，這派詩字句力求整齊美觀，爲另派作家所反對，現舉例如下：

再別康橋　徐志摩

輕輕的我走了，
正如我輕輕的來；
我輕輕的招手，
作別西天的雲彩。

那河畔的金柳，
是夕陽中的新娘，
波光裡的艷影，
在我的心頭蕩漾。

軟泥上的青荇，
油油的在水底招搖；
在康河的柔波裡，
我甘心做一條水草！

那榆蔭下的一潭，
不是清泉，是天上虹，
揉碎在浮藻間，
沈澱著彩虹的夢。

尋夢？撐一支長篙，

向青草更青處漫溯，
滿載一船星輝，
在星輝斑斕裡放歌。

但我不能放歌，
悄悄的是別離的笙簫；
夏蟲也爲我沈默，
沈默是今晚的康橋！

悄悄的我走了，
正如我悄悄的來；
我揮一揮衣袖，
不帶走一片雲彩。

這首詩句長短，力求不過分參差，音韻也很講究，排列起來也很整齊美觀，讀起來音節響亮，而且意境更美。

乙、自由式

當「新月詩」風行時，文壇上又興起一堅強的對壘，那便是創造社的浪漫派，這派作家極端反對詩歌格律的形式，主張詩歌絕對的自由，這裡不拘任何形式的詩，無以名之，遂稱它為自由式。現舉一例如下：

自從

朱自清

㈠

自撒旦播了「人間底花」，
上帝時常嘆息，
又時常哀哭，
所以才有風雨了。
因為只要眞實的東西，
撒旦他丟給人們，
那朦朧的花影；
便是狂醉裡，幻想中，
睡夢邊，風魔時，

和我們同在的了。

(二)

也有芳草們連天綠著，
槐陰們夾道遮了；
也有葡萄們攙手笑著，
梅花們冒雪開了。
便是風，也溫溫可愛呵；
便是雨，也楚楚可憐呵；
但我們——
我們被掠奪的，
從我們心上，
失去了「人間底花」，
卻憑什麼和他們相見，
憑什麼和他們相見呢？
我們眼睜望著；
他們也眼巴巴瞧著。

「接觸著麼？」
「無這力呵，」
望的夠倦了，
瞧的也漠然了，
膈膜這樣成就，
我們便失去了他們了！

㈢

「找找我們的花去吧！」
都上了人生的旅途。
我清晨和太陽出去，
跟清晨和太陽出去，
跟著那模糊的影，
也將尋我所要的。
夜幕下時，
我又和月亮出去，
和星星出去，

沒有星星，
我便提了燈籠出去。
我尋了二十三年，
只有影子，
近，近，近，——眼前！
遠，遠，遠，——天邊！
唇也焦了；
足也燒了；
心也搖搖了。
我流淚如噴泉，
伸手如乞丐；
我要我所尋的，
卻尋著我所不要的！
因爲誰能從撒旦手裡，
奪回那已失的花呢？

(四)

可是——
都躍躍地要了，
都急急急地尋了！
得不著是罔然，
都彼此遮掩著，
訕笑著，又詛咒著；
像輕籠了明月一般，
疑雲羃了人們底眞心了。
於是欣羨開始了；
嫉妬也開始了；
我們終於彼此攞手！
我們終於彼此攞手！
我們的地母，
那白髮蒼蒼，悲悲慘慘的地母呵，
卻合了掌給我們祝福了，
伊祇有徒然的祝福了；——

清淚從伊乾癟的眼眶裡，
像瀑布般流浮。
那便是一條條的川流了。

(五)

痴的儘管默著，
乖的終要問呵：
倘然『人間底花』再臨於我，
那必在甚麼時候呢？
告訴你聰明的人們：
直到他倆底心，
都給悲哀壓碎了，
滿天雨橫風狂，
滿地洪流氾濫底時候，
世界將全是撒旦的國王，
全是睡和死的安息，
那是我們的花，

便將如錦繡一般！
開在我們的面前了！

上面這首詩可以說是不講求字句的平均，也不限於韻腳，是完全解放式的自由詩。

丙、散文詩

散文詩一詞，又稱散文，又稱詩，看來似有矛盾，但詩演變的結果，似乎已漸漸脫離音變的重要性，而趨向於極端浪漫的散文詩了。今日的文學批評者，已經承認有散文詩的存在地位了。散文詩從形式上看和散文似乎是沒有二樣，但仔細的觀察一下，它依然具有時的特別性質的，仔細的吟誦一番，也有其自然的音節。例如：

一個小農家的暮

她在竈下煮飯，新砍的山柴，必必剝剝的響，竈門裡嫣紅的火光，閃著嫣紅的臉，閃紅了青布的衣裳。

他含著個十年的煙斗，慢慢的從田裡回來，屋角柱上鋤頭，便坐在稻床上，調弄著隻親人的狗。休還踱到欄裡去，看一看他的牛，回頭向她說：「怎麼了，我們新釀的酒？」

門對面青山的頂上，松樹的尖頭，已露出了半輪的月亮。

孫子們在場上，看著月，還數著天上的星：「一、二、三、四……」「五、八、六、兩……。」他們數，他們唱：「地下人多心不平，天上星多月不亮。」

總而言之，外在形式是詩的象徵，內在形式——詩意是詩的靈魂，詩人必先有情感、思想、而後以「創造的想像」，產生新的形式，來藻飾潤色。如果為外在形式所囿，削足適履，必然犯上了詩的三大忌：不工、不貫、不自然，也就是堆砌、雕琢。一個眞正的大詩人不會被外在形式所限，但也自然而然地具備了詩的特有形式。例如李白的「蜀道難」：「噫！吁噫！危乎！高哉！蜀道之難難于上青天！」假如不是帶有「吁、噫、乎、哉」四字文言的虛字，這種用法和現在的自由詩又有甚麼兩樣？柏拉圖（Plato）認為只有大詩人、大哲學家和眞正戀愛者，才有本領揭開肉體的蒙蔽，去逼視理想世界的至善純美。也又認為詩人的靈感，有時由於神的恩惠，有時由於人的修養，還和中國古語「神乎其明，存乎其人」一樣。斐竺拉斯（Phaedrus）一書中有這麼一段話：

有一種癲狂症是詩神激動起來的。它占住一個純樸的心靈，在那裡煽起狂熱，引起詩的節奏，使它歌詠古英雄的豐功偉績來教導後人。如果沒有這種詩人的狂熱而去敲詩神的門，無論是誰，無論他的藝術有多高，他和他的詩永遠被詩神閉門不納。

由這段話中，我們可以了解，當詩人的靈感洶湧時，他的心裡便起了狂熱，所吐出的心聲便自然而然的有了詩的節奏，具備了詩的特有形式。所以，明於詩境的人，不談詩的形式，而形式自成。相反的，一個沒有靈感的人，他不會為詩神所接納，縱有所作，也是徒具形式，而無內容，這種沒有靈魂的詩，不會為大衆歡迎，很多的詩讀過即忘，便是沒有感人的詩意的結果。所以寫詩，應以內容來決定形式，隨情感的奔放，寫到那裡便到那裡，蘇東坡天才橫逸，他塡詞便往往不受詞律的拘束，而自成佳作。民國十年胡適之先生的「南高峰看日出」一首詩，刊出報端之後，賈韜園先生就用他的原意，寫成一首古風，彭醇士先生當時曾有很客觀的評語，這些足以說明詩歌的形式，並不足以決定作品的優劣，換句話說，詩只看其內容怎樣，至於表達的形式不論新舊體製都是一樣的，也就是我上面所說的：詩在內在形式——意境上說沒有新舊之分，在外在形式上便有新舊之別了。且看胡適之先生的新體詩，賈韜園先生的古體以及彭醇士先生的評語：

南高峰看日出　又序

胡　適

七月廿九日與任百濤先生、曹佩聲女士，在西湖南高峰看日出，後二日，奇景壯觀，猶在心目，遂成此篇。

時候似乎已很晚了，
我們等的不耐煩了，
東方還只是一線暗淡的紅雲，
還只是一顆微茫的晨星，
還指不出那一點是日出的所在，
晨星漸漸暗淡下去了
紅雲上面似乎有一處特別光亮了。

山後的月光仍舊耀著，
海上的日出仍舊沒有消息了。
我們很疑心這回又要失望了。
忽然我們一起站起來了！
起來了，現在眞的起來了！
先只像深夜遠山上的一線野燒，立刻就變成半個燦爛月華了。
一個和平溫柔的初日，冉冉的全出來了。
我們不禁喊道：這樣平淡無奇的日出，
但我們失望的喊聲立刻就咽住了；
那白光的日輪裡忽然湧出無數青蓮色的光輪，神速的射向人間來，神速地飛向天空中去。
一霎時，滿空中都是青色的光輪了，
一霎時，山前的樹上草上都停著青蓮色的光輪了。
我們再抬起頭時，日輪裡又射出金碧色的光輪來了。
一樣神速地射向天空去，一樣神速地飛到人間來！
一樣神妙地飛集在山前的樹葉上和草葉上，
日輪裡的奇景又幻變了，

金碧的光輪過去了，艷黃的光輪著飛射出來。艷黃的光輪飛盡了，玫瑰紅的光輪又接著湧出來，一樣神速地散向天空去，一樣神速地飛到人間來，一樣奇妙地飛集在樹葉上和草葉上和我們的白衣裳上。

玫瑰紅的光輪湧射的長久，
滿空中正飛著紅輪時，
忽然那白光的日輪裡什麼都沒有了。
那和平溫柔的朝日忽然變嚴厲了，
積威的光鋮輻射出來，我們不自由的低下頭去。
只見一江的江水都變成燦爛的金波了，
朝日已升的很高了。

前題：並序

賈景德

報載胡君適之南高峰看日出新體詩，輒用其意演爲長句，非與競巧，亦使知舊體無不宜之意，顧下筆如何耳。

攜笻直上南高峰，靜看日出東海東。夜深坐久百不耐，祇見一線雲淡紅。晨星微茫賸一顆，指點孰是義和宮。雲頭見亮星漸淡，五更山月仍朦朧。扶桑濯日杳消息，心疑跋涉將無功。忽然眾起立，果有日氣含溟濛。初似遠山深夜發野燒，半輪變月俄頃中，冉冉出地現全影，欲明未明光曈曨。如斯平淡眾失望，出語幸未探喉嚨。白雲忽湧現無數青蓮色，散徧人世穿林叢。山前草樹盡變色，林葉一霎紛青葱。舉頭忽又炫金碧，神速滿布遙天空。光采四射更奇妙，閃閃一樣磨青銅。須臾景色復幻化，更有艷黃爲烘托。豔黃飛盡變玫瑰，縞衣蝶蝶盤長虹。乾坤頃刻四易態，神妙不測如鬼工，紅光蕩漾最長久，異采瞬成亡是公。溫柔色相突嚴厲，積威光線何熊熊。收視俯瞰一江水，金波燦爛無微風。卻看錦雲反在下；杲杲三丈懸蒼穹。我昔東遊陟泰岱。泱泱喜見海表雄。日觀峰顛看日出，奇景亦曾羅雙瞳。東南山水絕佳勝，足雖未至情則同，胡君寫眞具新體，有意趨勢非文窮。我詩規撫得彷彿，良玉思借他山攻。金輪夜看九幽出，擘牋欲質眉山翁。

彭醇士先對上述新舊兩詩的評語是：

韜園之作，極化工之妙。胡氏見之當爲啞然。……詩無新舊，佳者自佳，劣者自劣也。費獅子之力而不能搏一兔，讀者當知去就矣。

胡氏之作，亦能用眞話説實景，猶不失爲解人。今之少年以迷離恍惚之詞。狀似是而非之事，以爲詩之妙境，即在於此。使人讀之疑其夢魘，非無疾而呻吟，便大言而不慚，或則非中非西，晦澀難解，詩道苦矣。

最後，彭氏又作結論説：

詩貴其切而忌浮僞，眞切之中，又有雅俗，雅俗之外，更分工拙。無論新舊，其道一也。何謂雅？得正爲雅。何謂俗？過正爲俗。何謂工？語妙爲工。何謂拙？詞滯爲拙。至於深淺，不在文言白話分也。

我們看了上面胡適之先生的新體詩和賈韜園先生的舊體詩，兩兩相較，便可知道彭醇士先生所謂「詩的深淺不在文言，白話之分」的話，的確是至當不移之論。

五四運動之後，時勢所趨，一班新作家都以標新立異爲能事，但他們所寫出來的新詩，仍然脫不了「千古文章一大抄」的毛病，或則完全西化忘記了中國文字的精神和特色。前者如胡適的「送任永叔回川」詩的第三節：

這回久別再相逢，便又送你歸去，未免太匆匆！
多虧得天意多留你兩日，使我做得詩成相送。
萬一這首詩趕得上遠行人，
多替我說聲「老任珍重珍重！」

這首新詩完全剽取王觀送鮑浩然之浙東詞：「才始送春歸，又送君歸去。若到江南趕上春，千萬和春住」的意思，但較之蘇詞神韻又不知相去幾許了。適之先生還自己說他這首詩是純粹的白話詩，眞是不知從何說起。

至於完全西化的詩如胡適之先生的「應該」一首：

他也許愛我—也許還愛我，—

但他總勸我莫再愛他，
他常常怪我；
這天他眼淚汪汪—的望著我？
說道：你如何還想著我？
想著我你又如何能對他，
你要是當眞愛我，
你應該把愛我的心愛他，
你應該把待我的情待他。
他的話句句都不錯，——
上帝幫我！
我，應該這樣做！

這首詩完全是英文的：「I love you ! you love me !」一類句法。胡先生自註說：「這首詩的意思神情都是舊體所表達不出的。別的不消說，單說「他也許愛我，也許還愛我」這十幾個字的幾層意思，可是舊體詩能表得出嗎？」其實這兩句西化詩，還不如顧夏「訴衷情」的：「換我心爲你心，始知相憶深」，來得含蓄不盡，給人有一種無限的「美感」。但，這不足以論定新體詩就不如舊體詩。胡適之先生有首名作「依舊月明時」：

依舊月明時，
依舊是空山夜，
我踏月歸來，這淒寂如何能解，
翠微山上的一陣松濤，
驚破了空山的寂靜，
山風吹亂了窗紙上的松痕，
吹不散我心頭的人影！

這首詩發表後，浙江邵瑞彭先生讀過甚覺心愛，便把它改作舊體古風：

依舊月明時，依舊空山夜；
踏月獨歸來，淒寂如何解；
松濤喧翠微，驚破空山寂，
山風亂窗痕，心上影難滅。

我們細細欣賞上面兩首詩，便會感覺到後者不如前者的自然情摯而動人，特別是「山風吹亂紙上的松痕，吹不散我心頭的人影」兩句，神味雋永讀來親切感人，比「山風亂窗痕，心上影難滅」兩句，確較易爲人所接受，邵先生爲當時的大詩人，國學修養高深，但他這兩句詩，便不足壓倒胡先生的原作，賈韜園先生倣南高峰看日出一詩，便不遜胡適之先生原作，甚至較胡氏之作更爲雄偉恢奇，由此兩個例子，可以確切明白詩實無一定不變的形式，只隨作者當時一霎那的靈感內容而定，是採用舊體，抑或採用新體，完全決定在作者當時的情感興致，詩的本身乃是藝術，只要使讀者起欣賞之情，便是好詩，斤斤於新舊詩體爭辯的人，大可不必浪費筆墨。

清人趙甌北論詩說：「李杜詩篇衆口傳，至今已覺不新鮮；江山代有才人出，各領風騷五百年。」這首詩明顯的說出詩要隨時代而進步，不能永遠拾人牙慧，跟著人家鼻子走。但這是指詩的內在形式——意境而說，而不是指詩的外在形式而說，新詩只要內容意境能夠不落於前人窠臼，做到超脫，保持中國詩的特質與精神，便是好詩。說到此一定有人懷疑：我國歷史悠久，文學作品如汗牛充棟，我們現在身上所感受的，心裡所欲說的，幾乎沒有一件不可在古書中找到先例，如此而欲做到意境超脫，談何容易？我的所謂「意境超脫」便是楊守齋所說的：「翻前人意」。當然能夠做到「自作不經人道語」是上乘作品，否則能翻陳出新，也是藝術，文藝心理學說：「凡是藝術創造都是平常材料的不平常綜合。」例如：「雞聲茅店月，人跡板橋霜。」雞聲、茅店、月亮、人跡、板橋、秋霜都是極平常的材料，把它綜合在一起，所成的形式，卻非常新鮮有味。又如胡適之先生的「三十生日詩」：

偶有幾根白髮，心情微近中年，
已作過河卒子，衹有拚命向前。

這首新詩格調意境，全從顧況的：「鏡裡兩根白髮，生涯一片青山」和黃山谷的：「花氣薰人欲破禪，心情其實過中年。春來詩思何所以，八節灘頭上水船。」兩詩蛻變而來。

這兩首詩相互比較，胡先生的「卒子過河」比喻，較黃山谷的「八節灘頭上水船」來得自然生動，讀者感受容易深入，所以便取代黃詩而成爲胡氏膾炙人口的名句了。這眞是今日新詩的作家們所應該走的途徑啊！所可惜的，今日新詩人中，有些人受意象主義的影響，過分強調視覺效果，因而忽略了聽覺效果，所以有人在詩的排列上用盡工夫，如寫「地平線」三字，必定一字一行，寫成一線。假如寫「落霞與孤鶩齊飛，秋水共長天一色。」又該怎樣排列？視覺效果固宜注意，聽覺效果更不可疏忽，因爲詩畢竟是文字的音樂篇章啊！目前新詩只可朗誦，卻不能吟味，這一大缺憾，是人所共感的，但願新詩手們能早日創造出完美無缺的新詩篇，爲詩的藝術開創一個嶄新的時代。

詩的意境

詩是文藝的精華，藝術的藝術。而一切的藝術，都是以表達人類思想情感爲最高原則。一件美術的雕刻或油畫是這樣，一首詩當然更是這樣，如果不能表達人類的崇高思想，就是一件美術作品，也只能算是畫匠或雕刻匠的作品，沒有藝術的價值。同理，一首詩如果沒有崇高的思想，那只能算是樂工的作品。而不是文藝的產物。士林外雙溪中山博物院中所陳列的藝術品，所以被人重視，並不在於雕刻或繪畫的技術，而是在於它本身所含蓄的境界。杜甫的石壕吏，羌村詩可以爲人傳誦，並不在於辭句的渾雄，而是在於描寫社會民生痛苦的深刻感人。法國的馬賽曲，它超越一切近代詩的價值，並不在於音節的雄壯，大部分是出於那種爭取自由正義的情調。詩是純藝術的作品，一首完美的詩篇，最重要的在於內涵的思想，劉貢甫詩話說：「詩以意義爲主，文詞次之，意深義高，雖文詞平易，自是奇作，世人見古人語句平易，倣效之而不得其意義，便鄙野，可笑。」室中語說：「作詩須先命題意，意正而思生。」迂叟說：「古人爲詩，貴於意在言外，使人思而得之。」存餘詩話說：「作詩之妙，全在意境融徹，出聲音之外，乃得眞味。」這些都是說明詩的完美，在於它的意境。但又如何創造高遠的意境呢？創立高遠的意境，應分爲技巧上的立意和風格上的立意，分述如下：

一、技巧上的立意

一首詩的氣象，全看它的造句有沒有力量；一句詩的韻味，全看它的用字有沒有精神。所謂畫龍點睛，傳神全在阿堵也。

㈠**造句的技巧**：造句的方法，最重要的是讀詩多，擇字精，時間久了，自然運用自如，杜甫所謂「讀書破萬卷，下筆如有神」就是這個意思。誠齋說：「初學詩者，須用古人好語，或兩字，或三字。如山谷猩猩毛筆『平生幾兩屐，身後五車書。』『平生』兩字，出論語；『身後』二字，晉張翰云：『使我有身後名』；『幾兩屐』，阮孚語；『五車書』，莊子言惠施；此四句乃四處合來。又『春風春雨花經眼，江北江南水拍天。』『春風春雨』，『江北江南』，詩家常用。杜云：『且看欲盡花經眼』，退之云：『海氣昏昏水拍天。』此以四字合三字，入口便成詩句，不至生硬。要誦詩之多，擇字之精，始乎摘用，久而自出肺腑，縱橫出沒，用亦可不用亦可。」葉夢得石林詩話說：「七言難于氣象雄渾，句中有力，而紆徐不失言外之意，自老杜『錦江春色來天地，玉壘浮雲變古今。』與『五更鼓角聲悲壯，三峽星河影動搖。』等句之後，常恨無復繼者。韓退之『將軍舊壓三司貴，相國新兼五等榮。』筆力雖壯，而意亦盡於此了。較之劉禹錫『天子旌旗分一半，八方風雨會中州』之句，氣象遠大，而意無盡，相去遠矣。」又如司空圖「綠樹連村暗，黃花入麥稀。」句雖貴重，然較之王之渙「山隨平野盡，江入大荒流。」孟浩然「綠樹村邊合，青山郭外斜。」氣韻固有差等，而渾成也比不上。

㈡**用字得技巧**：字眼用得適當與否，是決定造句成敗的主要關鍵。所以前人作詩有「吟成七個字，撚斷數根鬚」之句；杜少陵且有「語不驚人死不休」的豪語。字眼有響字，有實字，大抵響字比較婉轉，實字比較硬挺，如：「鳥宿池邊樹，僧敲月下門。」用一「宿」字和一「敲」字，把彼此不相關的形象，便連成統一的意象，給人一種心靈上的美感，這「宿」和「敲」便是響字字眼。如「星河秋一雁，砧杵夜千家」，著一「秋」字和一「夜」字，全詩意象完全表現出來，這「夜」「秋」二字便是實字字眼。這些都是用字的技巧，一字用得適當，全詩便活躍起來。詩眼云：「李太白詩：『吳姬壓酒喚客嘗。』見新酒初熟，江南風物之美，工在『壓』字。老杜畫馬『戲拈禿筆掃驊騮。』初無意於畫，偶然天成，工在『拈』字。柳詩『汲井漱窗寒。』工在『汲』字。工部又有所喜用字，如『修竹不受暑』。『野航恰受兩三人。』『吹面受和風。』『輕燕受風斜。』『受』皆入妙。老坡尤愛『輕燕受風斜』以謂燕迎風低飛，乍前乍卻，非『受』字不能形容也。至於『能事不受相促迫。』『莫受二毛侵。』雖不及前句警策，要自隱愜爾。」眞是很恰當的論解。用字之時，應注意三方面：

子、文理方面：陳輔之詩話載：「蕭楚才知溧陽，張乘崖作牧，一日召食，見公几案有一絕云：『獨恨太平無一事，江南閒殺老尙書。』蕭改『恨』作『幸』字，公出，視稿曰：『誰改吾詩？』左右以實對。蕭曰：『與公全身。公功高位重，姦人側目之秋，且天下一統，公獨恨太平何也？』公曰：『蕭弟，一字之師也。』」因爲太平無事，是最幸福的，如果反因此而生恨，那眞是不會受福了。又如陶岳五代補說：「鄭谷在袁州，齊己携詩詣之。有早梅詩云：『前村深雪裏，昨夜數枝開。』谷曰：『數枝』非早也，未若『一枝』，齊己不覺下拜。」因爲形容「早」字，「一枝」較「數枝」目更合理，自更有力。

丑、神韻方面：詩句因一字用得工當，便使神韻完全活現，聰慧靈敏的氣質也顯得與衆不同。正像靈丹一粒，點鐵成金啊！「微雲淡河漢，疎雨滴梧桐。」用一「淡」和一「滴」字，便覺精神清爽韻味深長。王介甫「春風已綠江南岸。」綠字，先後用「過」「到」「滿」「徧」諸字，最後纔決定「綠」字，只有用「綠」字，才能使神韻畢現。據漁隱叢話載：「陳舍人從易偶得杜集舊本，文多脫誤；至送蔡都尉云：『身輕一鳥』，其下脫一字。陳公因與數客各用一字補之，或云『疾』，或云『落』，或云『起』，或云『下』，莫能定。其後得一善本，乃是『身輕一鳥過』，陳公歎服。」又唐子西文錄記：「東坡作病鶴詩，嘗寫『三尺長脛瘦軀。』缺其一字，使任德翁輩下之，凡數字，東坡徐出其稿，蓋『閣』字也，此字既出，儼然如見病鶴矣。」侯鯖錄云：「歐陽永叔詞云：『堤上遊人逐畫船，拍堤春水四垂天，綠楊樓上出秋千。』此等語皆絕妙，只一『出』字，是後人著意道不到處。」又如「暝色赴春愁」，下得「赴」字最好，如果下個「起」字，便是小兒童語了。東坡志林云：「陶淵明詩『採菊東籬下，悠然見南山。』採菊之次，偶然見山，初不用意，而景與意會，故可喜也，今皆改作『望南山』；杜子美云：『白鷗沒浩蕩，萬里誰能馴。』蓋滅沒於煙波間耳。而宋敏求謂余云：『鷗不解沒，改成波字』，二詩改此兩字，覺一篇神氣索然也。」這是極深入的看法。唐子西語錄云：

「皎然以詩名於唐，有僧袖詩謁之，然指其御溝詩云：『此波涵帝澤』，『波』字未穩，當改，僧怫然作色而去。僧亦能詩者也。皎然度其去必復來，乃取筆作『中』字掌中，握之以待，僧果復來，云：欲更爲『中』字，如何？然展手示之，遂定交。」此與子蒼把曾吉甫迓汪彥章移守臨川詩：「白玉堂中曾草詔，水晶宮裏近題詩。」兩句中之「中」字和「裏」字分別改爲「深」字和「冷」字一樣的妙絕。

寅、語病方面：漁隱叢話載：「唐自四月一日寢廟薦櫻桃後，頒賜百官各有差。……退之詩：『香隨翠籠擎初重，色映銀盤瀉未停。』……櫻桃初無香，退之以香言之，亦是語病。」又云：「水仙花詩云：『借水開花自一奇，水沈爲骨玉爲肌。暗香已壓酴醾倒。只比寒梅無好枝。』第水仙花初不在水中生，欲形容水字，反成語病。」夷白齋詩話載：「南濠都先生穆，少嘗學詩於沈石田先生之門，石田問近有何得意之作？南濠以節婦詩首聯爲對，詩云：『白髮貞心在，青燈淚眼枯。』石田曰：『詩則佳矣！有一字未妥。』南濠茫然避席請教，石田曰：『爾不讀禮經云：寡婦不夜哭，何不以燈字爲春字？』南濠不覺悅服。」藝苑雌黃載：「雪詩押『簷』字一聯云：『敗履尙存東郭指，飛花又舞謫仙簷。』『東郭指』正用雪事，出史記滑稽傳。『謫仙簷』蓋取李白詩所謂『飛花送酒舞前簷』者，即無雪事矣。贈王子直詩云：『水底笙歌蛙兩部，山中奴隸橘千頭。』雖愛其語之工，然南史：孔德璋門庭之內，草萊不剪，中有蛙鳴；或問之曰：欲爲陳蕃乎？曰：我以此當兩部鼓吹，何必效陳蕃！即無產笙歌之說。」宋人詩他如：「雲峰一隔變炎涼，猶喜重來飯積香。」查考於維摩經說：「維摩詰往上方，有國號香積，以衆香鉢盛滿香飯！悉飽衆僧。」故今僧舍廚名「香積」，此詩把「香積」

二字倒用，便是語病。

二、風格上的立意

人有人的風格。人的風格天生，決非勉強僞裝，可以獲致的。陶淵明所謂「質性自然，非矯勵所得」就是這個道理。所以崔琰僅能僞裝曹操的外表，終無法表現曹操之氣象。詩也一樣，「西風殘照，漢家陵闕」，這是李太白的詞格；「驚塞雁，起城烏，畫屏金鷓鴣」，這是溫飛卿的詞格。周齊說：「梅溪詞中喜用偷字，足以定其品格。」所以立意的工拙，遂決定其風格的高低。要怎樣立意，才是高尚的風格呢？李希聲詩話說：「古人作詩，正以風調高古爲主，雖意遠語疏，皆爲佳作；後人有切近的當，氣格凡下者，終使人可憎，故格調不可不先辨也。」辨格調的方法，以崔德符所說的最簡明。據卻掃編載：「陳參政（去非）少學詩，崔德符嘗問作詩之要。崔曰：『凡作詩，工拙所未論，大要忌俗而已。』」詩要尚古，最怕落俗，詩一落俗，便不能登「風雅」之堂了。嚴滄浪認爲學詩必先除五俗：一是俗體；二是俗意；三是俗句；四是俗字；五是俗韻。現分別說明於下：

㈠**俗體**：所謂俗體，就是打油詩體。打油詩原本是滑稽的一種，雖有寄托，不屬正軌，例如：「携手上河梁，見舅如見娘；兩人齊下淚——三行！」這是打油詩；「月子彎彎照九州，幾人歡樂幾人愁！幾家夫婿同羅帳，幾個飄零在外頭。」這是打油詩；「春耕夜起早遲眠，小妹擔茶郎種田。秧要日頭麻要雨，采桑娘子要晴天。」這是打油詩。此類似歌謠之作，雖謔而不流，究欠莊重，故非正宗。

㈡**俗意**：所謂俗意，就是缺乏詩人應具有之崇高思想，立意庸俗。柳三變的「須臾放下殘針線，脫羅衫恣情無限。」李後主的「奴爲出來難，教君恣意憐。」王實甫的「寄語高唐休詠賦，今宵端的雨雲來。」周美成的「天便教人霎時廝見何妨？」這些都是立意庸俗的典型詩句。後主去國之時，竟「揮淚對宮娥」，而不揮淚對全民，東坡不以爲然，便是責其思想庸俗。同樣是言情詩，但是詩經的「靜女其姝，俟我於城隅；愛而不見，搔首踟躕。」歐陽修的「弄筆偎人久，描花試手初，等閒妨了繡工夫，笑問鴛鴦兩字怎生書？」詩經的「參差荇菜，左右流之。窈窕淑女，寤寐求之。求之不得，寤寐思服；悠哉悠哉，輾轉反側。」這些作品，卻思想高超，立意洒脫，與柳李之作迥然不同。至於拾人牙慧，了無新意的詩，等於照石膏模型雕塑，照古畫描繪，縱可亂眞，終是乏味，這也屬於庸俗之流。楊守齋說：「須作不經人道語，或翻前人意！便覺出奇。」這見解很正確。魏慶之說：「盛次仲、孔平仲同在館中，雪夜論詩，平仲曰：當作不經人道語，曰：『斜拖闕角龍千丈，澹抹牆腰月半稜。』坐客皆稱奇絕。次仲曰：此句甚佳，惜其未大。乃曰：『看來天地不知夜，飛入園林總是春。』平仲乃服其工。」這是自作不經人道語的好例子。又如李白和馬致遠同樣寫閨怨之情，李白的詩是：「美人捲朱簾，深坐顰蛾眉；但見淚痕濕，不知心恨誰？」馬致遠的曲是：「雲籠月，風弄鐵，兩般兒助人淒切；剔銀燈欲將心事寫，長吁氣一聲吹滅。」前者是用側面寫法，後者則用正面寫法，兩詩的立意也各不相同。吳梅村、袁隨園同樣寫西施，梅村的詩：「霸越亡吳計已行，論功何物賞傾城；西施亦有弓藏懼，不獨鴟夷變姓名。」是從政治風雲著眼，且有暗刺吳三桂、陳圓圓事之意。而袁隨園詩：「吳王亡國爲傾城，越女如花受重名；妾自承恩人報怨，捧心常覺不分明。」卻從西施的女子心事上落筆，這些也是自創新意的好例子。至於翻前人意，譬如：孔子老子「相見傾蓋」，鄒陽說：「傾蓋如故」。孫侔和東坡不相識，作詩投寄東坡，東坡和詩說：「與君蓋亦不須傾。」劉寬做官吏，用蒲做鞭，寬厚極了，東坡詩說：「有鞭不使安用蒲。」杜甫詩說：「忽憶往時秋井塌，古人白骨生蒼苔，如何不飲令人哀！」東坡詩卻說：「何須更待秋井塌，見人白骨方銜杯！」杜甫詩說：「明年此會知誰健，醉把茱萸仔細看。」劉景明詩卻說：「不用茱萸仔細看，管取明年各強健！」孟嘉以落帽爲風流，杜甫詩說：「羞將短髮還吹帽，笑倩旁人爲正冠。」卻以不落帽爲風流。歷來詩人作王昭君詩，都惋歎昭君而歸咎於毛延壽。但王荊公詩說：「意態由來畫不成，當時枉殺毛延壽！」卻把過錯歸於漢元帝的昏闇。歐陽文忠公也說：「耳目所及尚如此，萬里安能制夷狄。」和荊公一樣翻前人意。

㈢**俗句**：所謂俗句，就是有什麼說什麼，毫無含蓄婉轉之致。要避免俗句，最好能寓情於景，就是把情感溶化入景物之中，使人讀來，倍饒趣味，例如：李白黃鶴樓送孟浩然之廣陵詩說：「故人西辭黃鶴樓，煙花三月下揚州；孤帆遠影碧空盡，惟見長江天際流。」這一首詩除首句敍明事由以外，其餘三句都是寫景，沒有一個別愁字樣。可是我們讀了後兩句，但覺極目天際，不見帆影，惟見江水長流，一種寂寞空虛之感，便不期然地襲上心頭。溫飛卿的遐方怨一詞末句「海棠花謝也，雨霏霏。」陶淵明的「採菊東籬下，悠然見南山。」柳宗元的「孤舟蓑笠翁，獨釣寒江雪。」錢起的「曲終人不見，江山數峰青。」都是同樣的神妙。海南名詩人王彥教授一再說喜歡我的雜感詩中「山外山中何處別，遙從一角看陰晴」兩句，我想大概是融情於景的緣故吧！

㈣**俗字**：所謂俗字，是指直用金玉錦繡一類的字眼來形容富貴，而無委婉含蓄的情趣。「上馬金，下馬銀。」放在曲中成爲名句，放在詩中便成俗句，李白詩：「腰纏十萬貫，騎鶴上揚州。」並無一個金、銀、珠、玉一類的字，而豪富之氣象，自然顯現。關於辨別俗字，漫叟詩話有一段很好的記載：「江爲有詩云：『吟登蕭寺旃檀閣，醉倚王家玳瑁筵。』或謂作此詩者，決非貴族。或人評『軸裝曲譜金書字，樹紀花名玉篆牌。』」苕溪漁隱曰：「青箱雜記亦載此事。晏元獻云：此詩乃乞兒相，未嘗識富貴者。故云：言富貴不及金玉錦繡，惟說氣象。若『樓台側畔楊花過，簾幕中間燕子飛。』『梨花院落溶溶月，柳絮池塘淡淡風。』之類是也。公曰：窮人家有此景否？」晏元獻又曾經說過：「『老覺腰金重，慵便玉枕涼。』未是富貴語，不如『笙歌歸院落，燈火下樓台。』此善言富貴也」確是知言。但金玉錦繡一類的字眼，如用得恰當，並不害其爲佳句，例如：『珠簾繡戶遲遲日，柳絮梨花寂寂春。』（見雪齋廣錄）雖用「珠」「繡」，其氣象豈不富貴？固不害其爲佳句也。漁隱叢話載：「温飛卿晚春曲云：『家臨長信往來道，乳燕雙雙拂煙草。油壁車輕金犢肥，流蘇帳暖春雞報。籠中嬌鳥暖猶睡，簾外落花閑不掃。衰桃一樹近前池，似惜容顏鏡中老。』殊有富貴佳致也。」詩中用有「金」「流蘇帳」「油壁車」一類的俗字眼，因爲用得恰當，沒有一點俗氣，所以漁隱稱許它是好詩。

㈤**俗韻**：所謂俗韻，就是指用方音土語，例如：流行陝西三原的歌謠：

你騎驢兒我騎馬，看誰先到丈人家。丈人丈母沒在家，吃一袋煙兒就走價。大嫂子留，二嫂子拉，拉拉扯扯到她家！隔著竹簾望見她，白白手兒長指甲，櫻桃小口糯米牙。回去說與我媽媽，賣田賣地要娶她。

這首歌謠中的「價」、「拉」、「她」、「甲」、「牙」、「家」，都是俗韻。這種歌謠，常因方音不同，而押韻也不同。例如閩南語歌：「指薑辣、買羊膽。」到了廣州卻是：「子薑辣，買蒲突？」到了蘇州卻是：「薑末辣，買隻鴨。」這裡的「膽」「突」完全是方音的字韻。但俗字並不一定是俗韻，用得恰當，仍是佳句，例如：「旋擘橙杯破軟金。」「家書抵萬金。」雖然用「金」字做韻腳，但毫無俗意。相反的，有些本是很雅的韻，例如上述陝西歌謠中的「家」「牙」一類的字，放入歌謠，便成俗韻了。至於勉強湊韻，鄙見以為也應視為俗韻，宜在避免之列。例如：韓退之和席八「絳闕銀河曉，東風右掖春」一詩，終篇都是敍寫西垣事，然其中一聯云：「傍砌看紅藥，巡池詠白蘋。」其事除柳惲外，別無出處，若是用此，則於前後詩意不相干，僅趁「蘋」字韻而已。這「蘋」字，原是雅字，但用在此處，因為勉強，便成俗韻了。有些字如七陽的「王」「昌」「倡」「強」等一類的字，不易用得好，稍有不工，便成俗韻，選韻時應特別小心。魏菊莊說：「諧會五首，清便宛轉，宮商迭奏，金石相宣，謂之聲律。摹寫景象，巧奪天眞，探索幽微，妙與神會，謂之物象。苟無意與格以主之，才雖華藻，辭雖雄贍，皆無取也。要在意圓格高，纖穠具備；句老而字不俗，理深而意不雜，才縱而氣不怒，言簡而事不晦，如此之作，方入風騷。」要做到「意圓格高」「而字不俗」，而入「風騷」之林，惟有從妙悟入手，而妙悟工夫又須從上做下，不可從下做上，先須熟讀詩經、楚辭，朝夕諷詠，打好根本。其次拿古詩十九首來熟讀，其次拿魏、晉、南北朝的詩作純熟的參悟，其次拿沈、宋、陳拾遺的詩作熟讀而參悟，其次拿盛唐諸家的詩作熟讀而參悟，其次只拿李、杜的詩作仔細的玩賞，其次拿宋人蘇東坡、黃魯直以及王禹偁、王安石詩仔細參悟，再其次拿清人吳梅村、王漁洋的詩詳加參悟，醞釀胸中，時間久了自然妙悟有得，即使學力有不能學到的地方，也不會落俗。朱晦庵以爲：「欲漱六藝之芳潤，以求眞澹，須先識得古今體製雅俗鄉背，仍更洗滌得盡腸胃間夙生葷血脂膏，然後方有所措，如其未然，恐穢濁爲主，芳潤入不得也。」是極正確的看法。學詩的人，能準此去做，詩的意境，自然超遠，風格自然高古了。

詩的欣賞

詩的欣賞和詩的創作，是同樣的重要。一首好詩，如果沒有人去欣賞它，這首詩暫時便發不出它的光芒，這樣，不但使創作詩的人叫屈，就是整個藝術界來說，也是一種莫大的損失。卞和得了一塊璞玉，送給楚厲王，厲王交得玉人去鑑定，結果說是一塊石頭，以欺誑罪削去了他的左腳；後來厲王去世，武王就位，卞和又把那塊璞玉呈獻給武王，武王將它交給玉人鑑定的結果，依然說是石頭，又被以欺誑罪削去了他的右腳。最後，到了武王去世，文王就位，卞和抱著璞玉在荊山下痛哭了三天三夜，哭乾了眼淚，繼之以血，文王聞之，派人取來了他的璞玉，交給玉人去詳細鑑定，玉人去其璞而得美玉，才知是天下之至寶，因賜名爲「和氏之璧」。一塊美玉，在不懂得鑑賞的人看來是塊石頭，一篇好詩，在不知欣賞的人讀來，認爲應該放入字紙簍，安徒生未成名前，他的作品多被報社、雜誌社退稿，鄭板橋在未顯迹前，他的書法是沒有人欣賞的，天下最悲哀之事，莫過於此了。

詩的欣賞，無非是如何的領略出它「自然英旨」，而後自己內心喜悅地說：「味之者無極，聞之者動心，是詩之至也。」但又如何纔能領略出它的「自然英旨」是「詩之至也」呢？司空圖與李生論詩書文中，有很多的解喻。他說：「文之難，而詩之難尤難。古今之喻多矣，而愚以爲辨於味而後可以言詩也。江嶺之南，凡足資於適口者：若醯，非不酸也，止於酸而已；若鹺，非不鹹也，止於鹹而已。中華之人，所以充飢而遽輟者，知其酸鹹之外，醇美者有所乏耳。」所以，詩的欣賞活動，以辨味爲喻，它可以分爲三個過程：「充飢」、「知味」而至享受「醇美」。嚴滄浪「辨味」所得的「醇美」是「興趣」；王漁洋「辨味」所得的「醇美」是「神韻」；王靜安「辨味」所得的「醇美」是「境界」；袁隨園「辨味」所得的「醇美」是「性靈」。雖然同樣是享受到「醇美」，但對這「醇美」的感歎，卻不盡一致。這正如「天下之口有同耆焉」，但「同耆」之中，究有「偏食」的人，有的愛吃辣的，有的愛吃甜的，有的愛吃淡的，有的愛吃鹹的，甚至更有的愛吃臭的（如臭豆腐），所以，詩的欣賞，往往因欣賞者的偏愛，而有不同的評價。有的酷愛西崑體，有的喜愛元和體，有的喜愛杜詩，有的喜愛李詩，有的欣賞唐詩，有的欣賞宋詩。不喜歡西崑的人，批評李義山的詩如羅兩峯畫鬼，使人莫知所以，以嚇嚇無知的小孩。因爲，義山的詩隔得太深，尤以近體更是奧晦，不易瞭解他的含意，就如錦瑟一詩，古今聚訟紛紛，都沒有徹底的解釋過。不喜歡元和體的人，笑白居易的詩浮濫淺率，不足以登大雅之堂。相反的，尊西崑的人，說義山爲晚唐巨擘，其詩「設采繁艷，吐韻鏗鏘，結體森密，旨趣深遠。」（馮誥語）尊元和的人，則說白居易詩「二十年間，禁省觀寺郵牆壁之上無不書，王公妾婦牛童馬走之口無不道，又雞林賈人求市頗切，自言本國宰相每以百金換一篇，其甚僞者，宰相輒能辨之。」（長慶集序）詩人玉屑載：「歐陽文忠公極賞林和靖『疎影橫斜水清淺，暗香浮動月黃昏』

之句，而不知和靖別有詠梅一聯云：『雪後園林纔半樹，水邊籬落忽橫枝。』似勝前句。不知文忠何緣棄此而賞彼？文章大概亦如女色，好惡只繫於人。苕溪漁隱曰：王直方又愛和靖『池水倒窺疎影動，屋簷斜入一枝低。』以謂此句於前所稱，眞可處伯仲之間。余觀此句，略無佳處。直方何爲喜之！眞所謂一解不如一解也。」又如秦少游的踏莎行詞：「霧失樓台，月迷津渡。桃源望斷無尋處。可堪孤館閉春寒，杜鵑聲裡斜陽暮，驛寄梅花，魚傳尺素。砌成此恨無重數。郴江幸自繞郴山，爲誰流下瀟湘去。」東坡喜愛它下段的末尾兩句，王靜安卻欣賞它上段的末尾兩句。見仁見智，各有其所持的道理。國人欣賞詩如此，西人又何獨不然？喜歡古典詩的西人，說現代詩過於求表現手法的新穎，反而太晦澀，「使人陷入神智的困惑，掉入哲學的思維」。（英國詩人Dryde批評現代詩人但恩之語）喜歡現代詩的西人，則說古典詩的多數比喻經過一再的使用，到他們手上時多半已不新鮮；即使有些在當時很是新穎，但到了今天也成爲濫調了，讀來令人生厭。可見詩的優劣，常因欣賞者所立的角度不同，而大異其趣，拙詩「山外山中何處別，遙從一角看陰晴。」就是指此而言。孔子是位教育家，他對詩的欣賞所得是：「詩，可以興，可以觀，可以群，可以怨；邇之事父，遠之事君，多識於鳥獸草木之名。」朱文公是宋朝的大理學家，因此，他欣賞關雎認爲是歌詠文王與妃大姒之聖德，而近代詩人卻很多認爲關雎純粹是一首男女自由戀愛詩。李白的詩，在賀知章看來，是「謫仙人」，在王安石看來，是「才高而識卑」，在黃山谷看來，是「好作奇語」，在趙次公看來，是「多寄情於風月草木之間爲神仙虛無之說，無補於教化。」但也有人以爲李白的作品，能於創作中寓人生之正鵠，可謂亙古今一人而已。我國自五四運動之後，有所謂「新詩」之產生，於是「舊詩」與「新詩」各行其是，遂生無謂的「新舊詩」之爭。十年前中副載李學剛先生「與古丁先生談詩」一文，便是欣賞新舊詩之論辯。古丁先生站在同情新詩歌的立場，認爲覃子豪的「向明的車」，至少不會在李義山的嫦娥之下，更推崇覃子豪的「域外」，勝過陳子昂的「登幽州台歌」。李學剛先生則站在古典詩的立場，認定李義山「嫦娥詩」及陳子昂的「登幽州台歌」，不論在意境上，或寫作技巧上，均較覃子豪的「域外」和「向明的車」高明很多，這也是各人欣賞的角度不同，而產生不同的評價。

文學是藝術，詩更是藝術的藝術。因此，欣賞詩，要有文學的修養和藝術的素養。章實齋說：「人知易爲卜筮之書矣，夫子讀之，而知作者有憂患，是聖人之知聖人也。人知離騷爲辭賦之祖矣，司馬遷讀之，而知悲其志，是賢人之知賢人也。夫不具司馬遷之志，而欲知屈原之志，不具夫子之憂，而欲知文王之憂，則幾乎罔矣。」就是這個道理。沒有文學修養，根本連詩的詞義都不能瞭解，自不能欣賞詩的優美；沒有藝術的素養，更無從玩味詩的含蓄。一曲美妙的音樂，在不懂得藝術的人聽來，是毫無價值的。名鋼琴家兼作曲家拉克曼尼諾夫（Rachmaninoff）說過：「當我還是一個小孩子的時候，曾到一位俄國貴族家裏，舉行的酒會上去演奏。那時，我只有八歲，但我已彈了好幾年鋼琴了。當日我彈的曲子，是貝多芬克勞賒奏鳴曲（Kreutzer Sonata）那個調子，我彈得很好，至少我已覺得不錯。但是，你們知道的，克勞賒奏鳴曲中間有好幾次要休息很久。在每次休息中，我就要把手從鋼琴上拿開來等待著，這個對於我是很有戲劇性的。但那貴族的太夫人好像卻不是這樣想法的，她是一位很和藹的老太太，終於她在彈奏的一次休息中，走到我這邊來了。她慈祥地摸著我的頭說：『我的孩子，你爲什麼不彈一曲你熟悉的調子呢？』」這和我國「對牛彈琴」的話，是一樣的可笑。

欣賞詩，必須有深入追捕的精神，不可淺嘗即止。傳說李易安爲了要體會李後主「待踏馬蹄清夜月」一句詞的情調，特地把她的外子趙明誠從睡夢中叫起，在殘月將墜，靜悄悄的夜裏，兩口子騎著馬，在舖著石板的大街上漫無目的的走了一趟。相傳趙子昂畫馬，必先伏地作馬狀。欣賞詩有這樣的深入體會的精神，其心得是無窮的，其樂趣也是無窮的，孔夫子「發憤忘食，樂而忘憂」，顏淵的「一簞食，一瓢飲……不改其樂」，都是極好的說明。小時我讀過朱自清「春」一文，其中有「一點點黃暈的光，烘托出一片安靜而和平的夜」兩句，用來形容春日細雨下的夜景，當時我並沒有感覺到它的美。十餘年前，我和外舅到礁溪溫泉沐浴，回來已是深夜，此時細雨濛濛，行人絕少，我坐在吉普車前排座位上，車到宜蘭橋，遠望前面街道兩旁的路燈，靜靜地排在電桿上，這時，我不期然地想起上面兩句文章來，我也才體會出來朱自清這兩句文章描寫夜景的深刻細膩。所以，沒有深入追捕的精神，往往是不易體味出詩的優美。

詩的生命，是永恒不息的，這有賴於讀者的能欣賞，欣賞就是再創作。王勃因「落霞與孤鶩齊飛，秋水共長天一色」，受到閻都督的欣賞而名動公卿。賈島因「鳥宿池邊樹，僧敲月下門」，受到韓文公的欣賞，而名噪一時；中唐主因「細雨夢回雞塞遠，小樓吹徹玉笙寒」受馮延己的欣賞，而才名四布；馮延己因「吹緺一池春水」，受中唐主的讚賞，而名滿藝林。倘使沒有閻都督的歎賞，滕王閣序或不可能留傳至今；賈島如果沒有碰上文學泰斗韓昌黎，恐將默默一生。中唐主和馮延已如無相互欣賞其作品，那也沒法留佳話於人間。杜甫詩如無後人的欣賞和渲染，詩聖之名，便不一定屬他。荀子如無司馬溫公的推崇，或將沈抑於永久。莎士比亞的戲劇，能傳誦全世界，亦何嘗不如是？所以一首詩的生命，是靠欣賞來延續於永恒的。

曹子桓典論論文說：「文人相輕，自古而然。」這些話對同時代的人來說，是有其根據的。對不同時代的人，由於「尙聲背實，貴古賤近」，便不至於「文人相輕」了。所以，我以爲欣賞詩的人，如果「以己所長」，而「輕其所短」，便是沒有藝術修養，讀書少，坐井觀天，以天爲小，是很可悲的。世間有兩種人，他們對文學的欣賞，所作的評價，往往是不正確的，是顯有偏見的。一種是自卑感過重的人；一種是自大感過狂的人。前者，如司馬子長，他的文章「雄深雅健」，但自從受宮刑的屈辱後，往往會借題發揮心中的塊壘，對史實的評論，便純任情感，而不訴諸理智，例如孔子去衛，子長強把衛靈公與南子同車的事拉上關係，說孔子是醜衛靈公「好色不好德」氣憤而走的，明眼人誰都知道這是不合事理的，誠如日本漢學家竹添光鴻說：「靈公無道，與南子同車，命雍渠參乘則有之，若以爲孔子次乘，斷無是理。即曰靈公使之，而孔子遂從之乎？既從之矣，而又何以醜之乎？此稍知氣節者不爲，而謂聖人爲之乎？」後者如王荊公，荊公一生剛愎自負，爲政如是，對文學的評論也如是。孔子春秋，曹子建以爲「即游夏之徒，不能贊一辭。」而王荊公卻說它是「斷爛朝報」，歐陽修新五代史出，人人歎賞，宋神宗問王荊公看過沒有，荊公卻說：「臣未嘗細讀，惟每見篇首，皆有『嗚呼』

二字。」言下頗有不以爲然之意。

由於這些淺近的例子，可知欣賞詩作，必須有正常的心情，與高度的文學素養，否則，不是犯上「文人相輕」「貴古賤近」的毛病，便是如趙甌北所謂「矮人看戲何曾見，都是隨人說短長」了。至於眞正是大詩人大文學家，他有高度的欣賞能力，他能跳出「門戶之見」，「入主出奴」的小圈圈，「文人相輕」的事，便不可能了。魏萬讀了李白的詩，便不辭千里而走訪。曹操讀陳琳爲袁紹所擬的檄文，後來辟爲記室。歸有光曾罵王世貞爲「庸妄巨子」，後來，歸有光先王世貞而死，王世貞爲他題象贊，還有「千載有公，繼韓歐陽」的讚美語。所以，一個眞正具有欣賞詩歌能力的人，他必須不迷惑於一家，也不囿於一己的偏好，能憑高俯視一切門戶派別，看出各家的優點與偏弊。好比江湖遊客，尋幽覽勝，仰視天章靈漢，俯瞰河嶽大千，風雨晦明，各有勝景，不以所長，攻其所短，這樣，纔是文藝的眞欣賞者。

欣賞本身便是一種藝術，生活於藝術中的人，他的生活是有趣味的。司馬相如的鳳求凰琴聲，獲得卓文君的欣賞，終於使有情人成眷屬。卓文君的白頭吟，獲得司馬相如的欣賞，保全了婚姻的幸福。隨園詩話記載：王孟端有個朋友某人，在京城娶了一個小妾，迷戀新人，忘了家中久候音訊的妻子，王孟端深感不平，寫了一首詩寄給他。詩是：

新花枝勝舊花枝，從此無心念別離；知否秦淮今夜月，有人相對數歸期！

這位士子讀了此詩後兩句，內心深覺愧疚，便帶來小妾趕忙回家了。相反的，伯牙所以絕琴，便因爲能欣賞其琴聲的鍾子期死了。所以，我們要充實人生，使生命藝術化，生活趣味化，必須培養藝術欣賞的能力，尤其要培養欣賞詩的能力，使詩的花朵怒放爭榮，使詩的生命發出光輝，美化了整個大千，照亮了整個宇宙，使和平慈祥的詩聲，響遍了天上人間。

詩與音樂

詩在文學的國度裏，是先文字而產生的。這是研究文學的人所一致承認的。由此，可知詩和音樂是不可分的。因爲先民在未有文字之前，便有了詩歌。孔穎達在毛詩正義裏就主張詩的起源有兩個步驟：一是謳歌，一是造初。謳歌有人疑懷是起於大庭時代，造初是開始於堯典。所謂謳歌，就是無文字的歌謠；所謂造初，就是初形於文字的詩歌。也就是說在大庭時代的人民，不知道用文字，但已知道唱歌，到唐虞時代的人民，才知道用文字寫詩歌。良以人爲有感情的動物，具有靈敏的感覺，心有所感，悲歡所生，自然不能不傾吐其喜怒哀樂之情，情動於中，宣之於口，形成自然的節奏，和諧的音響，這便是所謂詩歌了。

文心雕龍樂符篇說：「樂辭曰詩，詩聲曰歌。」「詩爲樂心；歌爲樂體。」通志總序說：「樂以詩爲本；詩以聲爲用。」詩不離樂，樂亦不離詩，詩就是樂，樂就是詩，詩與樂是一體的二面，詩序說：「詩者志之所之也，在心爲志，發言爲詩，言之不足，故嗟歎之，嗟歎之不足，故詠歌之，詠歌之不足，不知手之舞之，足之蹈之也。」樂記說：「凡音之起，由人心生也，人心之動，物使之然也，感於物而動，故形於聲，聲相應，故生變，變成方，謂之音。」又說：「詩，言其志也，歌，詠其聲，舞，動其容也，三者本之於心，然後樂器從之。」由此，可以明白，詩與音樂，實分流而同源，異途而同歸，鍾嶸所謂「搖蕩性情。形諸歌詠。」班固所謂「哀樂之心感，而歌詠之聲發。」朱熹所謂「人生而靜，天之性也，感於物而動，性之欲也。夫既有欲矣，則不能無思；既有思矣，則不能無言；既有言矣，則言不能盡，而發於咨嗟咏嘆之餘者，必有自然節奏而不能已焉，此詩之所以作也。」

詩之所以可貴，而又爲一般人所易接受的原因，便是在於有自然的節奏，使人的心靈有舒適的感應。所謂節奏，就是篇有定章，章有定句，句有定字，意志之外，又有聲音的組合。虞書說：「情發於聲，聲成文謂之音。」又說：「詩言志，歌永言，聲依水，律和聲，八音克諧，無相奪倫，神人以和。」孔穎達虞書正義說：「詩，詠其意以長言，樂聲以此長歌爲節，律呂和此長歌爲聲。」詩，實在就是人類抒發的意志，具有字句與音樂的節奏啊！宋人詞「瑣窗幽」改爲「瑣窗深」，再改爲「瑣窗明」才定稿，孔子說：「吾自衛反魯，然後樂正，雅頌各得其所。」這些都是說明要求詩的節奏優美而諧和啊！

詩三百篇篇篇入樂，不論風謠也好，雅頌也好，都是配樂以歌的。所以，朱熹語錄說：「風、雅、頌乃是樂章之腔調，如言仲呂調、大石調、越調之類。」他又說：「風、雅、頌者，聲樂部分之名也。」程大昌詩議說：「風、雅、頌樂名也，若今樂曲之在某宮者也。」鄭樵詩辨妄、風雅頌辯說：「風、雅、頌詩之體也……三者之體，正如今人作詩有律有名有歌行是也。」惠周惕詩說裏也說：「風、雅、頌以音別也。」王國維在樂詩考略說周頌裏也主張以聲分別風、雅、頌，他說：「竊謂風、雅、頌之別，當於聲求之。」因此，孔子刪詩之說，多以爲是正定詩的音樂，而非如司馬遷所謂三千餘篇經孔子刪削爲三百十一篇。

歷來詩人作詩，除特別注意意境之美之外，對於音節之美也非常講究，中國詩如此，外國詩又何獨不然。試翻閱雪萊詩集、俄默伽亞姆詩集、拜倫詩集、歌德詩集，以及濟慈詩集，那一首詩不是很講究音韻之美；中國詩對音樂之美更是竭其所能以追求的。三百篇聲詩均美固無論矣，屈宋楚辭，雖詩樂分途，但九歌也好，九章也好，那一篇不重視聲韻之美呢？但到了騷賦雖無配樂，但到漢代的樂府詩又直接三百篇之系統。

漢代樂府，據漢書禮樂志記載，起於孝惠二年；樂府令夏侯寬更改房中樂名叫安世樂，樂府之名始此。但此時只有樂官，卻沒有新樂章之創作，日常所習，不過三侯之章與房中樂而已。到了漢武帝始定郊祀之禮，而設立樂府，「以李延年爲協律都尉，多舉司馬相如等數十人，造爲詩賦，略論律名，以合八音之調，作十九章之歌。」（見史記）顏師古謂：「樂府之名始此。」郭茂倩也說：「武帝乃立樂府。」其原因在此。自此由樂府令而推廣成組織龐大的官署（相等今日國家的音樂院），樂府詩大作，詩與樂又打成一片了。

漢代的樂府詩，以內容資料，約可分爲下面四類：

㈠**祭祀歌**：祭祀歌就是當時的祀神曲。郭茂倩樂府詩集說：「周頌，昊天，有成命，祀天地之樂也。清廟，祀太廟之樂也。我將，祀明堂之樂歌也；載芟、良耜、藉田，社稷之樂歌也；然則，祭樂之有歌，由來尚矣。兩漢以後，世有制作，其所以用於郊廟朝廷，以接人神之歡者，其金石之響，歌舞之容，亦各因其功業治亂之所起，而本其風俗之所由。」這便是祀神曲制作的原則。

祭祀用的詩歌，有房中歌與郊祀歌之別，房中一名，開始於周樂，通典說：「周有房中之樂，歌后妃之德。秦始皇二十六年改曰壽人。」漢書禮樂志說：「房中祠樂，高祖唐山夫人所作也。……孝惠二年，使樂府令夏侯寬備其簫管，更名曰安世樂。」此是仿詩經體製而寫的第一篇詩歌，梁任公以為這詩完全是享神歌，而不是如鄭樵所說的：「房中樂者，婦人禱祠於房中也。」此歌共十七章：有四言的如第一首：

大孝備矣，休德昭明；高張四縣，樂充宮庭。芬樹羽林，雲景冥冥，金支秀華，庶旄翠旌。

有三言的如第七首：

安其所，樂終產，世繼諸。飛龍秋，游上天，高賢愉，樂民人。

有七言及三言的如：

大海蕩蕩水所歸，高賢愉愉民所懷。大山崔，百卉殖，民何貴？貴有德。

郊祀歌，郊祀的禮典，向為中國帝王所重視，漢書郊祀志載：「帝王之事，莫大於承天，承天之序，莫大於郊祀。」漢代留存的郊祀歌共十九章，是司馬相如等所創造的，其名稱如下：

一、練時日，二、帝臨，三、青陽，四、朱明，五、西顥，六、玄冥，七、惟泰元，八、天地，九、日出日，十、天馬，十一、天門，十二、景星，十三、齊房，十四、皇后，十五、華爗爗，十

六、五神，十七、朝隴首，十八、象載瑜，十九、赤蛟。（見漢書禮樂志）

其中天馬有兩首，實際是二十首。其一：

太一貺，天馬下，霑赤汗，沫流赭，志俶儻，精權奇，籋浮雲，晻上馳，體容與，迣萬里，今安匹，龍爲友。（這詩於漢武元昆四年秋，因馬生渥洼水中而作。）其二：

天馬徠，從西極，涉流沙，九夷服。天馬徠，出泉水，虎脊兩，化若鬼。天馬徠，歷無草，經千里，循東道。天馬徠，執徐時，將搖舉，誰與期？天馬徠，開遠門，竦予身，逝昆侖。天馬徠，龍之媒，遊閶闔，觀玉台。（此詩於太初四年春，貳師將軍李廣利斬大宛王首，獲汗血馬來，因作西極天馬之歌。）

㈡**鼓吹曲**：宋書樂志說：「鼓吹蓋短簫樂歌；鼓自一物，吹自竽籟之屬；非簫鼓合奏，別爲一樂之名也。」鼓吹曲，爲軍旅用歌，郭茂倩樂府詩集說：「橫吹曲，其始亦謂之鼓吹，馬上奏之，蓋軍中之樂也。」但楊升庵詞品樂曲名解說：「鼓吹者，諸樂之總名。其所施用亦別，用之朝會宴享者，曰黃門鼓吹；用之道路從行者，曰騎吹；其師行而奏之馬上者曰橫吹；其旋師而奏之社廟者，曰短簫樂歌。」可見鼓吹也有用於朝會宴饗的，也有用於道路送行的。不過，郭茂倩又說：「鼓吹，……其後分爲二部：有簫笳者爲鼓吹，用之朝會道路，亦以賜給。漢武時，南越七部皆給鼓吹是也。有鼓角者爲橫吹，用之軍中馬上所奏者是也。」由此，可知鼓吹曲中只有短簫鐃歌和橫吹，纔是用於軍旅的詩樂。

短簫鐃歌的歷史很長，據蔡邕說：「軍樂也，黃帝岐伯所作，以建威揚德，風敵勸士也。」它的歌詞來源，正如沈約所說：「并漢世街陌謠謳。」它的曲目原有二十二，後失務成、玄英、黃爵、釣竿四曲，只存：一、朱鷺；二、思悲翁；三、艾如張；四、上之回；五、擁離；六、戰城南；七、巫山高；八、上陵；九、將進酒；十、君馬黃；十一、芳樹；十二、有所思；十三、雉子班；十四、聖人出；十五、上邪；十六、臨高臺；十七、遠如期；十八、石留。

短簫鐃歌十八曲中，有爲頌詩的，如聖人出一首：

聖人出，陰陽和；美人出，遊九河。佳人來騑離哉何！駕六飛龍四時和。君之臣明護不道。美人哉！宣天子。免甘星筮樂甫始。美人子，含四時。

有爲情詩的，如上邪一首：

上邪！我欲與君相知，長命無絕衰。山無陵，江水爲竭，冬雷震震，夏雨雪，天地合，乃敢與君絕。

有爲雜詩的，如戰城南一首：

戰城南，城郭北；野死不葬烏可食。爲我謂烏，且爲客豪，野死諒不葬，腐肉安能去子逃？水深激激，蒲葦冥冥。梟騎戰鬥死，駑馬徘徊鳴，梁築室，何以北？何以南？禾黍不獲君何食？願爲忠臣安可得？思子良臣誠可思？朝行出攻，莫不夜歸。

有人以爲如「聖人出」「上邪」一類的詩，是頌詩是情詩，而不是軍旅用歌，這是把軍歌的意義看得太狹隘的緣故，敕勒歌不也似抒情歌嗎。

㈢**舞蹈歌**：舞蹈歌是舞蹈時所用的詩歌。舞蹈是音樂感到沸騰的表現，也是助長音樂情緒的一種動作，劉邦的大風詩，漢武的秋風辭，均屬此一類的詩。舞歌又可分爲雅舞、器舞兩類，周禮春官樂師的「人舞」應是漢代的雅式，其他所謂「帖舞」、「羽舞」、「皇舞」、「旄舞」、「干舞」應是漢代的器舞了。

漢代的雅舞，有歌詞可考的只有「武德舞」，如王蒼所作的武德舞歌詩。器舞可考的爲「鐸舞」、「鞞舞」、「拂舞」、「巾舞」、「巾舞」四種。

鐸舞—古今樂錄記載說：「鐸，舞者所持也，木鐸，制法度以號令天下，故取以爲名，古鐸舞曲存聖人製禮作樂一篇。」

鞞舞—古今樂錄記載說：「鞞舞，梁謂之鞞扇，即巴渝是也。鞞扇，器名。」

拂舞—晉書樂志說：「出自江左，舊云笑舞。」樂府古題要解說：「讀其辭，除白鳩一曲，餘并非吳歌，未知所起。」

巾舞—舊唐書音樂志說：「公莫舞，晉宋間謂之巾舞，其說云：『漢高祖與項羽會鴻門，項莊舞劍，將殺高祖，項伯亦舞，以袖隔之，且云：公莫害沛公也。漢人德之，故舞用巾，以象項伯衣袖之遺式。』」

以上各舞曲，辭多遺失不可考，今錄拂舞中的「獨漉」一章如下：

獨漉　六解

獨漉獨漉，水深泥濁；泥濁尚可，水深殺我。

雍雍雙雁，游戲田畔；我欲射雁，念子孤散。

翩翩浮萍，得風搖輕；我心何合？與之同并。

空帷低床，誰知無人；夜衣錦繡，誰別僞眞？

刀鳴鞘中，倚床無施；父冤不報，欲活何爲？

猛虎斑斑，遊戲山間；虎欲齧人，不避豪賢。

㈣**相和歌**：相和歌等於今日的清唱，和舞蹈歌是相對的名稱。宋書樂志說：「相和，漢舊曲也。絲竹相和，執節者歌。」古今樂錄說：「凡相和，其樂器有笙，笛、節、鼓、琴、瑟、琵琶等七種。」晉書樂志說：「凡樂章古辭之存者，並漢世街陌謳謠，江南可採蓮，烏生八九子，白頭吟之屬，其後漸被於管絃，即相和諸曲是也。」茲舉相和曲中最古的江南可採蓮一曲如下：

江南可採蓮，蓮葉何田田！魚戲蓮葉間；魚戲蓮葉東，魚戲蓮葉西，魚戲蓮葉南，魚戲蓮葉北。

㈤**清商曲**：清商曲可分爲平調、清調、瑟調、楚調、側調、大曲六種，其稱爲清商曲者，蓋因清調以商爲主也。陳仲儒說：「瑟調以角爲主，清調以商爲主，平調以宮爲主。」唐書樂志說：「平調、清調、瑟調皆周房中曲之遺聲，漢時謂之三調。又有楚調、側調。楚調者，漢房中樂也，高帝樂楚聲，故房中樂皆楚聲也。側調者，生於楚調，與前三調總謂之相和調。」大曲共有十五曲，沈約把它列入瑟調，但大曲有序曲與尾聲，爲其他諸調所無，故仍以不列入瑟調爲宜。

平調曲古有七種，今存長歌行、猛虎行、君子行三種，以長歌行爲最佳，如下：

青青園中葵，朝露待日晞。陽春布德澤，萬物生光輝。常恐秋節至，焜黃華葉衰。百川東到海，何時復爲西。少壯不努力，老大徒傷悲。

清調曲古有六種，今存豫章行、董逃行、相逢行三種，今舉相逢行一首如下：

相逢狹路間，道隘不容車。不知何年少？夾轂問君家。君家誠易知，易知復難忘。黃金爲君門，白玉爲君堂。堂上置尊酒，作使邯鄲倡。中庭生桂樹，華燈何煌煌！兄弟兩三人，中子爲侍郎。五日一來歸，道上自生光。黃金絡馬頭，觀者盈道傍。入門時左顧，但見雙鴛鴦。鴛鴦七十二，羅列百成行。音聲何雝雝，鶴鳴東西廂。大婦織綺羅，中婦織流黃，小婦無可爲，挾瑟上高堂，丈人且安坐，調絲方未央。

瑟調曲古有三十七種，今存者善哉行、婦病行、孤兒行、飲馬行、上留田行、公無渡河行六種。今錄孤兒行一首如下：

孤兒生，孤兒遇，生命獨當苦。父母在時，乘堅車，駕駟馬。父母已去，兄嫂令我行買，南到九江，東到齊與魯。臘月來歸，不敢自言苦。頭多蟣蝨，面目多塵。大兄言辦飯，大嫂言視馬。上高堂，行趣殿下堂，孤兒淚下如雨。使我朝行汲，暮得水來歸。手爲錯，足下無菲。愴愴履霜，中多蒺藜，拔斷蒺藜，腸肉中愴欲悲！淚下渫渫，清涕纍纍。冬無複襦，夏無單衣。居生不樂，不如早去，下從地下黃泉。春氣動，草萌芽，三月蠶桑，六月收瓜。將此瓜車，來到還家。瓜車反履，助我者少，呼瓜者多，願還我蒂。兄與嫂嚴，獨且急歸，當與校計。亂曰：里中一譊譊，願欲寄尺書，將與地下父母，兄嫂難以久居。

楚調曲古有五種，今存者白頭吟行及怨詩行兩種，白頭吟行應入大曲，僅有怨詩行一首如下：

天德悠且長，人命一何促！百年未幾時，奄若風吹燭。嘉賓難再遇，人命不可續。齊度遊四方，各繫太山錄、人間樂未央，忽然歸東嶽。當須盪中情，遊心恣所歡。

側調曲今只存傷歌行一首，如下：

昭昭素明月，輝光照我床。憂人不能寐，耿耿夜何長！微風吹閨闥，羅帷自飄揚。攬衣曳長帶，屣履下高堂。東西安所之？徘徊以彷徨。春鳥翻南飛，翩翩獨翱翔。悲聲命儔匹，哀鳴傷我腸。感物懷所思，泣涕忽霑裳。佇立吐高吟，舒憤訴穹蒼。

大曲有十二種，今存東門行，折楊柳行、艷歌羅敷行、西門行、艷歌何嘗行、步出夏門行、滿歌行、雁門太守行、白頭吟等九種。現錄艷歌嘗行一首如下：

飛來雙白鵠，乃從西北來，十十五五，羅列成行，妻卒被病，行不能相隨，五里一返顧，六里一徘徊。吾欲銜汝去，口噤不能開，吾欲負汝去，毛羽何摧頹。樂哉新相知，憂來生別離，躊躇顧群侶，淚下不自知。念與君別離，氣結不能言；各各重自愛，遠道歸還難。妾當守空房，閉門下重關。若生當相見，亡者會黃泉。今年樂相樂，延年萬歲期。

以上都是樂府詩的佳作，此後東漢，魏晉、南北朝踵行模擬，也迭有良構，不過，自南北朝之後，歷代詩人雖多有樂府擬作，而音節和內容便不盡相同了。但重視詩的音樂美，卻是一致的。

到了唐朝，新興了一種詩體所謂近體詩，雖然，與音樂分途，但對詞的聲音，更爲講究，有所謂「詩黏」「詩律」「失粘」「失律」一類的名詞了。所謂「詩粘」，就是調平仄，協音聲，或五言，或七言，粘字成句，中無戾纇之病也。所謂「詩律」，就是古詩的格律也。所謂「失粘」，就是上下二句，平仄不相粘合。所謂「失律」，就是不合規律。例如：杜甫卜居詩「浣花流水水西頭，主人爲卜林塘幽」，第一句起首二字「浣花」是仄平聲，而第二句首二字「主人」也是仄平聲，吟唱起來，感到聲調不和諧，便是失粘。餘此類推。至於失律的詩，如王維送楊少府貶郴州第三句「愁看北渚三湘客」，第五句「青草瘴時過夏口」，第七句「長沙不久留才子」，此三句末字的「客」、「口」、「子」都是上聲。杜甫鄭駙馬潛曜宴洞中詩：第三句「春酒杯濃琥珀薄」，第五句「誤疑茅堂過江麓」，第七句「自是秦樓壓鄭谷」，三句末字「薄」、「麓」、「谷」都是入聲，「麓」、「谷」又同韻，這就是失律。到了沈約的「四聲」「八病」出來，有所謂「若前有浮聲，則後須切響，一簡之內，音韻盡殊；兩句之中，輕重悉異」，詩的音聲之美，更進一步了。所謂八病，其說如下：

(一)**平頭**：所謂平頭，就是五言詩，前句上二字，不得與後句上二字同聲，如「今日良宴會，歡樂難具陳」，「今」「歡」同聲，「日」「樂」同聲，這便是平頭。又如「朝雲晦初景，丹池晚飛雪，飄披聚還散，飛揚凝且滅。」四句首二字，都是平聲，也是平頭。

㈡**上尾**：所謂上尾，就是五言詩，上句尾字不得與下句尾字同聲。如「西北有高樓，上與浮雲齊」，「樓」與「齊」同是平聲，又如「客從遠方來，遺我一書扎，上言長相思，下言久離別。」第一句尾字「來」與第三句尾字「思」都是平聲，也是犯上尾。七言詩如杜甫「春酒杯濃琥珀薄」與「誤疑茅堂入江麓」、「薄」「麓」同是入聲；王維「新豐樹裏行人度」與「聞道甘泉能獻賦」、「度」「賦」不但同是去聲，而且同韻，都犯上尾。

㈢**蜂腰**：所謂蜂腰，蓋出於雙聲之變。五言詩、五字首尾皆濁音，中一字獨清，則兩頭大而中間小，有如蜂腰。如「邂逅承際會」，「遠與君別久」，邂逅與際會都是濁音，中間夾一清聲「承」字，遠與與別久都是濁聲，，中間夾一清聲「君」字。

㈣**鶴膝**：鶴膝也出於雙聲之變，與蜂腰相同。五言詩、五字首尾都是清音，中間一字獨濁，兩頭細而中間粗，就是鶴膝。如「徽音冠青雲」，徽音與青雲都是清音，中間夾一濁音「冠」字，便是鶴膝。

㈤**大韻**：所謂大韻，就是重疊相犯的意思。如五言詩用東字爲韻，九字中又用同字紅字爲大韻的便是。即上句第一字，不得與下句第五字同聲相犯，如「胡姬年十五，春日獨當壚」，「微風照羅袂，明月耀清暉」，胡、壚同韻。微、暉同韻，就是相犯。㈥**小韻**：所謂小韻，就是五言詩上句第四字，不得與下句第一字相犯，如「薄帷鑒明月，清風吹我襟。」明與清同韻同聲，便是小韻。

㈦**正紐**：所謂正紐，如溪起憩三字爲一紐，上句有溪字，下句又用憩字，如「朝濟清溪岸，夕憩五龍泉」，就是正紐。「遠開山嶽散江湖」，山、散是正紐。「我本漢家女，來嫁單于庭」，家，嫁是正紐。

(八)**傍紐**：所謂傍紐，如長梁同韻，長上聲讀丈，上句首用丈字，下句首用梁字，便是相犯。如「丈夫且安坐，梁塵將欲起」，丈梁便是相犯。七言如「丈人才力猶強健」，丈、強是傍紐。

總之，詩的特色之一，就是具有音樂美，尤其中國字一字一音，詩中的字詞，個個都有其抑揚頓挫之妙，例如，伊士珍瑯嬛記說：「易安作重陽醉花陰詞，寄其夫趙明誠，明誠自愧不如，乃忘寢食三日夜，得十五闋，雜易安作以示陸德夫，德夫玩之再三，曰：『只有莫道不銷魂三句絕佳。』」人但知「簾捲西風，人比黃花瘦」二句好極，若問他究竟好在何處，不是張口結舌，難吐一字，便是以所謂「可以意會，不可言傳」來搪塞。殊不知易安這二句詞的妙，除了用捲比兩字，把簾、西風、人、黃花連貫的如一串明珠外，就是妙在聲音的抑揚高低，收放自然，「風」字，音之最洪者也，「瘦」字，首之最細也，「簾捲西風」，以最洪亮之聲音放之而出，收到一「瘦」字上，以極細極小的聲音，戛然而止，但覺有響遏行雲之妙，音樂對於詩的美妙作用，可以舉一反三，不煩詞費了。

民國以來，有所謂白話新詩之產生，演進到今天，雖然有些新詩人所作詩，多不用韻，但仍然很注意其自然音節之美，新詩歌朗誦，尤多配奏美妙的音節，以增加詩的感人的效果，就是很明顯的例子。畢竟詩是高調著熱情的，詩的魅力似酒，是酩酊，是陶醉，是欣愉，是感傷，這和音樂完全相同。荻原朔太郎說：「詩是文學的音樂。」眞是一語道破。

中國詩的特質

一般說來，詩和文其本質不同之點有二：

第一、詩必須具有「感染性」，例如：

1.學而時習之，不亦說乎？

2.同是天涯淪落人，相逢何必曾相識？

兩例都足以表達人之「情志」的，但所不同的，就是第一例雖表達其情志，而給與讀者無感染性；第二例表達了作者的感情之外，又可以感染他人。

第二、詩與音樂不可分，即使古代所遺留的詩歌，雖已與音樂不發生關係，但在文字方面仍舊保持著音樂性的美，這兩點特質中國詩如此，西洋詩也一樣。不過，中國詩由於其歷史文化背景的不同，自有其特別相異之處。中國詩的特質在優點方面來說：是聲律複雜而嚴整，文詞簡鍊而含蓄。在缺點方面來說，是缺乏長篇史詩，缺乏神話氣氛詩，現分述如下：

第一、聲律複雜而嚴整：所謂聲律，詩人玉屑說：「諧會五音，清便宛轉，宮商迭奏，金石相宣，謂之聲律。」也就是所謂平、上、去、入四聲的有規律的相間相重的排列，它排列的規律，就是外形韻律的若干小部分；依著規律的排列而形成，就是所謂聲律。雖然，各國的詩都有它的聲律，但不像中國詩的嚴整，因爲中國字是孤音的，一揚一抑，一頓一挫之間，聲律是極其自然而整齊的，特別是中國的聯語、詞、曲等外在的聲律妝飾，西洋文字便不可能了。一首好詩，固然內容韻律，是其靈魂，是其生命，但能伴著相當外形的韻律，卻也增加它給與欣賞者以美的感覺，因爲詩的特質畢竟是具有音樂美的。例如：

平平仄仄平，
仄仄仄平平。
仄仄平平仄，
平平仄仄平。

——五言絕句聲律之一

仄仄平平仄仄平，
平平仄仄仄平平，
平平仄仄平平仄，
仄仄平平仄仄平，

——七言絕句聲律之一

把上面五、七言絕句聲律譜吟唱起來，即使沒有內涵的聲韻之美的文詞，也能給予聽者以類似音樂美的快感。

茲就中國詩外形聲律，分詩形的聲律和詩音的聲律，剖析如次：

先就詩形的聲調分析如下：

㈠**音**：音是詩的聲律最小單位，中國的文字是一字一音的文字，詩是一個個的字集合而成的，所以也就是一個個的音集合而成的。

㈡**步**：步是積音而成的最小音群，是一句的一部分；積若干步而成一句，步的種類，又可分爲單音步和二音步，例如敕勒歌：

敕勒—川，
陰山—下；
天似—穹廬，
籠蓋—四野，
天蒼—蒼，
野茫—茫，
風吹—草低—見牛—羊。

第一行的「川」，第二行的「下」，第五行的「蒼」，第六行的「茫」，第七行的「羊」等，都是單音步；第一行的「敕勒」，第二行的「陰山」，第三行的「天似」、「穹廬」，第四行的「籠蓋」、「四野」，第五行的「天蒼」，第六行的「野茫」，第七行的「風吹」、「草低」、「見牛」等，都是二音步。或許有人以爲「見牛羊」，應屬三音步，（意即不只單音步和二音步），不知句的剖解爲步，完全是音律的，時間的，與意義並無關連，我們只須在吟唱的時候，訴之於聽覺，二個音一拍或一頓的時候，就是一個二音步，一個音一拍或一頓的時候，就是一個單音步，（其實吟唱一個單音步的時候，這個單音步的後面，一定有延長的拖音，本音和拖音所共占的總時間，一定等於一個二音步所占的時間。）而不能把三個音縮成一拍或一頓。

㈢**句**：句是積步而成的，當吟唱的時候，在兩句之間，可以暫作停止，所以也有人稱它爲「停」。集合若干步而成爲一句，雖無一定之限制，但大體以集合二步以上成爲一句的居多，集合七、八步以上成爲一句的，便很少了。例如：詩經緇衣篇：

緇衣——之宜——兮，
敝，
予又——改爲——兮；
適子——之館——兮，
還，
予——授子——之粲——兮。

陸放翁釵頭鳳詞：

紅酥—手，

黃藤—酒，

滿城—春色—宮牆—柳；

東風—惡，

歡情—薄；

一懷—愁緒，

幾年—離索，

錯，

錯，

錯！

上例的「敝」、「還」，和「錯」、「錯」、「錯」，都是單音步的一步句，「紅酥手」、「黃藤酒」、「東風惡」、「歡情薄」、「一懷愁緒」和「幾年離索」等都是二步句，「緇衣之宜兮」、「予又改爲兮」、「適子之館兮」等都是三步句，「予授子之粲兮」和「滿牆春色宮牆柳」都是四步句，至如李後主「故國不堪回首月明中」句，應是五步句，杜甫「吾能拔爾抑塞磊落之奇才」句，應是六步句，餘此類推。

㈣**韻**：韻就韻詩裏面的一韻。如果一句用一個韻，就是一句爲一韻，二句用一個韻，就是二句而成一韻，三句用一個韻，就是集三句而成一韻；集合四句以上而成一韻的都依此類推。但三百篇中的用韻法，不限於每句的末字，有用韻於每句的首字的，有用韻於每句之中的，所以，有時候一句中可以有兩個韻。例如：「中心好之，曷飲食之；」「心」和「飲」是句中韻；「婉兮孌兮，總角丱兮」。「婉」、「孌」和「丱」是一句之首和一句之中的韻。

㈤**協**：協是集合二韻或二韻以上而成的。凡是韻，都不能獨立，一定要跟它相協的，而後成爲韻詩。例如：王維竹裏館詩便是二韻協：

獨坐幽篁裏，
彈琴復長嘯，
深林人不知，
明月來相照。

李白夜思詩，是三韻協：

牀前明月光，
疑是地上霜，
舉頭望明月，
低頭思故鄉。

四韻協以上類推。

(六)**節**：節就是毛詩裏面所謂章，古樂府裏面所謂解，詞、曲裏面所謂疊；在有韻詩中，或以一協為一節，或集二協以上為一節。有全篇或篇中一部分同一協而剖一協為若干節的，例如李白行路難之一：

金樽清酒斗十千，
　玉盤珍羞値萬錢，
停杯投筯不敢食，
拔劍四顧心茫然。
欲渡黃河冰塞川，
將登太行雪滿天，
閒來垂釣坐溪上，
忽復乘舟夢日邊。
　行路難，
行路難！

多歧路，
今安在？
長風破浪會有時，
直掛雲帆濟滄海。

有一協爲一節的，集二協而成一節的，例如杜甫高都護驄馬行：

安西都護胡青驄，
聲價欻然來向東；
此馬臨陣久無敵，
與人一心成大功。

功成惠養隨所致，
飄飄遠自流沙至，
雄姿未受伏櫪恩，
猛氣猶思戰場利。

腕促蹏高如踣鐵，

交河幾蹴層冰裂，
五花散作雲滿身，
萬里方看汗流血。
長安壯兒不敢騎，
走過掣電傾城知；
青絲絡頭爲君老，
何由卻出橫門道。

其中前三節都是一協爲一節的，末一節是以二協爲一節的，其他三協以上爲一節的，此類推。

(七)篇：篇是詩的全體，也稱爲首。一篇中，含有多少節，多少韻，多少句，除近體詩的五、七言絕、律外，並未有一定之限制。

次談詩音的聲律，其分類，略如下表：

等差律
- 音數的等差
- 步數的等差
- 句數的等差
- 韻數的等差
- 協數的等差
- 節數的等差

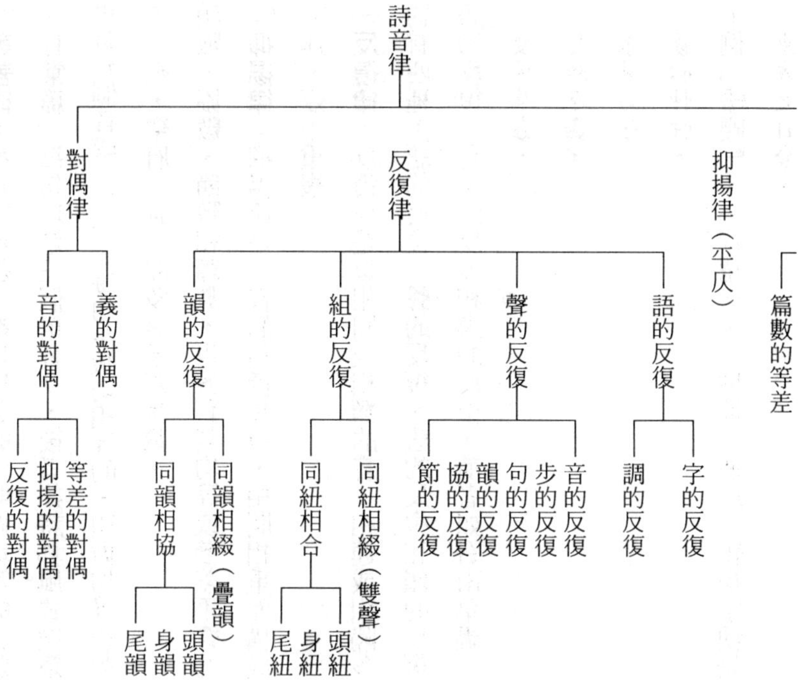
詩音律
篇數的等差
抑揚律（平仄）
反復律
對偶律
語的反復
聲的反復
組的反復
韻的反復
義的對偶
音的對偶
字的反復
調的反復
音的反復
步的反復
句的反復
韻的反復
協的反復
節的反復
同紐相綴（雙聲）
同紐相合
頭紐
身紐
尾紐
同韻相綴（疊韻）
同韻相協
頭韻
身韻
尾韻
等差的對偶
抑揚的對偶
反復的對偶

㈠**等差律**：每句的音數，都是均等的，叫做均等的音數，參差不齊的，叫做參差的音數，前者如詩召南甘棠篇，每句均是三個單音字，後者如詩邶風式微篇，有的是四個音成一句，有的三個音成一句，也有五個音成一句的。每句步數均相等的，叫做均等步數，如五、七言絕律便是；步數不均等的，叫做參差步數，樂府、詞、曲多是參差步數。

韻數、協數、節數和篇數，也各有其均等或參差不齊的，例不詳舉。

㈡**抑揚律**：抑揚律是以音的高低長短，相間相重而構成的，也就是以平仄聲相間相重而排成的，已如前述，茲不重複。

㈢**反復律**：反復律是以相同或相類的音，相連或相隔多少音、多少步、多少句而使它再現。這種情形約有四種：語的反復、聲的反復、紐的反復和韻的反復。

語的反復，有字的反復和調的反復。前者如召南草蟲：

喓喓草蟲，

趯趯阜螽，

未見君子，

憂心忡忡。

上例「喓喓」、「趯趯」、「忡忡」連用三組複字便是字的反復。後者如齊風東方之日篇：

東方之日兮，

彼姝者子，
在我室兮，
在我室兮，
履我即兮。

東方之月兮，
彼姝者子，
在我闥兮，
在我闥兮，
履我發兮。

上例三、四兩句，八、九兩句，是相連的同調同詞的反復；前後兩節，是相連的同調異詞的反復。聲的反復，就是抑揚的反復，平仄的反復，例如李白行路難：

有耳莫洗潁川水，
有口莫食首陽蕨，
含光混世貴無名，
何用孤高比雲月！

吾觀自古賢達人，

功成不退皆隕身。

上例一、二兩句平仄相同，五、六兩句平仄相同，就是抑揚的反復。又一、二兩句中，「有」、「耳」、「莫」、「洗」、「潁」五音，「有」、「口」、「莫」、「食」、「首」五音，平仄相同，是相連的同平仄的五音的反復；一、二兩句中「潁」和「水」兩音，「首」和「蕨」兩音，平仄相同，五、六兩句中「賢」和「人」兩音，「皆」和「身」兩音，平仄相同，是相隔的平仄兩音的反復；又，一、二兩句中「有耳」、「莫洗」兩步，「有口」、「莫食」兩步，平仄相同，是相連的同平仄（抑揚）兩步的反復，其餘類推。

紐的反復，是以同紐的字（發音相同的字），相連或相隔多少音，多少步，多少句而使它再現，這種情形又有兩種：同紐相綴和同紐相和。前者如：「町畽鹿場，熠燿宵行」的「町畽」、「熠燿」便是；後者如「角枕粲兮，錦衾爛兮」中，「角」和「錦」是停頭紐；「燕燕于飛，頡之頏之」中，「頡」和「頏」，是句頭句身錯綜紐；「習習谷風，以陰以雨……采葑采菲，無以下體」中，「陰」和「葑」在句身，「雨」和「菲」在句尾，是句身句尾錯綜紐；「女曰觀乎，士曰既且」中，「觀」和「既」都在句身，是句身紐；「決拾既佽，弓矢既調，射夫既同，助我舉柴」中，「調」和「同」都在句尾，是句尾紐。

韻的反復，是以同韻的字（收音相同的字），相連或相隔多少音，多少步，多少句而使它再現，此種情形也有兩種：同韻相綴和同韻相協。前者就是在詩篇中使用疊韻字，就是相連的同韻反復，如「陟彼崔嵬，我馬虺隤」的「崔嵬」和「虺隤」便是，後者就是用疊韻字相協，就是相隔的同韻反復。同韻反復也有三種情形：有的同韻的字在句頭的叫它爲句頭韻，有的同韻的字在句尾的，叫它爲句尾韻；有的同韻的字在句身的，叫它爲句身韻，例如：

麟之趾，
振振公子，
于嗟麟兮。
——周南麟趾

喓喓草蟲，
趯趯阜螽。
——召南草蟲

前一例「麟」和「振」和「麟」同韻相協，一、二兩句「麟」、「振」在句頭，三句「麟」字在句身，是句頭句尾錯綜韻；又「趾」和「子」同韻相協，都在句尾，是句尾韻。後一例「嗟」和「趯」同韻相協，都在句頭，是句頭韻；「草」和「阜」同韻相協，都在句身，是句身韻。

㈣對偶律：對偶律是中國古典詩中所獨有的。因爲中國的文字是衍形而單音的。一個字只一個字，而形體又是方正均齊；運用在詩篇中，很容易使它作整齊而對稱的排列。形體的排列，既然整齊而對稱了，聲音方面的排列，自然也跟著整齊而對稱了。形體、聲音既然整齊而對稱了；最後，意義方面，自然也跟著整齊而對稱了。這就是先有形體、聲音兩方面都作整齊而對稱的排列的四言詩、五言詩、六言詩、七言詩，而漸有意義方面也作整齊而對稱的排列的律體的五、七言詩、律體四六文和四六賦的緣故。到了形體、聲音、意義三方面，都作整齊而對稱的排列，對偶律就因此形成了。形體的對偶，是由文字的形體方正均齊的自然，無所用其排列的規律，所以，跟聲律沒有關係。意義的對偶，雖然是修辭學問題，不過它跟聲音方面，不無一些連鎖關係，所以，對偶律可分爲義的對偶和音的對偶兩種。

音的對偶，有幾種情形；例如：

一　試墨書新竹，張琴和古松。　李義山裴明府居止詩

二　莊生曉夢迷蝴蝶，望帝春心託杜鵑。　李義山錦瑟詩

三　歲暮陰陽催短景，天涯霜雪霽寒宵。　杜甫閣夜

四　漠漠水田飛白鷺，陰陰夏木囀黃鸝。　王維積雨輞川莊作

第一、二例以數來說，都是同音數，同步數的兩句爲一偶的。以度來說，都是長音（平）、短音（仄）相對而成一偶。第三例，是以「陰陽」「霜雪」兩組雙聲字相對爲一偶，也有疊韻相對的，依此。第四例是以「漠漠」、「陰陰」兩組相連的複字相對爲一偶。

至於義的對偶，是以意義相同、相類或相反的字，互爲對偶的，上列各例音的對偶，同時也包括義的對偶；而且必須包含著義的對偶，才能成爲完全的對偶。

第二、文詞簡鍊而含蓄：中國詩的第二個特質是篇章的緊湊，詞句的錘鍊，意趣的含蓄，以古詩來說，篇章的緊湊者首推杜甫贈蜀僧閭丘師兄詩：

大師銅梁秀，籍籍名家孫。嗚呼先博士，炳靈精氣奔。惟昔武皇后，臨軒御乾坤。多士盡儒冠，墨客靄雲屯，當時上紫殿，不獨卿相尊。世傳閭丘筆，峻極逾崑崙。鳳藏丹霄暮，龍去白水渾，青熒雪嶺東，碑碣舊製存。斯文散都邑，高價越璵璠。晚看作者意，妙絕與誰論？吾祖詩冠古，同年蒙主恩。豫章夾日月，歲久空深根。小子思疎濶，豈能達詞門？窮秋一揮淚，相遇即諸昆。我住錦官城，兄居祇樹園。地近慰旅愁，往來當兵樊。天涯歇滯雨，粳稻臥不翻。漂然薄遊倦，始與道侶敦。景晏步修廊，而無車馬喧，夜闌接軟語，落月如金盆。漠漠世界黑，驅驅爭奪繁。惟有摩尼珠，可照濁水源。

這篇詩首尾中腰各四句提束，前後俱十六句鋪叙，有毫髮未容增減的地方。又如李白的清平調三首：

雲想衣裳花想容，春風拂檻露華濃。若非群玉山頭見，會向瑤臺月下逢。
一枝濃豔露凝香，雲雨巫山枉斷腸。借問漢宮誰得似，可憐飛燕倚新粧。
名花傾國兩相歡，長得君王帶笑看。解釋春風無限恨，沈香亭北倚闌干。

這詩頭一首詠楊貴妃，次首詠花，第三首唐明皇。「春風拂檻露華濃」，是將花比人；「可憐飛燕倚新粧」，是將人比花；有花不可無人，有人不可無花，有花與人，不可無君王，三首詩連成一體，不可分拆，其筆法何等緊湊！

篇章緊湊固無論矣，而詞句的鍊，更是中國詩的精妙之處，如江中日早，殘冬立春，也不過是尋常意思，但一經王灣錘鍊成：「海日生殘夜，江春入舊年。」成爲多麼優美的境界。「微雲淡河漢，疎雨滴梧桐。」上句用一「淡」字，下句用一「滴」字，如靈丹一粒，點鐵成金。「星河秋一雁，砧杵夜千家。」上句用一「秋」字，下句用一「夜」字，亦復如此。人間詞話說：「『紅杏枝頭春意鬧』，著一『鬧』字而境界全出；『雲破月來花弄影』，著一『弄』字而境界全出矣。」按宋子京玉樓春詞：

東城漸覺春風光好，縠皺波紋迎客棹。綠楊烟外曉寒輕，紅杏枝頭春意鬧。　浮生長恨歡娛少，肯愛千金輕一笑？爲君持酒勸斜陽，且向花間留晚照。

這闋詞寫得一片春景盎然，春意正濃，客棹梳織於春水之中，千金輕擲於一笑之頃，歡娛不足，思留晚照，正是遊春喧鬧浮囂情景，乃云紅杏枝頭也有春意鬧，天心人事，竟相互糅和爲一體，益助它風光之美了。張子野天仙子詞：

水調數聲持酒聽，午醉醒來愁未醒。送春春去幾時回？臨晚鏡，傷流景，往事度期空記省。沙上並禽池上暝，雲破月來花弄影。　重重翠幕密遮燈，風不定，人初靜，明日落紅應滿徑。

這闋寫得一種離愁未醒，又値春殘，記往事，省後期，空傷流景。乃池上既暝，沙上禽並，雲破月來，花亦弄影，一片撩人景物，趁離人的晚來臨鏡，形單影隻，將何以排遣這情懷呢？乃云沙禽花影，全是賣弄風情，外景和內心，相歧爲兩途，反而襯托出他的愁思了。靜安說其「境界全出」，他的意思大概就是這樣吧。

中國詩人論詩的標準，重質不重量，例如漁隱叢話說：「古今詩人，以詩名世者。或只一句，或只一聯，或只一篇。雖其餘別有好詩，不專在此，然傳播於後世，膾炙於人口者，終不出此矣；豈在多哉？如『池塘生春草』，則謝康也；『澄江靜如練』，則謝宣城也；『首秋雲飛』，則柳吳興也；『風定花猶落』，則謝元貞也；『鳥鳴山更幽』，則王文海也；『空梁落燕泥』，則薛道衡也；『楓落吳江冷』，則崔信明也；『庭草無人隨意綠』，則王冑也；凡此皆一句名世者。溫庭筠有『雞聲茅店月，人跡板橋霜』，嚴維有『柳塘春水漫，花塢夕陽遲』，常建有『竹徑通幽處，禪房花月深』，杜荀鶴有『風暖鳥聲碎，日高花影重』，韋蘇州有『兵衛深畫戟，燕寢凝清香』，孟浩然有『氣蒸雲夢澤，波撼岳陽城』，賈島有『鳥宿池邊樹，僧敲月下門』，張祐有『樹影中流見。鐘聲兩岸聞』，周朴有『曉來山鳥鬧，雨過杏花稀』，劉均有『雨勢宮牆濶，秋聲禁樹多』，楊黎州有『剛腸欺竹葉，衰鬢怯菱花』，寇萊公有『遠水無人渡，孤舟盡日橫』，徐鉉有『井泉分地脈，砧杵共秋聲』，趙師民有「麥天晨氣潤，槐夏午陰清」，魏野有「數聲離岸櫓，幾點別州山」，悟清有「鳥歸花影動，魚沒浪痕圓」，惠崇有「河分岡勢斷，春入燒痕青」，夏英公有「山勢蜂腰斷，溪流燕尾分」，蔡天啓有「柳間黃鳥路，波底白鷗天」，秦少游有「兩砌墮危芳，風軒納飛絮」，陳無己有「髮短愁催白，顏衰酒借紅」，徐忻有「著衣輕有暈，入水淡無痕」；省題詩如楊巨源有「爐煙添柳重，宮漏出花遲」，滕元發有「寒日邊聲斷，春風塞草長」。以至「漠漠水田飛白鷺，陰陰夏木囀黃鸝」，乃王維也；「殘星數點雁橫塞，長笛一聲人倚樓」，乃趙嘏也；「禪伏詩魔歸靜域，酒衝愁陣作奇兵」，乃韓偓也；「蝴蝶夢中家萬里，杜鵑枝上月三更」，乃崔塗也；「煙橫博望乘槎水，月上文王避雨陵」，乃唐彥謙也；「水暖鳧鷖行哺子，溪深桃李臥開花」，乃鄭文寶也；「雪意未成雲著地，秋聲不斷雁連天」，乃錢惟演也……（原文甚長，以下摘錄）「龍帶晚煙離洞府，雁拖秋色入衡陽」，乃王文穆也；「草解忘憂憂底事，花名含笑笑何人」，乃丁晉公也；「風定曉枝蝴蝶鬧，雨勻春圃桔槔閒」，乃韓魏公也；「園林換葉梅初熟，池館無人燕學飛」，乃謝景山也；「收取桑榆歸物外，種成桃李滿人間」，乃李絢也；「千重浪裏平安過，百尺竿頭穩下來」，乃陳從易也；「千里暮山橫紫翠，一鉤新月破黃昏」，乃孫莘老也；「倒著衣裳迎戶外，盡呼兒女拜燈前」，乃謝師厚也「，斜日半竿眠犢晚，春波一望去鳧寒」，乃張文潛也；「千山送客東西路，一樹照人南北枝」，乃王康功也；鄭谷詠海棠云：「穠艷最宜新著雨，妖嬈全在欲開時」；林逋詠梅花云：「疎影橫斜水清淺，暗香浮動月黃昏」；宋子京落花云：「將飛更作回風舞，已落猶成半面妝」；盛次仲雪云：「看來天地不知夜，飛入園林總是春』，凡此皆以一聯名世者。『春城無處不飛花，寒食東風御柳斜；日暮漢宮傳蠟燭，輕煙散入五侯家。』此韓翃也；『月落烏啼霜滿天，江楓漁火對愁眠；姑蘇城外寒山寺，夜半鐘聲到客船。』此張繼也；『芳草和煙暖更青，閑門要路一時生；年年檢點人間事，惟有春風不世情。』此羅鄴也；『白日依山盡，黃河入海流；欲窮千里目，更上一層樓。』此王之渙也……凡此皆以一篇名世者。」隨園詩話說：「（摘錄）『閉門不管窗前月，分付梅花自主張』，南宋陳隨隱自述其先人詩也；『大風吹倒梧桐樹，自有旁人說短長』，宋人笑劉師罣欲附范文正公祠堂詩也。」這也是以一聯傳世的。不僅是律絕，不能浪費一字，即是古詩、樂府也沒有拼湊堆砌的地方。「孔雀東南飛」，三百五十七句，一千七百八十五字；「秦婦吟」，二百三十八句，一千六百六十六字，這和西方叙事詩特意鋪張，完全不同，但丁的「神曲」，拜倫的「唐璜」，哈代的「拿破崙之戰」，荷馬的「奧德賽」，雖有其精彩之處，但難免有拼湊之處；中國詩人不是不能寫這樣的長詩，而是傳統的論詩標準，在重興趣，不重學識，重妙悟，不重理解。滄浪詩話說：「盛唐諸公惟在興趣；羚羊掛角，無跡可求。故其妙處透徹玲瓏，不可湊泊，如空中之音，相中之色，水中之影，鏡中之象，言有盡而意無窮」，又說：「近代諸公乃作奇特解悟，遂以文字爲詩，以才學爲詩，以議論爲詩。」又說：「詩有別材非關書也。詩有別趣，非關理也。」所以，特別注重字少意多，含蓄不盡。例如高齋詩話說：「東坡問少游近作何詞，少游舉『小樓連苑橫空，下窺繡轂雕鞍驟』以對。東坡曰：『十三個字，只說得一個人騎馬樓前過。』」便是笑他浪費詞筆，了無餘意。反之，如詩人玉屑所說：「東坡煎茶詩云：『活水還將活火烹，自臨釣石汲深情。』第二句七字而具五意：水清，一也；深處取清者，二也；石下之水，非有泥土，三也；石乃釣石，非尋常之石，四也；東坡自汲，非遣卒奴，五也。」這種用詞少而含意多的詩句是詩人所最稱贊的。東坡云：「言有盡而意無窮者，天下之至言也」。所以，詞簡而意深長，乃是中國詩的基本特質。

第三、缺乏長篇叙事詩：所謂叙事詩，就是詩人在客觀的立場，用比較自由的詩律，把一些民間故事或神話，從頭至尾地鋪叙出來的有韻律的詩。由於國人論詩重質不重量，重「興趣」不重理論，因此叙事詩在中國，雖有不少的佳構，如西漢無名氏的「上山采蘼蕪」，東漢無名氏的「陌上桑」、「孔雀東南飛」、蔡琰的「悲憤詩」、北朝無名氏的「木蘭詩」、杜甫的「兵車行」、「麗人行」、三吏：「新安吏、潼關吏、石壕吏」、白居易的「長恨歌」、「琵琶行」、「新豐折臂翁」、元稹的「會眞詩」、韋莊的「秦婦吟」、吳偉業的「圓圓曲」等，都是膾炙人口的名篇，只是，其中除了「孔雀東南飛」有三百五十七句，一千七百八十五字，「秦婦吟」二百三十八句，一千六百六十六字兩首字句較長外，其他較長的如「琵琶行」、「長恨歌」均不達千字，同但丁（Alighieri Dante）的「神曲」，有一萬四千二百三十三行，拜倫（George Gondon Byron）的「唐璜」，達一萬六千行，哈代（Thomas Hardy）的詩劇「拿破崙之戰」，達十九幕之多。荷馬的「伊里亞德」，「奧德賽」都各有廿四卷之鉅，中、西兩相對比，眞有爽然若失之感了。

古代的中國，不是沒有產生過大英雄，也不是沒有偉大天才的詩人如荷馬、但丁之流，只是影響社會最大最深的大學者如孔丘、墨翟之流，只知汲汲於救治當時的政治上社會上道德上的弊端，而忽略了史詩是保存國民文學資料的最重要工具。所以，大史詩便不易產生了。

第四、缺乏神話氣氛詩：中國詩缺乏神話氣氛，是由其文化觀念與文學觀念所使然。中國文化是受儒家思想的薰陶，「子不語怪、力、亂、神」，所講的是人生哲學，天人合一，所以，中國的文化是發生於對人生責任感的「憂患」；而希臘的哲學是發生於對自然的「驚異」，將神作爲人類的主宰。中國的神，卻是人格化的神，所謂「天命」，也是植根於人類本身的道德意識，所以有「天聽自我民聽，天視自我民視」之語，經書上說到天（或神）的事，必定都以民事爲根本，例如論語記載：「公孫賈謂孔子曰：『與其媚於奧，寧媚於竈。』何謂也？子曰：『不然！獲罪於天無所禱也。』」「子路問事鬼神。子曰：『未能事人，焉能事鬼？』問死，子曰：『未知生，焉知死？』」左傳莊公十年記載：「公曰：『犧牲玉帛，弗敢加也，必以信。』對曰：『小信未孚，神弗福也。』公曰：『小大之獄，雖不能察，必以情。』對曰：『忠之屬也，可以一戰。……』」「鬼神非人實親，惟德是依。」「民，神之主也，是以聖王先成民，而後致力於神。」凡此都是說明不論是說天道說鬼神，都以人事爲根本，這就是儒家的人本哲學。在人本的文化觀念下，開天闢地的盤古氏乃是人，而不是神，發明鑽木取火的燧人氏也是人，而不是神。周朝的始祖后稷，在生民詩篇中，是透過現實動物的牛羊飛鳥和伐木人，來實現神的意志，由神假藉現實生物來對他加以保護，而不出於神的本身。玄鳥詩篇中的商朝始祖契，也是用同樣的手法來表達的。乃至屈原的「離騷」，雖極盡凌空遨遊的幻想，扣天國之門，但他把日月、風雷、雲霓、鳳鳥等也都加以人格化，和純粹的神話化者不同。而在西方的宗教中，宇宙是上帝創造的，在希臘，整個宇宙是受宙斯神（Zeus）的統治，和中國的文化觀念，相異甚大，這就是中國神話詩不發達的原因之一。

中國的文學觀念，是受孔子思想的支配，在孔子的學說中，談到文學的地方很多，可是他的文學觀念，是偏重於廣義而包括一切學術而言的。詩經一書，孔門相傳爲倫理道德之教科書，所謂經夫婦、成孝敬、厚人倫、美教化、移風俗、正始之道、王化之基、興廢盛衰、胥在於是。詩經在孔子、孟子時代的前後，對於一般政治家文人等等，就已具有如舊約、新約及荷馬的二大史詩之對於基督教徒與希臘作家一樣的莫大的威權，政治家往往引用詩經中的一、二詩句以爲辯論諷諫的根據，論文家及傳道者，也常引用詩經中的一、二詩句，以爲宣傳或討論的證助；有的時候，許多人也常常吟誦詩經中的一、二詩句，以使精神藏修息遊其中。在西方卻不同了，荷馬挾著他的七弦琴，往來巡迴於希臘各地，彈奏他的伊里亞德（Iliad）和奧德賽（Odyssey），用神奇悲壯的英雄故事，來滿足人民精神上的欲求。在西方文學中，小說與戲劇的地位，常超越詩歌與散文，在中國則恰好與之相反，由「稗官野史」一詞，便可知小說是如何之不被重視了。史詩的內容，卻多敘述戰爭，歌頌英雄，近於小說，也近於戲劇，依中國人的觀點看來，則是「醉臥沙場君莫笑，古來征戰幾人回。」「可憐無定河邊骨，猶是深閨夢裡人。」「憑君莫話封侯事，一將功成萬骨枯。」戰爭純是一種罪惡，英雄只是「萬骨」堆成的殘忍偶像而已。人們欣賞陶潛的詩，是喜愛他的「歸園田居」、「飲酒」，而不是喜愛他的「詠三良」、

「詠荊柯」一類的史詩，更不是喜愛他的「讀山海經十三首」和「形影神」一類的半遊仙詩，至於神話小說如西遊記、封神榜，在以往是被視爲荒誕不經的，戲劇是教坊子弟，梨園子弟的玩意兒，都不登大雅之堂的，所以，中國詩缺乏神話氣氛，是由來已久，非一朝一夕之事了。

今日是中國文化存亡絕續的時代，是個偉大的時代，也是個危急的時代，正是詩人發揮長才，抒寫長篇史詩，不讓荷馬、但丁獨美於前的時候，願全中國詩人共同發揚中國詩偉大精深處，並彌補中國詩的不足處，以建立一個最偉大的中華詩國。

詩詞課

前言

我常常聽到社會人士對當前青年學生國文水準的低落感到悲哀。他們經常責備現在學生，就中等以上學校的程度，還甚多連白話文都寫不通，文言文自不必談了。這話我不敢完全贊同。固然，今天各級學校在「升學第一」的觀念之下，學生們幾乎大部份時間都花在數學、理化、英文諸科上，很少有時間在國文上作從容涵泳的工夫，國文水準便因之低落，白話文寫不通的，確實爲數不少。但仍有很多青年學生，不但白話文寫得很好，文言文也有很可讀的，甚至有的還會寫古典詩呢？

我教過了十餘年的高中國文，三十餘年的大專國文。在我教過的學生中，經過我指導、講解和鼓勵之後，不少的人能寫詩，能塡詞，能撰聯，且吐語也很可觀。因此，我否定了社會一般人的下列三個看法：

第一：讀白話文、寫白話文的，不會做中國古典詩，只會寫漫無準則的語體詩。

第二：古典文學讀得少的人，絕不能欣賞古典文學。

第三：中國古典詩快成絕響，國粹快要淪亡。

說也奇怪，在我教過的學生中，除了世界新專頗具才華的黃勝常詩詞寫得很好，是得力於其父黃雪邨先生的薰陶外，其餘我至今尚未知道有人享有他的「家學淵源」之福的，大家都是由小學ㄅㄆㄇㄈ以及「老師早，小朋友早」開始，經初中而高中而專科，是純粹的白話文教育。然而，經過我半學期的教導，他們居然能寫起古典的國詩來了。而且竟有一些句子寫得很自然。三十餘年前接到張生麗華從宜蘭寄來二首七律，意境很高，詞亦錘鍊，絕非一般初學作詩的人所能作出的。茲照錄於後：

煙罨員山春景清，飄紅凝綠雨初晴。千塍早稻銜寒秀，一抹殘陽向晚明。碧樹無聲村外合，溫泉有脈地中行。大湖入望心如鏡，照盡人間利與名。（員山覽勝）

僕僕風塵南北間，不辭辛苦不辭難。經多世事胸襟濶，閱盡人情眼界寬。淡飯粗茶殊有味，明窗淨几自能安，一心似水無塵俗，但慕先賢不慕官。（呈知止師）

由此看來，我敢說不久的將來，中國正統的詩歌一定會重放異采，特別在此日新月異的大時代，正是詩歌復興的最好契機，只要在大家鼓盪之下，必將瞰李唐於不顧，呑趙宋於胸中了。

往年詩文之友刊載省立蘭陽女子中學高二愛班學生詩課，很多詩友看到後，來信備致讚揚，並要我加油，多多爲中國古典詩歌盡力，重振詩魂，遏彼邪風，使我精神更加興奮。五十二年九月，我受世界新聞專科學校之聘，擔任兩班國文課程。（一班是報業行政科，一班是公共關係科。）成校長辦學認眞，特別重視學生的國文及英文。當時，我在蘭陽女中的課，高三仁、高三愛兩班同學，都不願我離去，陳子城校長、高三愛班導師陳奇瑜，尤其懇切挽留。而成校長又怕我來往臺北、宜蘭過分辛勞，影響體力精神，勸我向女中婉辭，我終於在那年冬天以極抱歉的心情，辭去了蘭女課，也希望藉此能騰出部分時間，自己好好地看點書。

我在蘭陽女中兩年半，覺得該校學生國文的水準還不錯，我教她們作詩，個個都有一套。省立宜蘭農校我也教過幾年國文，職業學校學生的程度，一般說來當然稍有遜色，但也有一些同學很突出的，我教他們填詞，好些句子很可觀，可惜時間已久，手頭沒有存稿了。五十五年秋受聘師大附中任教一四五、一五四兩班國文，這兩班是實驗班，學生素質較高，雖然升學壓力很大，他們仍要求我教他們作詩，其中有很多可觀的詩作，遺憾得很，因課務太忙，把它遺失了。五十七年受聘中國市專爲專任教授，世新改爲兼任教授，使我驚奇的，是中國市政專校董事長啓我先生對學生的國文也特別重視，我任教多年，發現市政專校學生的國文水準較諸一般大學生並無遜色，由於我教他們作詩的成就，可以窺其全貌。

現在，我把我還保留部分世界新聞專校、中國市政專校及蘭陽女中同學所做的詩，及我當時在作文簿上批改的評語，刊錄於後：

詩課(一)(世新日間部學生習作)

侯景苑

冬夜書懷

改作　朔風飄瓊瑤，寒雪凍柳條。久客長安城，故家東北遙。誰言不欲歸，奈此路迢迢。且將茶作酒，來把旅愁澆。

原作　朔風飄瓊瑤，寒雪凍柳條。身在長安城，家住吳門郊。誰言不願歸，奈何路迢迢。且將茶作酒，來把愁思澆。

評：侯生所爲文，波瀾起伏，思力深遠，論理抒情，允爲一班之冠。嘗在雙週劄記中與同學黃浚非、曹伊寧、周瓊華泛論爲學做人之道，對孔學之體悟，哲理之推詳，均有可取。余在評述中有如下之語：「『閔子侍側，誾誾如也；子路行行如也；冉有，子貢侃侃如也。子樂。』浚非似閔子，伊寧似子路，瓊華與該生似冉有子貢。余謭陋固不敢自況聖人於萬一，惟有如此諸生列之門牆，執經問難，甚樂。」上詩通篇灑落，惟字句稍欠錘鍊。初學作詩，此是通病。原作三句「身在」四句「家住」五句「不願」六句「奈何」均嫌俚俗，故易以「久客」「故家」「不欲」「奈此」較雅馴。又該生籍隸東北「吳門遙」句欠妥，故易以「東北遙」，較切實。

前題　調寄浪淘沙

侯景苑

改作　窗外雨兼風，響徹簾櫳。譙樓更鼓夜匆匆。竹素絲桐常遣興，十六年中。
寒翳海之東，却盼花紅。新愁舊恨幾時終。殘月疎星籬外影，夜色方濃。

原作　窗外起寒風，吹徹簾櫳。譙樓更鼓驚好夢。十六載紅絲竹素，渾猶夢中。
春意渺無蹤，却盼花紅。新愁舊恨幾時終，殘月疎星籬外影，夜色方濃。

評：詩僅論平仄，詞則平上去入必須分明。在詞入聲可作平聲，在詩則不可。詩質重，詞質輕。詩沈渾，詞空靈，聲律既異，作法自亦不同。晏殊浣溪沙名句：「無可奈何花落去，似曾相識燕歸來。」移之詩中便覺軟弱乏力矣。此詞通篇輕靈有味，深得詞體三昧。上闋寫發憤讀書，十六年如一日。下闋暗寓中日邦交低沈，中懷憤悶。託意遙深，令人低徊無已。惟上闋第三句爲平起平收之七言句，原作「驚好夢」不協韻律。第四句爲仄起仄收之七言句，應作上四下三讀，原作「十六載紅絲竹素」不協律。第三句寫「夢」末句亦寫「夢」，意嫌複。首句「起寒風」易「雨兼風」，意境較高。第二句「吹」易「響」，較貼實。下闋首句原作「春意渺無蹤」不切冬夜，易以「寒翳海之東」既較貼切，又較貫氣。餘均佳。

前題

羅時倩

改作　手足情深共洽歡，磋磨不覺夜風寒。
孤燈笑我無成就，作客他鄉歲又闌。

原作　手足情深共硯攢，磋磨不覺夜風寒。
孤燈笑我無成就，作客他鄉歲又闌。

評：世風澆薄，倫紀蕩然，友恭之誼未聞，鬩牆之禍迭起，或因財帛而反噬，或因細故而絕裾，不事窮經，惟知逸豫，辱其妻稚，忝其所生，蒿目時尙，能無慨歎？羅生根器深厚，出語溫醇，斯詩首敘手足之情，次述磋磨之益，三句孤燈自警，而以歲闌思鄉作結，隱寓河山未復，志業尙未成就之意。章法井然。惟首句「硯攢」二字欠穩，易以「洽歡」，較爲妥當。

前　題　　黃浚非

改作　殘月孤燈夜未央，窗前憑倚靜思量。
他時三五團圓夜，梅影霜暉映一房。

原作　殘月孤心夜未央，窗前憑倚靜思量。
人間三五團圓夜，梅影霜暉映一房。

評：右詩殘月孤燈，寫冬夜之靜寂，窗前憑倚，見情緒之淸幽；三、四轉到五夜圓暉，一房梅影，勢氣一振，詩趣盎然。但首句旣云殘月，則圓暉應屬異日，故「人間」改「他時」。

前　題　　朱瑜明

改作　冬夜忘寒苦讀詩，難安心處每長噫。
書城饒有閒中味，利鎖名韁兩不知。

原作　冬夜忘寒苦讀詩，難安心處是疑詞。
不爲名義不爲利，讀好書時作好詩。

評：晚近士習浮華，異端紛起，追名逐利之徒滿天下，淺見者標新立異，不求眞知，寖至「打倒孔家店」之說倡於前，「非孝論」踵於後，綱常廢墜，家國淪亡，言之痛心。該生能忘寒苦讀，已屬難能可貴，且不爲名利所累，深得聖賢之道。韓退之謂「行之乎仁義之途，游之乎詩書之源」，子其庶幾乎。右詩二句「是疑詞」三字意稍晦，三、四句原亦可誦，因詩字重韻，故改。且改後較原作渾成，此是初學作詩功力尚淺之故，希深加體會，以求進益。

前題

李玉瑩

改作　寒雨敲窗夜夢回，故園心事幾低徊。
曩時塵跡渾無影，但覺年華日日催。

原作　寒雨敲窗夜夢回，故園心事幾徘徊。
當年塵跡渾無影，但覺年華日日催。

評：詩品序云：「幹之以風力，潤之以丹采，使味之者無極，聞之者動心，是詩之至也。」此詩從寒夜夢回，說到故國縈心，前塵渾無影，年華日日催，不言愁而愁自見。且筆力詞采足以副之，讀之令人神往。李生資質甚高，其文亦饒有詩味。原第三句「當年」易「曩時」，較妥適。

前題

許茂松

改作　忘倦又忘寒，琢玉冀成器，朱毛正橫
行，哀哀黎庶淚，東瀛蕞爾國，見利
竟忘義，家國慨艱難，吾儕當立志，
切齒復搥胸，宵深不遑寐。

原作　忘倦又忘寒，讀書望成器，朱毛正橫
行，哀哀黎庶淚，東瀛蕞爾國，見利
竟忘義，家國慨艱難，吾儕當立志，
切齒復搥胸，滅此而朝食。

評：古體詩貴在筆力雄健，脈絡一貫。此詩首叙勤學冀成大器，次寫朱毛作亂，黎庶悲哀，蕞爾東瀛，見利忘義，當國家多難之秋，奮敵愾同仇之志，愛國熱忱，騰躍紙上。許生敦勵品行，爲該班班長，其詩一洗庸腐，迥殊凡俗。原詩第二句「讀書」易「琢玉」，「望」易「冀」，較雅樸。末句食韻不協，故改。

前題

周瓊華

原作　簷前寒雨一絲絲，我自挑燈有所思。

漏鼓聲聲更已盡，阿爺何事不言歸？

獨坐窗前聽壑松，爐中餘燼熱猶濃。

歲殘風雨尋春夢，萍水人生似轉蓬。

改作　簷前寒雨一絲絲，我自挑燈有所思。

漏鼓驚心更已盡，阿爺何事總歸遲？

獨坐窗前意緒匆，燈中餘燼熱猶濃。

歲殘風雨頻相擾，回首人生類轉蓬。

評：周生篤學，富有文情。余嘗在其雙週劄記中評云：「本文通篇皆詩意，自己已在作詩，而不自知也。詩可移情寓志，願汝多學作詩。」由上詩兩首之饒情致，足徵吾言之不謬。第一首四「歸」字落韻，故改。三句「聲聲」易「驚心」，較警策。蓋詩貴詞約意閎，東坡煎茶詩云：「活水還將活水烹，自臨釣石汲深清。」其第二句七字含有五意：水清，一也；深處取清，二也；石下之水無泥土，三也；石乃釣石，非尋常之石，四也；東坡自汲，非遣人汲，五也；黃山谷詩云：「桃李春風一杯酒，江湖夜雨十年燈。」十四字俱名詞，無一虛字，可謂精於詩法矣。上詞「聲聲」易「驚心」，同此理。第二首起句「聽壑松」易「意緒匆」，表情較顯豁。三句「尋春夢」易「頻相擾」意較連貫。四句「萍水」「轉蓬」嫌複故易「回首」，第五字「似」易「類」較雅。

前題

蔣靜芳

改作　西風吹落葉，客思轉朦朧，展卷燈前讀，人生一夢中。

原作　西風吹落葉，客思轉朦朧，燈前開卷讀，人生一夢中。

評：蔣生畢業北一女，溫靜好學，仍保持其母校優良傳統。所為文格局清宕，上詩一、二句清靈有味。三句不協律，故改。四句饒有寄託。魏文帝曰：「文以意為主，以氣為輔，以詞為衛。」詩亦然。必餘意無窮，始稱佳作，若一覽而意盡，何足道哉？

前　題

蕭信榮

改作　深宵力學莫彷徨，無限前程展望長。要放人生花萬朵，此心正正亦堂堂。

原作　深宵力學莫悲傷，無限前程展望長。要放人生花萬朵，此心正正亦堂堂。

評：詩以器識為主，立志高遠，自然出語超凡。余批改諸生詩，類多傷時感事，情緒蕭索。如上詩之豪邁朗潤，殊不多見。吾人今日所處時代，為革命戰鬥時代，青年必志向遠大，始能負起時代所賦予之使命。孔子勉顏淵克己復禮為仁，古今同一理。該生深宵力學，志在開放人生花朵，此心正正堂堂，有志向，有器識，故能出語恢宏也。首句「悲傷」易「彷徨」意較顯豁。

前　題

王微君

改作　窗外風號雨正狂，室中人意感彷徨。心儀孝烈木蘭女，欲與匈奴戰一場。

原作　窗外風號雨正狂，室中人意感惶惶。心儀北國木蘭女，欲與匈奴戰一場。

評：上詩聲律俱協，韻腳亦穩。首句隱寓神州板蕩，革命怒潮澎湃，有八方風雨會中州之意。次暗寫身爲女子，未克參與實際革命行列，而感徬徨難安。三、四句心儀木蘭代父從軍，殺敵致果，立功邊陲，志尤可嘉。而前暗後明之筆法尤奇倔。二句「惶惶」易「徬徨」較穩洽。三句「北國」易「孝烈」較切實。商丘縣志謂：木蘭追贈將軍，謚孝烈。

前　題

劉紓雯

改作　寒夜琴聲意自沈，無星無月感蕭森。
鍾期去後知音少，大地春光何處尋。

原作　寒夜琴聲意自沈，無星無月感蕭森。
鍾期已失生猶死，大地春光何處尋。

評：前人論詩，唐人主興趣，宋人主意境，清人或主神韻（如王漁洋）或主性靈（如袁隨園）或主境界（如王靜安）。僕以爲凡是性情之作，必兼該興趣意境神韻諸要件。否則非好詩。劉生此詩純是性情之作，絕非憑空杜撰者。首寫琴聲低沈，已覺鬱悶。次寫星月無光益感淒涼。三句點出首句之因，然詞意過於蕭瑟，非青年人所宜，故改。四句言淒涼夜殷望春暉之切，呼應靈緊。

前　題

張興義

改作　靜看清溪水裡天，殘雲散處月初弦。
霜輝梅影山河潤，絃誦膠庠已十年。

原作　靜看清溪水裡天，殘雲散處月初弦。
霜輝梅影山河潤，絃誦上庠已十年。

評：張生一學期來，不論學業品行，均有進步。國文表現尤良好。余爲諸生講授作詩塡詞之法，達八小時之久，又講解論語學而章亦達三小時之久，該生竟能在雙週劄記中詳細紀錄並略加己見。足徵聽講之專，致力之勤。觀所作詩，遣詞清切，用韻工穩，可窺端倪。此詩一、二句水裡觀天，但見殘雲散處，月正初弦，攝境運思，迥殊凡俗。三句由「霜輝梅影」感到「山河壯濶」意境超邁。滄浪論詩謂「孟襄陽學力不及韓退之遠甚，而其詩獨出退之之上者，一味妙悟故也。」觀張生此詩，可知其參悟之妙矣。末句「上」易「膠」較妥適。蓋膠庠均古學校名，原詩「上庠」僅指今之大專院校，則「十年」一語不合事實矣，故改。

前　題　　黃健勝

改作　寒窗冷月吐清光，握卷攲檠意自傷。
易逝芳華何可憶？荒雞聲裡五更長。

原作　中空冷月透寒窗，握卷倚檠意自傷。
易逝芳華何可憶？雞聲已帶五更長。

評：清王九齡題旅店云：「曉覺茅檐片月低，依稀鄉國夢中迷。世間何物催人老，半是雞聲半馬蹄。」該生此詩有同一味，讀來頗覺神往。白石詩說謂：「小詩精深，短章蘊藉，大篇有開闔乃妙。」上詩句句蘊藉，長韻尤悠揚。首句「窗」字落韻，「中空」二字未妥，故改。末句「已帶」詞泛，易「荒雞聲裡」，意境較深長。凡雞夜鳴不時，謂之荒雞。二句「倚」易「攲」，調較協。

前　題　　黃瑞卿

改作　客裡消寒圖九九，斗室孤燈夜夜守。

原作　時維臘月冬將盡，斗室孤燈夜夜守。

歲暮殘冬萬木凋，四顧蕭條念良友。　　歲暮殘冬萬蟲藏，四顧蕭條念良友。

評：帝京景物圖云：「日冬至，畫素梅一枝，爲瓣八十有一。日染一瓣，瓣盡而九九出，則春深矣。曰九九消寒圖」。上詩首句原作意嫌淺俗，故以「客裡消寒圖九九」易之。第三句第六字宜用仄聲，故「萬蟲藏」，易「萬木凋」。二四句意境均佳，因夜燈孤寂，而念良友，足見交誼誠摯。

前　題　　許朝慶

改作　一線餘暉夜幕垂，開燈展卷倚欄時。

人多不識讀書樂，常自圍爐共笑嬉。

原作　一線餘暉夜幕垂，開燈翻卷意何爲。

人多不識讀書樂，常自圍爐坐失時。

評：詩言志，必使吾人意志印入讀者腦中，發出深刻之感想。意求其深入，境求其超越，詞求其工緻，乃能博得大衆同情。右詩從夜說到夜讀，並以人多不識讀書樂爲憾。意境高遠，感人甚深。詞稍宜修飾「翻」易「展」，「意何爲」易「倚欄時」，「坐失時」易「共笑嬉」較爲妥。

前　題　　查通生

改作　雪花如絮積窗前，月雪爭輝色自妍。　　原作　雪花如絮落窗前，月雪爭輝色自妍。

人到艱難心轉奮，不知寒夜不知年。　　人到艱難心轉奮，不知寒夜不知年。

評：詩人之詩，屬詞比事，乃所必然。惟當善於使事，不爲事使，始稱匠家。少陵詩：「玉衣晨自舉，鐵馬汗常趨」。用哥舒翰潼關，黃旗軍出現，昭陵石馬流汗事，此眞善於使事者。查生此詩一、二句無形中用宋人盧梅坡梅雪詩事，洵屬不易。三、四句可以觀志。首句「落」易「積」，蓋第二句月雪爭輝，積雪必厚也。

前　題　　　伍小聰

原作　人靜宵深白露寒，西風吹起客衣單。
不堪回憶兒時樂，贏得如今百感酸。

評：詩要首尾脈絡聯屬，方爲佳妙。此詩有一氣呵成之妙，末句稍感用情過當，蓋正在茂年不應百感酸，質之伍生以爲然否？

前　題　　　周茂男

改作　庭院風來竹有聲，半床明月夜三更。
燈前細把家書讀，一縷鄉愁紙上生。

原作　庭院風來竹有聲，半床明月夜三更。
燈前細把家書讀，一縷鄉愁淡淡生。

評：右詩一、二句有韻致；三句轉甚趣；四句雋永。「淡淡」易「紙上」反映上句。全詩可議者，在冬字點得不夠醒目，凡作詩須命終篇之意，切勿以先得一句一聯，闔而成章。（室中語）初學作詩必須熟讀古人詩，體悟其用心處，久之自成道理。陳無己云：「學詩如學仙，時至骨自換」，旨哉言也。

前　題　　　郭百就

改作　寒夜惟聞誦讀聲，鄰家喬梓博時名。

吾生自有嶔崎志，無謂虛榮不用爭。

原作　寒夜惟聞誦讀聲，鄰家喬梓博時名。

吾生自有吾生志，不爲虛尊不爲榮。

評：該生第一月考因未帶學生證被罰出場，國文成績零分。因此發憤苦讀。二、三月考國文分數均得九十八分，爲全班之冠。上詩三、四句乃其心聲，毫無矯作。孔子云：「詩三百，一言以蔽之，思無邪。」詩之所以富有文學價値，即在情感眞實。該生此詩之可貴亦在此。三句「吾生」易「嶔崎」較充實；四句易「無謂虛榮不用爭」較貼切。

前　題　周文揚

改作　朔風凜冽冷侵肌，獨坐書齋意鬱伊。

何事偷光思鑿壁，滿天星斗照江湄。

原作　朔風凜冽冷侵身，獨坐書齋思入神。

欲效古人苦無策，滿天星斗照江村。

評：作詩必明聲律與音韻。國詩如是，即倣效西洋體裁之語體文，亦何嘗不如是。必神明於詩境者，方能音韻自然，節次分明。上詩末句「村」字落韻，三句嫌淺率，故改。一句「身」易「肌」較穩。二句「思入神」易「意鬱伊」，爲協「肌」韻。

前　題

改作　陣陣寒風不住吹，絲絲細雨夜淒其。　原作　陣陣寒風不住吹，絲絲細雨夜淒其。
燈前靜坐勤研讀，要爲蒼生展所知。　燈前靜坐把詩讀，要爲蒼生展所知。

評：作詩必先命意，意正則思生，然後擇韻而用，如驅奴隸。此乃以韻承意，故首尾有序。（室中語）上詩命意正大，中心趣指，在「要爲蒼生展所知」句。首述寒風陣陣，次爲夜雨淒其，有此一段，始足狀其研讀之勤。亦必有末句始可與言志也。全詩首尾有序，一脈而成。三句「把詩」易「勤研」較允洽。蓋「把詩讀」僅屬於詩一部份，「勤研讀」則兼該其他部份矣。初學爲詩者，對鍊字工夫，不可不三加意焉。

前題

陳仲達

原作

荒村深夜朔風吹，獨對寒燈讀古詩。
但覺先人崇氣誼，千秋而後有良師。
鄉書沈滯漏遲遲，愁緒萬千似雨絲，
此際心情誰我識，師言親教兩深思。

改作

荒村深夜朔風吹，獨對寒燈有所思。
但覺先人崇氣誼，教忠教孝盡良師。
鄉書沈滯漏遲遲，愁緒千端似雨絲，
此際心情誰我識，師言親訓兩深思。

評：詩爲文之精華，必鍛鍊精當。古人作詩，吟哦累日，僅能成篇，即一字未穩，亦不輕棄，王介甫：「春風已綠江南岸」句，「綠」字數易乃定。皎然見某僧御講詩，覺「此波涵帝澤」句，波字未穩，僧不悅而去，皎然度其必復來，乃取筆作「中」字於掌中，握之以待。僧果復來云：欲易爲「中」字如何？皎然展手示之，遂定交，作詩固當如是。上兩詩聲韻俱協，初學吟咏有此成就，已是不易。惟於鍛鍊工夫，未盡用心而已。第一首二、四句「讀古詩」「千秋而後」易「有所思」、「教忠教孝」，前者較有味，後者較眞實。第二首二句「萬千」易「千端」，四句「教」易「訓」較穩適。

前題　尤天籟

原作　深夜風寒月色灰，園中梅竹自徘徊。
　　無家感慨心頭起，何日王師奏凱回。

改作　深夜風寒月色灰，打窗霜葉拂塵埃。
　　無家每自傷羈旅，何日王師奏凱回。

評：右詩首、結皆妥適，二、三句亦尚可用。爲求精鍊，故易以「打窗霜葉拂塵埃」，使與上句風寒相呼應，並因無家而傷羈旅，意較深切，海角心聲，同仇敵愾，以詩人鼓吹之，收京反掌耳。

前題　張宜

原作　寒夜孤燈伴讀書，古人疑是即今吾。
　　更長更短非關要，但覺幽情無限舒。

改作　寒夜孤燈伴讀書，古人心事即今吾。
　　更長更短何須問，但覺幽情無限舒。

評：張生有文學天才，對平劇亦具興趣，際此第八藝術風行，國劇漸感衰替之秋，能樂此不疲，可謂別具隻眼。上詩述孤燈伴讀，神企古人，心之所之，自不問更漏之長短矣。詩爲心聲，讀其詩，如見其人，此詩之可取在此。二句「疑是」易「心事」，較眞實。三句「非關要」，易「何須問」，較自然。

前題　鄭明宏

改作　提筆吟哦學作詩，源流格律一無知。
　　潛心靜氣人如衲，但覺渾忘物我私。

原作　提筆吟哦欲作詩，平平仄仄一無知。
　　潛心靜氣人如衲，但覺渾忘物我私。

詩：詩之鍛鍊工夫，必不可少。所謂鍛鍊，有鍊字、鍊句、鍊意、鍊韻之別。鍊韻不如鍊格，鍊格不如鍊句，鍊句不如鍊字，鍊字又不如鍊意，然好意必須有好句，如牡丹之不可無綠葉。上詩三、四句意境甚高，琢句亦美，二句「平平仄仄」嫌俚，易「源流格律」較雅馴，一句「欲」易「學」較眞切。且「欲」字不如「學」字之謙退也。

前　題

陳養修

改作　深夜寒風利似刀，燈帷吐焰爇蘭膏。
一庭人靜勤詩課，漫自吟哦逸興高。

原作　深夜寒風利似刀，蚊蠅此際各潛逃。
一庭人靜勤詩課，漫自吟哦逸興高。

評：孔子云：「詩可以興，可以觀，可以群，可以怨」。所謂觀者，觀其志也。蓋詩爲心聲，故詩教重馴雅，農歌轅議，只宜行之鄉里笑談而已。上詩第二句雖屬眞實之詞，終嫌俚，故改。或謂觀者觀政治之得失也。誠如此，則蚊蠅因風寒潛逃，足徵臺北衛生設備之窳劣矣，陳生原意其在茲乎？然詞眼欠雅，究非上選。三、四句頗占身分。

前　題

陳國宏

原作　榻冷燈寒靜讀書，聲沈萬籟客懷孤。
殘雲細雨更闌候，獨對寒窗感歲餘。

改作　榻冷燈寒靜讀書，聲沈萬籟境安舒。
殘雲細雨更闌候，獨對芸窗感歲餘。

評：榻冷燈寒，聲沈萬籟，以寫夜景。獨對寒窗，更闌靜讀，以示勤學。並以歲餘，襯出冬字，尤見匠心。「書」「餘」兩字係魚韻，「孤」字係虞韻，雖兩韻相通，究以不通用爲妥，故

「客懷孤」改「境安舒」，「寒燈」「寒窗」意嫌複，故「寒窗」改「芸窗」。

前　題　　李華一

改作　窗外霜寒月影疏，孤燈伴讀趁三餘。楓林枯葉紛紛落，何日春雷景復初。
原作　窗外霜寒月影疏，孤燈相伴讀詩書。楓林枯葉紛紛落，何日春雷景復初。

評：窗外寒霜，林邊枯葉，寫景蕭索。末句春雷豫企，足振全局。昔人云：為學當以三餘，謂冬者歲之餘，夜者日之餘，陰雨者晴之餘也。故第二句改用「趁三餘」襯出冬夜。

前　題　　朱中一

改作　深宵獨坐聽寒風，逝水年華一夢中。十載芸窗成底事，庭前無語問蒼穹。
原作　深宵獨坐聽寒風，逝水年華一夢中。十載寒窗成底事，庭前無語問蒼穹。

評：全詩平穩之作，三句「寒窗」易「芸窗」較典雅。該生籍隸浙江，河山未復，鄉關在念，歲月不居，故有無語問蒼穹之嘆也。

前　題　　詹漢濤

改作　小園松柏鎖寒烟，寒月侵窗色自妍。心緒萬千無限恨，河山未復感年年。
原作　小橋松柏鎖寒烟，寒月侵窗色自妍。心緒萬千無限恨，河山未復感年年。

評：一、二句寫冬夜景物，三、四句抒感，善於擒題，善於構思。年韻意尤沈痛。「橋」易「園」較允洽。

前題

王黎暉

改作

山風呼嘯夜增寒，雨滴簷前似淚潸。
冷暖人情分厚薄，室中孤寂客心酸。

原作

山風呼嘯夜增寒，雨滴簷前似淚潸。
冷暖人情窗一紙，室中人樂客心酸。

評：一、二句有韻致，三、四句界說不明，故改。

前題

謝完爾

改作

人若徬徨失主張，前途光景必淒涼。
就如今夜瀟瀟雨，一片迷濛接大荒。

原作

人若徬徨失主張，一生一世也淒涼。
就如今夜瀟瀟雨，一片迷濛接大荒。

評：謝生秉性厚道，品行端純，文才稍遜。上詩三、四句兩句境界甚高，非一般初學吟咏者所及。

前題

陶德富

改作

月冷霜濃夜已深，年華如夢費追尋。
讀書每覺多難解，深嘆當年未盡心。

原作

月冷霜濃夜已深，年華如夢費追尋。
讀書每覺多難解，深嘆當年不用心。

評：首寫夜景，次感年華，三轉到讀書難解，而以當年未知奮勉作結，氣格渾成。末句「不用心」易「未盡心」較蘊藉，可細味之。

前題

梁　志

改作

北風蕭瑟歲將還，寒夜孤燈客思牽。
故國不堪垂鐵幕，黎民哀痛感年年。

原作

北風蕭瑟萬蟲眠，寒夜孤燈客思綿。
故國不堪垂鐵幕，黎民哀痛感年年。

評：嚴滄浪云：「盛唐諸公，惟在興趣，羚羊掛角，無跡可求，故其妙處透徹玲瓏，不可湊泊。」詩貴自然，不湊泊，方有興趣。上詩三、四句極沉痛，首句「萬蟲眠」易「歲將遷」，二句「綿」易「牽」均較自然。

前　題　吳憲政

改作　夜深沉萬籟，寒雨叩窗前，往事休回想，移燈且自眠。

原作　夜深沉萬籟，寒雨叩窗前，不敢回前想，移燈且自眠。

評：查慎行雨後詩：「便從一雨望豐年，大抵人情慰目前，我比老農還計短，只貪今夜夜涼眠。」上詩庶幾近之。原第三句嫌淺率，易「往事休回想」較爲莊雅。

前　題　張順齡

改作　風寒客裡怯衣單，樹寂山幽夜已闌。月色濛濛籠大地，談詩說藝此心寬。

原作　風寒孤客覺衣單，樹寂山清夜已闌。月色濛濛天地渺，談今說古亦心寬。

評：此詩一二句「孤客」易「客裡」「覺」易「怯」，「清」易「幽」較妥恰。三句「天地渺」易「籠大地」較眞切，四「談今說古」易「談詩說藝」較高雅。此是鍊字工夫，細心研賞，自然精通。

前　題　孟金妹

改作　寒夜一燈明，窮經到五更，年華似流

原作　寒夜一燈明，窮經到五更，年華似流

水，歲暮客心驚。　水，風雨度昏晨。

評：一氣呵成，極自然，極純摯。該生好學不倦，於此可見。末句落韻，故改。

前　題　　蔡博隆

改作　雨敲門牖意徬徨，無那年年念故鄉。猶憶別時堂上語，讀書報國志須強。

原作　雨敲門扇意徬徨，無那年年想故鄉。忽憶別時父母話，讀書報國志須強。

評：上詩首尾一氣呵成，甚得起承轉合之妙。「扇」易「牖」，「想」易「念」，「父母語」易「堂上語」，較爲雅馴。「忽」易「猶」，亦有分別，蓋猶，尙也，謂不斷的追憶也。

前　題　　沈震鵬

改作　雨聲時並朔風狂，獨坐燈前每自傷。莫再因循須策勵，男兒報國日方長。

原作　雨聲時並朔風狂，獨坐燈前感往傷。莫再因循須策勵，男兒報國上沙場。

評：自責自勉，立場純摯。結以讀書報國，戮力沙場，愛國之忱，溢於言表。末句易「男兒報國日方長」，味較雋永。

前　題　　黃書香

改作　後園景物感淒涼，草木枯黃衆鳥藏。快趁三餘勤學業，少年安可負時光。

原作　後園景物感淒涼，草木枯黃鳥隱藏。快趁三餘攻萬卷，少年安可負時光。

評：黃生本學期國文進步甚速，課餘嘗以背誦古文爲樂，問學之勤，迥異尋常。讀上詩可知其境爲如何矣。拙詩除夕書懷，有「又是一年如此了，撫懷深負好時光」句，其心境殆與上詩相近。二句「鳥隱藏」易「衆鳥藏」較穩洽。

前　題　張儒國

改作　繁華夜市西門町，攘往熙來户未扃。　原作　繁華夜市西門町，攘往熙來户未扃。

寒氣逼人天欲曙，車聲夾道不曾停。　寒氣逼人天欲曙，車聲夾道不曾停。

評：狀臺北市西門町夜市熱鬧情景，頗傳神，全篇清澈可誦。

前　題　徐　枚

改作　寒飈凜冽戰空階，一盞孤燈伴冷齋。　原作　西風凜凜欲書懷，一盞瑩燈伴冷齋。

尋得人生歡樂趣，宵深也覺易安排。　尋得人生歡樂趣，宵寒也覺易安排。

寒生衾枕夢難圓，家國音書滯一天。　冷風蝕骨夢難圓，家國音書滯一天。

獨起挑燈揩倦眼，書聲時共雨聲綿。　獨對燈前勤苦讀，書聲時共雨聲綿。

評：絕句字數不多，應每字意義深切，方稱佳構，上詩第一首，起句含義嫌淺，易「寒飈凜冽戰空階」境界較高遠。第二首起句「冷風蝕骨」易「寒生衾枕」較清切，三句易「獨起挑燈揩倦眼」，蓋「夢難圓」指已寐言，必須起而挑燈，繼之以揩倦眼，然後書聲與雨聲共綿矣。兩首結句均佳，綿韻尤有味，該生好學覃思，假以時日成就必大。

詩課(二)（世新日間部學生習作）

冬夜書懷

郭惠苑

原作　窗外寒梅發古香，窗前燈影吐微芒；匡衡苦讀堪垂範，學業成時姓字芳。

改作　窗外寒梅發古香，窗前燈影吐微芒；匡衡苦讀堪垂範，學業成時姓字揚。

評：原作意境甚佳，聲律亦協，初學作詩，有此成就，殊堪嘉勉，惟第四句「芳」字與第一句「香」字義同，故易：學詩應注意押韻八戒法，所謂押韻八戒法：戒湊韻，戒重韻，戒倒韻，戒啞韻，戒僻韻，戒用同義韻，戒用字同義異韻是也。

前　題

李明水

原作　寒雨瀟瀟入夢微，窗前枯葉暗紛飛。當思此日居何處，半壁河山痛被摧。

改作　寒雨瀟瀟入夢微，夜窗枯葉暗紛飛。當思此日居何處，半壁河山景物非。

評：該生本省籍，好學深思，天性渾厚，成績爲全班冠。上詩思致之深，筆力之健，不落一般窠臼。惟「摧」字落韻，故改。又「窗前」改「夜窗」點出題旨。

前　題

虞泰利

改作　冬夜寒風瑟瑟吹，窗前灌木葉紛飛。
　　　觀書怕憶從前事，千古興亡一夢非。

原作　冬晚寒風瑟瑟吹，窗前樹木葉紛飛。
　　　觀書怕憶從前事，千古興亡一夢非。

評：上詩氣韻清高，胎息深厚，三、四句尤非泛泛之作，該生籍隸浙江，天性敦厚，末句所指，或係感念故居，而慨及越王句踐復仇雪恥之事乎？二「樹木」改「灌木」較雅馴。灌木叢生之木也。

前題　黃勝常

改作　幾許西風幾許愁，芭蕉不雨也颼颼。
　　　凄涼葉落堆三徑，冷月初弦上小樓。

原作　幾許西風幾許愁，芭蕉不雨也颼颼。
　　　凄涼葉落理香徑，冷月初弦上小樓。

評：白居易謂「詩者根情、苗言、華聲、實義。」右詩意境高健，有根有實，故佳。三句「埋香徑」與冬夜不適切，故易以「堆三徑」。該生家學淵源，於詩餘一道，頗有門徑，假以時日，定能深造有得。

前題　汪播生

改作　晚粧初罷意從容，欲倩良師事女紅；
　　　忽聽簷前聲斷續，全城都在雨聲中。

原作　晚粧初罷愛從容，欲倩良師事女紅；
　　　忽聽簷前聲斷續，驚心清寂夜飛鴻。

評：上詩秀句如繡，一掃凡響。末句「夜飛鴻」欠清切，易以「全城都在雨聲中」，俾與三句「簷前聲斷續」相呼應。

前題　　余凱慶

改作　冬到庭園草木稀，眾芳寥落景都非；今宵夜色凝寒玉，照徹梅花映淺緋。

原作　冬到庭園草木稀，眾芳寥落面都非；玉顏俏影今何在，獨有梅花映落暉。

評：該生文思秀逸，文如其人，上詩一、二兩句清雋脫俗，二句「面」改「景」較眞實。三句略嫌淺露，末句「落暉」不切題，故改。

前題　　范峰隆

改作　風雨交加夜已深，走來街道黑沉沉；黑中迤邐知何處，路上行人得小心。

原作　風雨交加黑夜深，走來街道水齊噴；黑中一切知何處，路上行人得小心。

評：詩在周以前，爲普遍之民間文學。詩三百篇，大抵當時各國歌謠，與清廟明堂之什兼收并采。漢魏以後始成爲文人學士獨有之作品，因此詩人日少。或云：詩艱深難學，欲矯其弊，必使眞摯情感存於內，而運用平易近人之筆流於外，傾吐宣洩，引起讀者心靈共鳴，右詩能於淺近中見深意，實與上述意義相符。惟「噴」字落韻故改。三句「一切」改「迤邐」意與下句銜接。迤邐，旁行連延也。

前題　　林伯英

改作　寒風瑟瑟敲窗外，寂寞孤燈照夜明；埋首窮經勤奮勉，祇聞雞唱兩三聲。

原作　寒風瑟瑟敲窗外，寂寞孤燈夜已深；埋首窮經勤奮勉，祇聞雞唱兩三聲。

評：上詩深、聲兩字不同韻，故「夜已深」易「照夜明」，聲韻詩境甚高，餘味咀嚼不盡。

前題　姜珍芳

改作
天外無星無月光，一燈如豆透深房；
中宵有女情懷激，恨殺朱毛毀故鄉。
心懸兩老風中燭，悽切三更夢裡情；
血債何年容我算，燈前垂淚默無聲。

原作
寒夜天昏無月光，一燈如豆透廂房；
背身有女吞聲泣，恨殺朱毛毀故鄉。
心懸父母風中燭，悽切流離夢裡情；
血債何年容我算，移燈攬鏡默無聲。

評：該生生性耿烈，不讓鬚眉。上詩以冬夜爲題，抒其忠愛之懷，令人興起。原作韻律均協，僅擒辭略欠渾鍊。稍加潤飾，便成佳作。

前題　馬逸農

改作
夕殿西風戶牖穿，孤燈剪盡未成眠；
簷前雨小聲聲慢，驀地輕寒到枕邊。

原作
夕殿西風盡日間，孤燈剪盡未成眠；
簷前雨小聲聲慢，漠漠輕寒到枕邊。

評：原作第一句「間」字落韻，故易「盡日間」爲「戶牖穿」，第四句「漠漠」易「驀地」較有力。該生此詩用古人成句，清逸中有曲折之致，可謂善於摹仿者矣，前人論王孟儲韋善學淵明，右丞得之以成清腴，襄陽得之以成閒逸，太祝得之，以成眞樸，蘇州得之以成冲夷，學詩固當如是，該生能本此精進，將來成就必可觀。

前題　鄧珏人

原作　梅影星光雪夜天，寒燈猶自伴書眠；
　　家鄉勝景時勞想，不覺衣單涕淚漣。

評：該生籍隸湖北，多愁善感，有屈子遺風。觀上詩可以概其人。嚴羽謂「詩有別才，非關書也，詩有別趣，非關理也。然非多讀書多窮理，則不能極其致。」右詩超心冶鍊，足見高致。無庸修改。

前題　　孫文憲

原作　窗外黑沈沈，細雨聲淅瀝，小閣一燈昏，寒風撼四壁。
　　古義待商榷？燈前且細評，爹娘催早睡，一事尚無成。
　　里巷早岑寂，渾疑院有人，移燈延頸望，枯葉響聲頻。
　　殘燈疲又倦，兩目感惺忪，忽聽金雞叫，陳編讀未終。

改作　窗外黑沈沈，細雨聲淅瀝，小閣一燈昏，寒風撼四壁。
　　古義待商榷？燈前且細評，爹娘催早睡，一課尚無成。
　　里巷早岑寂，渾疑院有人，移燈延頸望，枯葉響聲頻。
　　殘燈疲又倦，兩目感惺忪，忽聽金雞喚，陳編讀未終。

評：該生學業基礎雖稍遜，惟敦品勵學，積以歲月，必能超邁同儕，荀子所謂「眞積力久則入」是也。上詩四首均清朗可誦，第一首三、四句均味極雋永，第二首第四句「一事」易「一課」總結前三句，課字有點睛之妙，可細味之。第四首第三句「叫」易「喚」較雅馴。

前　題　　周美齡

改作	原作
斷續鐘聲夜未央，嚴寒短褐尚經常；	夜半鐘聲朗朗揚，雖寒短褐尚經常；
黃梅豈羨春桃艷，不待春風已送香。	黃梅不羨春桃艷，不待春風已送香。

評：該生品學兼優，嘗在雙週箚記中與予反覆論駁孟子「王道之始」章之要旨，均具理趣。上詩首句「朗朗揚」欠妥，餘均饒風致。

前　題　　馮宇縱

改作	原作
大雪飄飛夜色沉，銀裝世界襯孤衾；	大雪飄飛何所事，銀裝世界襯孤燈；
風寒巷僻行人少，遠望蝸居一徑陰。	寒風蕭瑟行人少，遠望蝸居意緒沉。
短景殘冬歲序新，雪花飄蕩少行人；	短景殘冬歲序更，雪花飄蕩少行人；
芸籤插架書千卷，苦讀寒窗倏十春。	燈前月下書聲爽，獨倚寒窗已十年。
山寺鐘鳴晝已昏，淒風冷雨打窗門，	山寺鐘鳴晝已昏，淒風冷雨打窗門，
良宵寂寞燈爲伴，幸有澆愁酒一樽。	良宵苦短孤燈伴，杯酒澆愁意興紛。
淒風冷雨逼人來，歲暮嚴寒景物頹，	淒風冷雨幾時來，臘月寒窗雨色開，
數盡竈更宵未半，花園竹徑獨徘徊。	室靜孤燈爲作伴，花園雪徑我徘徊。

評：該生一次作成四首，可謂詩興蓬勃，殊堪嘉許。原詩第一首第一句「何所事」易「夜色沉」

較切題。第二句「燈」字落韻，故改。第三句易「風寒巷僻行人少」境較深，第四句「意緒沉」易「一徑陰」蓋「陰」字與「夜色沉」相呼應也。第二首第一句「更」字落韻，故改。第三句欠穩。第四句「年」字落韻，故易。第三首一、二兩句可讀，第四句「紛」字落韻，故改。第四首第一句「幾人來」易「逼人來」較真切，第二句欠穩健，第三句與第三首第三句意重，故改，第四句「我」字易「獨」字較曲折。

前　題　　林錦文

原作　更深月色半人家，北斗闌干南斗斜；
　　　今夜偏知冬氣重，風聲新透綠窗紗。

改作　更深月色映千家，北斗闌干南斗斜；
　　　今夜偏知寒氣重，風聲新透綠窗紗。

評：詩料境也，詩造境也，名手造境，能使紛沓之景物，爲眞實之表現，爲極自然之表現，右詩寫冬夜之景，從月色說到風聲，造境運思，尚眞實，唯借用古人成句，頗嫌勦襲。三兩句稍加修改，較穩妥。

前　題　　黃秀淑

原作　夜深人靜讀詩書，明月窗前獨伴予；
　　　此際功名尚未就，問心午夜總難安。

改作　夜深人靜讀詩書，明月窗前獨伴予；
　　　此際功名猶未就，問心午夜總難舒。

評：不甚斲削，自然清切，但末句落韻。

前　題　　呂亞衛

改作　寒夜衾單苦未眠，隆冬猶自苦探研；　原作　寒夜衾單久未眠，隆冬猶自英探研；

書中自有顏如玉，十載寒窗志獨堅。　書中自有顏如玉，十載寒窗志獨堅。

評：全詩韻律俱協。三句意嫌俗。

前　題　陳淑英

改作　夜半孤燈一室陰，山河靜悄狀如瘖；　原作　夜半孤燈冷所侵，山河靜悄久無聲；

書中趣味無窮盡，掩卷沉思味更深。　書中味美超萬物，午夜追尋樂更深。

評：意境必層層深入，辭句宜字字推敲，方稱佳構。上詩「冷所侵」易「一室陰」，境界較深入。「聲」字失韻，易「狀如瘖」較貼切。第四句易「掩卷沉思味更深」意境較高，且「午夜」與「夜半」意嫌複。

前　題　張祥麟

改作　寒月窺窗鏡樣明，榻前相對不勝情；　原作　寒月隔窗影自明，榻前坐思不禁情；

恍如夢境兼詩境，愁緒千端夢不成。　恍如夢裡重相遇，驚聽蟲聲夢不成。

評：學詩當擷李杜之精華，以成骨格，讀書多見識廣，詩材自富，上詩聲律已協，惟取材未當，第四句驚聽蟲聲，隆冬蟲類蟄藏，何來蟲聲？且三句「夢裡」第四句又用「夢不成」意嫌矛盾，故改。

前　題　郭　茉

改作　雪夜天寒臘月天，圍爐對酒樂陶然；梅花拂幌傳春訊，一卷當前喜不眠。

原作　雪夜天氣臘月天，圍爐夜半酒欣然；臘梅花氣清醒腦，喜有詩書樂不眠。

評：「酒欣然」「清醒腦」，語嫌牽強，修改意較完妥。

前　題　　　　端木琬

改作　冷雨颼颼擊我心，蝸居靜坐夜深沉；鞦韆院落風淒激，坐待黎明旭日臨。

原作　冷雨颼颼擊我心，蝸居靜坐夜沉沉；鞦韆院落風淒切，坐等黎明捧注茗。

評：上詩一二句平穩可誦，末句「茗」字落韻，故改。

前　題　　　　余秀敏

改作　寒冬深夜户皆扃，遠處灘聲響不停；坐對殘年傷急景，一燈伴我讀詩經。

原作　寒冬夜裡少人行，遠處傳來灘水音；坐對殘年傷急景，一燈伴我誦詩經。

評：作詩首須注意格律及韻腳，上詩原作「行」八庚韻，「音」十二侵韻。「經」九青韻。古風雖可通用，近體不宜如此。

前　題　　　　張正良

改作　宵寒巷僻少行人，一室圖書甚可親；卻恨功名猶未就，撫膺彌覺志難伸。

原作　寒夜已無夜行人，手捧詩書坐入神；此際功名高未就，愧恨交加總不安。

評：上詩四「安」字落韻，詞意亦俚俗，修飾之後，韻味迥異，細加把玩，必有進益。

前　題　　洪照瓊

改作　冬風吹得人憔悴，午夜窮檐正苦飢；
　　異地胡爲久留滯，神州猶是亂離時。

原作　冬風吹得人憔悴，寒巷黎民熬與飢；
　　自恃何因流涕淚，神州何日得言歸。

評：一起頗有氣勢，惟通篇未寫出冬夜，是其缺點。末句「歸」字落韻，故改。

前　題　　劉漪曼

改作　夜闌人靜倍思親，撲面寒風正襲人；
　　一室詩書閒自理，孤檠相伴苦吟身。

原作　夜闌人靜倍思親，撲面寒風正襲人；
　　燈火熒熒猶未熄，孤燈相對伴觀書。

評：上詩一二句有詩味，三句「燈火」，四「孤燈」，意嫌複，「書」字落韻，故改。

前　題　　張冠宇

改作　山寺鐘鳴度遠津，寒宵惟與一燈親；
　　天涯涕淚身如寄，落泊江湖第幾春。

原作　山寺鐘鳴晝已昏，歲暮陰陽短景催；
　　天涯涕淚身如寄，落泊江湖第幾春。

評：昏、催、春三字不同韻。第二句失黏，故改。

前　題　　郭聖綸

改作　冷雨寒風四壁環，無言靜坐境幽閒；
　　如今事事無成就，百感縈懷淚欲潸。

原作　冷雨寒風破小窗，無言靜坐意悽愴；
　　如今四載業無進，心苦深宵淚欲潸。

評：窗、愴、潸，三字不同韻，絕句二四句末必用韻，否則不成詩矣！三句「業無進」，四句「

心苦深宵」皆欠穩，故改。

前題　郝平

改作　寒風掃徑夜漫漫，滿室琴書境界寬；獨倚燈帷心靜寂；揮毫落紙勢翻瀾。

原作　寒風過路掃人歡，案架存書靜鮮寬；仲夜客心殊靜寂；揮毫舉筆穩如山。

評：原作一、二句皆欠穩。山字落韻，故分別修改。

前題　張中慶

改作　室外風寒木葉疏，孤燈似豆伴觀書；蕭條門巷情何限，冷雨颼颼感索居。

原作　室外風寒萬木枯，孤燈似豆伴觀書；佳茗在握情何限，冷雨颼颼倍感孤。

評：上詩意境頗清絕，但第三句「茗」字失黏，末句「孤」字嫌湊，又「枯」「孤」二字，與「書」字不同韻，故改。

前題　王健同

改作　北風呼嘯過柴扉，庭院蕭然學子歸；寒夜燈前勤課讀，明晨啓户挹晴暉。

原作　北風呼嘯過柴扉，庭院蕭然學子歸；燈畔課讀寒夜裡，明晨且看落霞飛。

評：三、四句欠穩健，故改。

前題　黃成斌

改作　簷前細雨覺寒侵，屋內孤燈伴苦吟。

原作　屋前風雨值窮陰，屋內寒燈伴苦吟。

遙念神州淪鐵幕，遺民望歲淚盈襟。

遙念神州淪鐵幕，遺民望歲淚盈襟。

評：原作粗可誦，首句「屋前」易「簷前」，「值窮陰」易「覺寒侵」較細緻，次句「寒燈」寒字重，故易「孤燈」。

前　題

曹金鈴

改作　寒流蕭瑟襲城陰，寂寞燈昏夜已深。
遙想故園餘涕淚，羈愁惟向夢中尋。

原作　寒流蕭瑟襲山城，寂寞燈昏夜已深。
遙想故園涕淚盡，羈愁惟向夢中尋。

評：城字與深、尋二字不同韻，故改。三句「涕淚盡」易「餘涕淚」，較蘊藉。

前　題

鄭錦英

改作　寒風呼嘯葉紛飛，靜寂宵深客未歸。
畢竟人生忙底事，移燈掩卷思幽微。

原作　寒風呼嘯葉紛飛，靜寂宵深客未歸。
畢竟人生忘底事，倚燈掩卷思幽微。

評：該生以勤學勵行，成績爲同年級女生冠，膺任該班班長，信非偶然。上詩思致精闢，撰語蘊藉，三、四句尤雋永有味。末句「倚燈」易「移燈」，音節較和諧。

詞課㈢（世新日間部學生習作）

滿庭芳

黃勝常

改作　月淡風清，寒煙翠岫，遠山露葉淒零。樓前衰柳，酸楚咽蟬聲。無限縈懷往事，霜林裏，霧靄昏暝，曲欄外，疏星點點，流水送孤蓬。　銷魂當此際，風城堠館，雨夜孤衾。嘆前塵有恨，世事無憑，頓惹閒愁似熾。屏山畔，淚點頻傾。渾難覓，天涯人遠，燈火夜沉沉。

原作　月靜風平，寒煙透冷，遠山嫩蕊淒零。暫且酸楚，聊罷聽蟬聲。無限縈懷往事，霜林裏，霧靄紛暝，曲欄外，疏星點點，流水送孤蓬。　銷魂當此際，風城客蒲，獨抱羅衾。嘆前跡可懼，問爾難鳴，霎那濃愁又驟。屏山畔，淚點頻傾。渾難覓，天涯不見，燈火已沉沉。

評：前闋一、二不應叶韻。後闋二、三應對。四、五亦應對；六句「驟」字出韻。初學宜填小令，不宜作此長調。

昭君怨

黃勝常

秋罨溪山寥落，又是花殘柳弱。小雨北窗寒，意闌珊。　燭影搖殘夜永，庭院風停人靜，心緒亂如絲，有誰知。

評：「柳弱」映秋景，微欠穩當。餘均空靈有致。

南歌子　憶舊　　藍明涵

新萼青梅小，荒山草蔓長，寒煙殘露話淒涼，碧盡柳絲簾捲趁斜陽。　又是黃昏後，情懷苦愴傷，天涯生死兩茫茫，愁掃蛾眉宛轉亂柔腸。

評：該生詩文均有可誦之作，倚聲尤可取。

攤破浣溪沙　　徐可雄

料峭春寒客思清，修篁疏密影虛盈。小徑花深香氣溢，暗娉婷。　燕語鶯啼音嫋嫋，遠山含笑似風屏，冷月臨空窗几淨，夜沈沈！

臨江仙　　陳其諒

莫使思家傷日暮，平添幾許離愁，笙歌散後夢空留。殘紅猶待掃，月影上重樓。　今夜良辰誰與共，低頭欲語還休，深深庭院靜如流，珠簾輕啓處，花影弄風柔。

評：「欲訴還休」，「訴」易「語」較貼切。

菩薩蠻　　古立仁

梧桐葉落驚秋至，平林寂寂心如醉。暮色入園中，彩霞楓樹紅。　小樓憑眺望，萬里煙如帳，戰火正連天，何時奏凱旋。

長相思

李旺德

巧相逢，似夢中，來去忽忽皆落空，無語問蒼穹。　憶寒冬，索芳踪，斷藕春蠶孤立松，暮傳惆悵鐘。

憶江南

周　元

春水綠，風靜霧朦朧。春色已遲蟬影動，夏蓮初放柳枝蔥，好景已難重。

好事近

林有信

細雨織千愁，蟬咽蛩吟依舊，深夜不隨風去，又綠柳孱僽。輕風拂面酒微醒，何處是歸宿。往事不堪回首，任伊人消瘦。

惜分飛　傷別離

張寶儒

淚灑南山無盡處，月影花魂驟聚。柳綠飄千縷，奈何誰憶春情語。剪斷「黃衫」難了卻，芳草連天春暮。惆悵佳期誤，但憑雲夢煙痕去。

搗練子

劉曉寧

清夜靜，小園清，花葉紛紛夜景新，星月微茫渾似夢，誰家悽切譜琴音。

卜算子

孔祥模

風似燕呢喃，雨似銀絲淚。柳拂長條日影斜，花露頻紛墜。　春草吐新芬，綠洒飄寒翠。風送東南采雲歸，落日紅霞蔚。

畫堂春　晨景　韓家武

紫煙翠霧繞長廊，妃竹輕拂簾廂。杜鵑清唱寸泥香，曉色才鑲。荷葉初張色嫩，卻滴露水晶琅，顆顆燦爛似珠芒，耀眼生涼。

臨江仙　邱文德

薄霧濛濛如細幕，環山樹翠青蒼，露珠滾動早芬芳。柳梢臨水上，斜雨入寒窗。遙望橋東濤滾滾，海天點點帆檣，微風吹過野花旁。此時情意亂，春雨斷心腸。

鷓鴣天　離思　張文和

夕照孤城塞外天，寒雲千里雁南旋。窗前小唱思鄉曲，牆角蛛絲暗自牽。愁滿腹，恨難填，花容憔悴失歡顏。月圓花好無心賞，故國荒榛涕欲零。

蝶戀花　別愁　羅愷

水秀山青蘆草長，綠葉紅花，人與花相彷；今卻離家他處闖，鄉情似海親朋廣。雲逝穹蒼初現月，四顧依依，此處永難忘。僻徑荒煙倍惆悵，空留回憶心魂喪。

虞美人　劉德深

自古多情空遺恨，五載相思困，夢廻何處訴因由。長憶靜思舊恨與新愁。芳踪夢裡遙相求，以水年華溜。勸君莫作癡情人，夢醒難嘗苦酒淚難吞。

憶王孫　夜客去後　　劉淳曉

燭光微透半分明，夜月銀河星滿庭，客去樓空欲斷情，淚盈盈，舊夢難成，新夢平。

阮郎歸　怨情　　李聰明

小橋流水景情幽，停車偶小留，伊人芳訊杳難求，淚絲暗自流。思往事，恨悠悠，蒼山點點愁。垂楊不解弄溫柔，桃腮知怯羞。

南歌子　思鄉　　張慶安

秋夜羈情苦，風吹細雨，憑窗凝望鄉心切，雲掩星輝月魄夜茫茫。酒盡人雖醉，心還念祖堂。燈殘燭盡淚還淌，惆悵如流夜靜不覺長。

鷓鴣天　春　　吳盛發

柳徑桃花處處紅，雲裳燕影舞青空，庭前錦雀聲聲唱，曲破春寒翠碧宮。芳草動，意情濃，蝶衣隱現綠花叢，東風吹起紛英落，池面輕舟似水龍。

憶王孫　　蕭孟戎

青山翠谷也清新，松樹蒼蒼葉似針。小圃黃花氣味醇，醉遊人，雨過天晴萬象欣。

卜算子　別意　　李哲清

眼是淚盈盈，心是愁腸聚，爲問郎君赴那方？鐵甲森嚴處。　佇立盼郎歸，還送親人去；如搗黃龍勝便回，千萬莫閒住。

醜奴兒　林文讚

紛紅駭綠餘殘露，庭院花陰，葉落風輕，李掛枝頭羨煞人。　綠楊垂柳迎風盪，花弄柔情，草木菁菁，深夜風吹涼沁心。

憶江南　李清梁

江山好，第一是南京。燕子磯頭翻雪浪，莫愁湖上漾紅菱，何處不牽情。

虞美人　徐惠楨

梧桐葉落秋聲至？蛙鼓蟬琴止。樓前楓樹又飛紅，幽谷翠嵐依舊沐輕風。　寒星冷月垂天幕，婀娜倚窗訴；雲深露重思淒涼，默對昊天無語淚盈眶。

攤破浣溪沙　春景　金東屏

春到人間草木嬌，東風輕曳柳千條。遍野杜鵑鬥芳艷，惹人瞧！　水碧山青鶯燕舞，晚來細雨綠芭蕉。播粉蝴蝶採蜜，萬花天。

詩課㈣（世新夜間部學生習作）

臨江仙

方　忠

蕭條戎馬關山路，長林葉落秋深，雲間嘹唳塞鴻鳴，登樓初縱目，作客不勝情。　三十年來成底事，依然一介書生。朱顏未改鬢毛新。悲歌慷慨日，贏得酒徒名。

評：該生不特能詩、能詞、能文兼擅書法，常以書生自許，青年白髮可見其讀書之勤用心之深。三句「雲間嘹唳塞鴻鳴」，語意較貫串貼切。

一、諸葛亮

黃清河

爲報三過意，憂勤盡瘁躬。早知後有晉，何不臥隆中。

評：二句固通，但欠沈摯渾雄，故改。一、三、四句均渾厚，深得詩學三昧。

二、蘇秦

遊秦落拓志彌堅，史海經淵著力研。爲露才華方立志，針錐徹夜不成眠。

評：一句「猶」易「彌」更有力。二句「數百千」嫌湊。全詩有褒有貶，太史之筆。

三、讀桃花源記

歸心應似武陵遊，尋到桃源不肯留。看盡年年花落水，此山無路但溪流。

評：寄託遙深，詩饒韻味。

四、遊基隆八斗子漁港記

曲港峯飛兩岸樓，雲收兩霽似清秋。連天沙瀨無人影，漠漠林深噪雀鳩。

評：首句生澀，故改。二句易「雲收兩霽」較貼切。三句「上」易「瀨」，「去」易「影」。四句「中」「唱」易「深」「噪」意較深遠。

五、新　春

天寒梅放早，冬盡何曾曉。日長閒捲簾，一片花飛了。

評：「不知道」嫌平實，不似詩故改，餘均含蓄有致。

一、閨　怨

王銅梅

㈠

梅花入夢曉燈寒，竹影橫窗月色殘。多少淒涼多少恨，無言獨自倚欄杆。

評：該生病後心境，可於詩中得之，唯年輕人不宜長有蕭瑟之情，戒之。

㈡

萩風含怨又秋顏，寂寞閨中淚自潸。覆雨翻雲驚世態，朦朧惆悵霧中山。

評：「年」「彈」落韻，「費測度」俚俗，朦朧失黏。

(三)

孤燈兀坐歎清寥，煮酒開樽醉一宵，握筆欲題紅葉什，聲聲風雨怨芭蕉。

評：「寂」失黏，故易。「紅葉詩，紅葉傳情，紅葉題詩，紅葉良媒」均可用，無「紅葉曲」之名。「多情」易「聲聲」較纏綿深摯。

二、夜　吟

好詩終究費推敲，島瘦郊寒並俊豪。萬籟淒清知漏永，吟哦一夜興彌高。

評：二、四句欠蘊藉，故易。

三、知止恩師教作詩誌感

右史左圖積似山，不交豪貴羨鷗閑。春風中坐詩情溢，李奧陶堂任往還。

評：渾成。

一、中華民國六十二年十二月十六日參觀中華日報有感

高德梓

寒窗寂寂五更天，報務匆忙不得眠。風氣革新須盡責，復興文化許中堅。

評：三句「革新風氣」失黏。四句「文化事業」既俚且失黏。

二、偶　成

憂國情懷孰我知，感時心緒亂如絲。故園景物頻勞想，甌海潮聲入耳遲。

評：「有誰」「國」失黏，「方寸」俚，結佳。

三、感懷

隔江紅焰正薰天，億萬生民苦難連。回首中原無寧日，掛帆何日是歸年。

評：「接連」「塡」欠穩。三、四句饒有神韻，與王漁洋「布帆安穩西風裡，一路看山到岳陽」同其境界。

一、夜出世新校門感賦　高碧惠

花落花開又一年，鶯啼燕語景無邊。銀燈燦爛黌門壯，欲抱新亭月影眠。

評：原詩「催」「晦」「催」「歸」落韻。

二、春

絲絲垂柳池邊綠，朵朵鵑花遍野開。似識昔年前院燕，銜泥營築又重來。

評：末句欠自然。

感事二首　佚名

人生空嘆幾寒暑，錯把光陰盂浪投。瞬息紅顏成白髮，癡癡攬鏡淚雙流。

多少人間苦盡挑，爲誰辛苦夜連朝。銀機載去獨生子，黃葉落花墳畔飄。

評：前首三、四句率直，次首一、二句落韻，四句「飛、」「飄」義重，兩詩均有詩意，第該生金色年華，竟有如此蕭瑟情懷，似非所宜。

離愁　吳淑貞

一輪明月黯繁星，覽鏡心驚鬢失青。黃葉寒風增離索，異鄉負笈感零丁。

評：「憔悴形」寫實，如易「鬢失青」更蘊藉。

春曉

陳麗雲

鶯聲輕囀催春曉，琴韻如泉客思清。畫舫映波千頃碧，鵑紅一路送深情。

評：「啼」失黏，故易。

寒訓賦感

陳台安

瑟瑟西風雪嶺寒，凌宵壯志在安瀾。連營號角山河動，滅共誅奸破萬難。

一、春遊母子山記懷

黃明明

母子山前千綠媚，群花搖曳競芳菲，羊腸曲徑層層繞，興味盎然竟忘歸。

二、憑弔碧潭空軍烈士墓

小路叢荊漫自登，荻花點點惆秋情；英魂一縷歸何處？壯志長留史冊名。

評：二詩韻律全協，初學有此成就，洵屬不易。一首「日盡」意嫌俚，「披星載月」漏夜遄行之意，用於此處，亦不甚熨貼。次首「慢」嫌直，易「漫」較「婉曲」，兩詩相較，後以渾厚勝，希細加玩味。

即景二首

周寶梅

一峯高聳入青雲，朝拜千山氣不群。縱目江春芳草色，恍疑天帝織奇文。

評：一、二句意欠顯豁，故改。三、四句自然可誦。

二月桃花正盛開，庭前又見燕歸來。春閨寂寞無人問，任使塵灰掩鏡台。

評：一句欠貼切，如易「歲歲桃花落又開」或「二月桃花正盛開」均可。惟二句「又」字不可易，故用「正盛開」為宜。春天鴻雁玄燕來，不可誤用。四句祇見「依人」嫌俚，易「任使塵灰掩鏡台」較蘊藉。

思君

任佩珍

定知燈下君思我，只為風前我憶君。積淚應添西逝水，關心長望北來雲。

評：一往情深，詩味盎然。

夜讀

曾秀善

樓上燈光徹夜明，四周沈寂一鄉饗，忽聞琅琅書聲近，欲問何人問學勤。

評：二句「靜無聲」改「一鄉饗」意境較深，三句「遠處琅琅誦」失黏，故改。

長夜

陳清龍

長夜思故人，燭下聽潮聲。多少異鄉客，生死寄紅塵。我心知何是，且笑君飄零。寂寞天涯路，何日踏歸程。天道無親形。乍夢各西東。今又復何夕，滄桑話多情。醉臥人間外，閒來再傾聽。

評：末二句較鬆散，故改。

代祖母作感言

鄭瑞昌

故人零落盡，舊事創新痕。艱危餘一己，浩刼淨塵氛。

評：三句「無所靠」，易「餘一己」沈鍊。

聞簫

尤英偉

濛濛月色若含猜，何處簫聲弄弄哀。夜午欄干猶獨倚，低眉惆悵爲誰來？

評：二句原作「何處傳來簫聲哀」失黏，故改。

偶感

黃朝恭

春風一拂百花開，回顧時光不復來。事事辛勤猶未就，茫茫前路令人哀。

評：首句開朗，末句蕭瑟。二句嫌直。三句轉得體。

夜思

吳眞眞

窗外濤聲咫尺威，雲邊漁火逐星歸。孤燈挑盡人難寐，萬里鄉心訴與誰。

評：「誰」支韻，中華新韻「微」「支」通用，且「訴與誰」辭意自然，以不予更易爲宜。

又：楹聯一副

士有清懷茶當酒；

雲無俗念谷爲家。

評：此聯絕佳。

能源短缺聲中

賴新政

中東戰火幾時休，禁運原油舉世憂。探海穿泉期自足，強兵富國展新猷。

評：原作句多欠鍊，略加修改，希細味之。

樓居

沈小華

淡淡春風淡淡心，絲絲細雨寫離情。薔薇不語流清韻，悄坐樓深撫素琴。

評：三句流清韻較雅。

大漢山之行

吳雪芳

翠峯萬疊走羊腸，紫葛千叢處處狂。莫嘆人間無美景，草寮獨處似天堂。

評：一句「走羊腸」較自然。

懷鄉

高建朝

清溪水動亂花傾，綠葉疏林鳥夢輕。又是經年砧韻響，禾香魂夢故鄉縈。

評：三句「醒」易「輕」意境較高。

校景

劉義信

世新校外一溪灣，樓閣亭台相映藍。隧道雲深奪神匠，憑欄不覺已宵闌。

評：末句「莘莘學子並端莊」淺俚，「莊」字落韻，故改。

暮春

魏澄明

離家三日是元宵，燈火高樓夜寂寥。轉眼蘭陽春欲暮，杜鵑聲裡過花朝。

評：四句「人聲相雜」易「杜鵑聲裡」較有詩境，蓋「人聲相雜」俚俗，而又難顯「春欲暮」之美。

思君

張梅芬

綿綿柳絮飄，獨倚危欄眺。秋露正玲瓏，閨愁君可曉。

評：甚有唐人詩趣。

詠世新

黃秀雲

巍峩聳立一黌宮，傍水依山氣象雄，化雨春風桃李盛，絃歌聲韻四時同。

評：末句失黏，二句落韻，故改。

秋郊

郭同

郊外好行吟，心閑意自忱。高歌未盡興，斜日已西沈。

評：該生嫻雅，詩如其人。第二句「清」落韻，故改。

觀畫「雨中鳥」有感

吳寶月

涕泗滂沱爲那椿，雷霆驟打薄情郎。秋鴻鎩羽西風裏，傲嘯呼天意若狂。

評：意有所寄。

秋思

前人

落霞染得一天紅，更與霜楓相映融，悄作輕盈林立下，彤雲無際水溶溶。

評：二句「楓林」易「霜楓」較有意境。

明鏡　陳淑音

明鏡花台意自憐，此中心曲向誰傳，伊人踪跡時勞想，天際繁星點點圓。

評：「云」「尋」落韻，故改。該生此詩確是有感而發，饒有情致。

寄情　梁蓮貞

大地風雲起，青空掠暗陰。情長何漏水，低首自沈吟。
輾轉難成寐，披衣欲寄情。浮雲知己意，流水故人聲。

評：文情並茂。第二首第四句「心」落韻，故改。

感時　佚名

夜夜笙歌樂逸安，興亡史蹟了無關。孤燈獨對情難已，吳越春秋著意看。

評：二句「醉生夢死」嫌俚。三、四句意晦，第原作聲律無誤，初學有此成就，已屬難能可貴。

惜陰　朱蓉

青山一片雲，彳亍似無心。素淡人生趣，忘機樂醉吟。

評：三句嫌晦。「心」「情」落韻，故改。

春景　前人

風吹弱柳曳三春，雨後桃花點染新，欲論纏綿情意處，桃輸弱柳十分親。

評：「絲絲」易「風吹」與「曳」連貫。「楊柳」易「弱柳」，「片片」易「雨後」景較貼切。「絲絲」「片片」嫌泛，「楊」易「弱」已兼賅「絲絲」與「曳」兩義，初學作詩宜於用字上多加推敲，殊知古人「吟成一個字，撚斷數根鬚」也。

波綠

劉應武

波綠徐徐泛細文，魚輕風靜一池雲。荷花展盡嬌嬈態，笑問人嬌勝幾分。

評：無懈可擊。

登山遠眺

游金福

結伴登臨意暢然，明山秀水物華妍。綠環翠繞無邊景，幾點朦朧接遠天。

評：「永相連」嫌湊，易「物華妍」較自然，餘可誦。

感事

李素玉

來時恐後去匆匆，燈火雞聲四易春。昔日笑聲今似夢，藍橋曲起各西東。

評：書齋情景，宛然在目。

夏日

蔣濟川

炎炎夏日石榴紅，軋軋槹聲四野中。柳岸好風涼似水，故園歸夢影朦朧。

評：親切自然。

即事

羅時芳

忽承師命學吟詩，自愧才輇詠興遲。倘得景純貽彩筆，文章璨璀豈無期？

評：平實。

感　事　陳邦雄

窗前落葉景蕭條，萬里鄉關一夢遙。何日王師清赤祲，瀰天雲霧一時消。

評：愛國心情，躍然紙上。

春　遊　端木慶容

春來日暖樹婆娑，風送花香鳥獻歌，士女踏青忙去去，山青水綠四時和。

評：二句「唱」易「獻」境較活。

楊梅小住　宋秀菊

蝸居一角在楊梅，綠野仙踪錦繡裁。踏遍山溪尋好景，陶巾謝屐李公醅。

評：「履」與「屐」不可誤用。「屐」，木履也。「履」，鞵也。說文通訓定聲：「古曰屨，漢以後曰履，今曰鞵」。

春　晨　謝義德

一覺醒來日滿房，園中花木暗飄香。良辰美景年年有，粉蝶迎春鬥豔妝。

評：寫景如畫。

久雨初晴　莊坤成

連綿久雨喜初晴，閒步效坰自在行。處處青山翻嫩綠，一灣碧水浪紋平。

評：融情於景。原詩次句「閒著輕裝郊外行」略欠雅麗，故改。

暮春懷人

李爾森

蓬壺春欲暮，花雨亂紛飛。曲水懷修禊，流鶯喚試衣，年華從此去，尊酒共相揮。烟淡凝清景，故人何日歸。

評：屬對自然，「依」易「揮」較切，「揮」舉而飲也。

感事

伍國雄

斜風細雨一寒儒，深夜觀書意自愉，磨琢辛勤忘歲月，欲憑秀筆沼三吳。

評：確有書卷氣。

前題

黃振輝

奔馳南北類萍蓬，冬去春來歲月匆，塵世何人能不老，山中卻有萬年松。

評：有寄託。

騎自行車旅行有感

吳筠琴

鐵馬春征膽氣豪，千山萬水不爲勞。春風吹醒朦朧夢，欲展扶搖萬里翱。

評：豪氣不遜須眉。

夏晨

竹陰深處好乘涼，嬉戲秋千閒裏忙，驚醒池魚甜蜜夢，牧童吹笛出前莊。

評：閒適之象，令人神往。

詩課(五)（市政學生習作）

民國六十一年我接受土木二甲、二乙兩班學生，他們好學用功，成績進步很快，特別值得一提的，是全班同學讀書情緒奮發，精誠團結，沒有一個同學肯落後，沒有一個同學會消極；對師長尊敬，對學校熱愛，使我十分感動，他們要求我教他做詩，我也欣然答應。我先要他們背誦絕句，使他們先有個底子，他們也高興的接受了。學期末我抽出兩週時間，從識別平仄到用韻、選詞、練句，依次講解，並當場示範習作，同學們則自由命題，各人習作一首以上，經逐一批改之後，稍可一讀的，有下列各首：

敬送國軍詩

鄒吉祥

森嚴軍令厲如冰，將帥才高寇盜平；世界大同欣有日，謳歌四野海天清。

評：初學有此佳撰，可造之材。

懷友

前人

冬來秋去歲時遷，夜靜樓清難復眠。往事縈懷情耿耿，西窗翦燭夢如煙。

評：二詩句無浮泛，清新可誦！

恩師

前人

師恩浩蕩海天京，化雨春風草木榮。誓讀詩書千萬卷，功成名就答恩情。

評：第一句「深」落韻，故改。

憂恩

前人

靜坐書房夢不成，深思詩賦未通明。窗前愁聽寒風吼，多少花魂失色驚。

評：此詩意境清逸，情致飄渺，含蘊無限。

我愛朦朧霧裡山

前人

茫茫無際籠山間，白霧飄然恍似仙；隱隱青山紗作帳，可憐日出杳如煙。

評：頗能描述

凋年二首

前人

凋年殘景客心焦，瑟瑟寒風木葉寥；國恨家仇深似海，朝堂何日展雄韜。

霧重雲深夜幕高，山河變色赤魔囂。待他王道清平日，萬眾同心共頌堯。

評：必關心天下事不失青年本色。

農耕

前人

日出而耕日暮還，四天星布月眉彎；終年稼穡忘辛苦，爲喜豐收答縣官。

評：壓卷之作。「縣官」，天子之稱，該生善用辭韻，可喜可嘉。

讀書勿忘復國

莊士祺

勤研舊學益新知，博洽新知氣自奇，報國豈存求仕想，讀書總爲濟時思，賈生上策推宏識，班子從戎正及時，寄語吾儕齊奮起，狂瀾力挽振雄師。

評：初學能作律詩者僅該生一人，良堪嘉許。原作四句「原係」易「總爲」，八句「展」易「振」較貼切。

橋

前人

柳絲拂岸水聲柔，雨霽千山翠欲流，宛似桃源臨勝景，橋頭小立意悠悠。

恭祝　蔣公連任第五任總統

前人

舜抱堯襟仰聖賢，乾綱五握德如天，卿雲糺縵河圖出，花拂春風四海妍。

夜眺指南宮

嚴永台

天寒星月夜朦朧，放眼仙山隱約中；古刹迷離煙霧裏，鐘聲遙出梵王宮。

詠　菊

林懷遠

枯樹昏鴉夕照紅，菊花嬌放百千叢；生來傲骨高風格，豈怕繁霜細雨攻。

感　懷

曾思敏

寒風蕭瑟過樓台，不見伊人倩影來；但有更聲頻入耳，沉沉消息信堪哀。

平安夜

張鴻展

北風吹面不知寒，耶誕歌聲舉國歡；莫使青春輕浪費，燈前攤卷到宵闌。

燒山

周文達

星火燎原信可悲，風雲變色萬山危；傷心綠野成灰土，造化神醒恨已遲。

臺員冬景

羅曉星

冬臨暑意尚盤桓，珠汗淋漓拭不乾；眞箇人間稱寶島，好花如錦四時看。

感懷

蘇英明

忽見窗前楓葉落，秋風拂拂晚涼天；駒光如駛留難住，翹企中興又一年。

吾校

薛申維

草木千株綠滿天，弦歌和樂伴流泉；諄諄教誨情何篤，仰望師恩不敢蠲。

浪子

許明德

三更獨自望孤星，放蕩人兒要猛醒；自古誰能無過錯，迷途急返是賢人。

思鄉

邢　敏

細雨寒風暮色蒼，登樓西望海天長；而今故國成榛莽，午夜夢回百感傷。

寒風

莊士祺

寒風蕭瑟越山來，獨立窗前意緒哀；落葉滿林如泣訴，飄零無那混塵埃。

思鄉

前　人

歲暮鄉思次第生，忍聽蕉雨竹風聲；如流歲月留難住，無奈飄蓬賦遠行。

學業

前人

學業荒嬉歲月催，無知年少信堪哀；一腔心事憑誰訴，獨伴孤燈百感灰。

感懷

前人

又是宵闌一夢中，犬聲寥戾挾寒風；神遊故國情難禁，廬舍爲墟萬類空。

詠犬

高根旺

自古人云我賤污，階前端坐是門奴；搖頭擺尾惟工媚，滿腹心酸那個如。

寒臨

盧志忠

朔風蕭瑟越山來，樹葉飄零滿玉台；萬物驚看收拾去，梅花何故冒寒開。

念貧

王台福

素魄清光照畫堂，合家爐火話家常；誰知人世淒涼處，多少單衣凍欲僵。

校景

李炎東

興隆路畔一書堂，四面環山映碧蒼；建築巍峨新設備，春風化雨興方長。

思親

黃明煌

歲暮孤鴻尚遠飛，驚心砧杵搗寒衣；思鄉遊子情難定，每對燈前淚暗揮。

寄語

陳阿忠

海山迢遞又經年，獨對嫦娥意黯然；鄉信沈沈魚雁杳，何時返旆著鞭先。

舊地重遊

楊永隆

落日平沙一望間，高翔海鳥意閒閒；可曾記得前年事，携手臨流喜看山。

詠月

顏章順

玉鏡東升照碧墀，嫦娥盜藥亦堪悲；廣寒宮裡無良伴，不若人間有齊眉。

歲暮偶感

前人

歲暮鄉思次第生，十年窗下苦無成；一朝若有聲名播，史冊留名孰與京。

怨情

劉恒志

家園西望路悠悠，寒雨絲絲欲繫愁；玫瑰飄零神獨往，東風何日到秦樓。

感懷

陳一平

那知節約最可喜，錯把黃金付流水；不念雙親血汗錢，及老傷悲已晚矣。

憑欄

林雯澤

皎月憑空夜色沉，蟲聲陣陣出林深，孤鴻掠影知秋晚，抱膝憑欄獨自吟。

感懷

鄧文洲

孤燈伴我讀書勤，但爲蒼生不爲名；掩卷愴懷安史亂，何時蕩寇慶昇平。

春風

郭玉麟

春風化雨樂融融，藻思清辭興不窮；吐鳳才高抒駿彩，公門桃李盡稱雄。

村景

鄭繼安

黃昏院落夕陽紅，牧笛嗚嗚咽晚風；正是農工忙碌罷，悠然閒話竹籬東。

秋望

顏章順

獨上高樓望大荒，山河寥落綠初黃；早秋步履輕輕至，無限金風話寂涼。

雜感二首

周弘祥

孤月寒星夜色濛，遠山楓葉暗飛紅；崎嶇世路難成步，四野秋風客思濃。

忽聞遠處暮天鐘，世事驚醒一夢中，最喜老僧還好客，茶甌酒榼意融融。

夢遊

何金城

身去塵寰忘世紀，悠悠忽忽龍宮裏；龍王給我水晶盤，祇盛珊瑚同簪珥。

魚

周正良

身披麟甲水中嬉，日夜逍遙人不知；惟有惠施能解意，臨濠妙語發深思。

感時

楊敏太

爲傷國事意常悲，華夏山河今已非；暴政未亡仇未復，男身憤恨淚交垂。

夢

楊銘鈞

昨夜恍然一夢中，千軍萬馬氣如虹；推窗但見長河落，默祝王師早反攻。

市專頌

陳進昌

市政專校前未見，巍峨校舍臨北縣；三千學子濟一堂，他日學成咸俊彥。

懷鄉

胡國榮

遠山含笑夕陽紅，滾滾溪流水自東；欲問歸期翻悵惘，故園雲際渺茫中。

有感

李裕傑

狂風暴雨浪遮天，虎嘯龍吟效昔賢；報國男兒情發奮，揮師蕩寇姓名傳。

往事

周興國

往事如烟去不留，童年歡樂夢中休；相逢一瞥西門路，百般滋味在心頭。

感懷

李靜華

細雨濛濛淒楚音，深宵獨自悄彈琴，鼠狐奔竄元元淚，每念家園痛我心。

聞觀病初癒喜賦

葉偉黨

每到深宵淚自流，故鄉千里訊難投；高堂病癒天神相，信步郊坰恣意遊。

月夜

翁瑞祥

月夜沈沈總是憂，書香門第我難留，讀書達理原吾願，且取詩書仔細修。

詠梅

程宏道

冷艷梅花鬥雪開，橫斜籬外暗香來；丰神豈是群花比，玉骨冰肌和月栽。

詩課㈥（省立蘭陽女中學生習作）

黃昏

張麗華

千里夕陽明，長天秋水清。堤邊人靜望，一芥小舟橫。

評：絕句字雖少，而意卻不盡。故虛活字之鍛鍊，最爲重要，蓋實景欲虛，虛景欲實。非著力於一字閃爍之功，則無以動人。賈長江「僧敲月下門」著重一敲字，便境界欲活，韻味無窮。該生此詩「明」「清」「望」「橫」等字無一不妥貼，與少陵「細雨魚兒出，微風燕子斜」「地坼江帆穩，天清木葉聞」之「出」「斜」「穩」「聞」諸字同其妙用。尤其末句「一芥小舟」下用一「橫」字，更覺空靈有味，直追唐音，允置篇首。

秋思

陳鳳蓮

清風明月夜，鄉國夢中遊。遙問嬋娟月，誰家旅思秋。

評：境界高古，含蓄不盡。結句用一「秋」字，有畫龍點睛之妙，該生籍隸浙江紹興，四十五年隨大陳義胞撤退來臺。見月傷秋，的是性情之作。初學篇什，即有如此意境，努力爲之，必能大成。

蘭園　楊鳳蘭

學府誇蘭女，絃歌處處聞。滿園花木好，天地入詩文。

評：心樂絃歌，胸藏宇宙。

離別　楊鳳蘭

神交千里外，良會值年終。又折河梁柳，依依道路中。

評：一結悠然，饒有情致。第二句「冬」落韻，故改。

郊遊　吳靈笙

春秋多佳日，信步郊外行。野水迷村徑，枝頭好鳥鳴。遠山看如畫，澄湖似鏡平。賞心復悅目，怡然竟忘情。

評：樂府古詩與律詩不同體。律可間出古意，古決不宜涉律。此詩得力處，在起句高占地步，故能全篇音節自然，字無虛下。

春——贈畢業同學　陳彩鳳

衰柳漸成蔭，游絲飄無際。梭穿百囀鶯，春燕來還去。

評：融情於景，音韻自然。

元旦述懷　張儀美

春風臨萬戶，煦日麗雲霄。新年新氣象，八表賀今朝。

評：胸襟浩瀚，有君臨萬方之概。三四兩句雖失黏，第古人如此作者甚多，不足爲累。

蘭女廿五週年校慶有感

張麗華

太平山下景清幽，學府風光孰與儔。二十五年宏化雨，三千子弟遍瀛洲。

評：歌功頌德之詩，本不易作。蓋一般類此之作，易入平典凡腐，難邀俊賞。第該生此詩，不特起，承，轉，合，深得絕詩三昧，且饒有丰致。嚴滄浪謂：「詩有別才，非關書也。」信哉，斯言。

春

賴仁慈

滿園樹木綠陰賒，冬去春來處處花。入夜星辰光不定，蟲聲如訴透窗紗。

評：絕句好處，雖在收結，但須起筆已占分量，始克有成。斯篇之作，其可取者，即在於首句落筆已具藻思。縱第三句「光不定」三字略嫌浮泛，仍無關大局。

無題

張麗華

舊夢影朦朧，端居歲月匆。黃鶯穿碧浪，玄燕逐東風；楊柳纖纖綠，桃花點點紅。春光無限好，何日兩情融。

評：上詩對仗工整，起結婉縟，初學篇什，能作五律，尚以該生爲第一人。該生籍隸湖北，爲愛國詩人屈靈均出生地，鍾靈毓秀，代有才人，靈均地下有知，當以騷音繼起有人，欣然自得矣。

文叢

《大學》二十講序

中國自鴉片戰爭後，國人心理，由自大轉而自卑，由輕洋轉而崇洋。五四運動之初，孔子思想遂爲衆矢之的。「打倒孔家店」「燒毀線裝書」倡於前，「非孝論」「廢止貞操論」踵於後。一時風潮激盪，舉國欣然，咸以爲自強在望，復興可期矣。豈意數十年來，倫常毀敗，家國淪胥，共黨乘機崛起，生靈塗炭，廬墓爲墟。撫今追昔，不勝其感慨欷歔者矣。

浙江方延豪先生，早歲獻身軍旅，矢志革命，深感國民道德之衰替，社會人心之浮靡，胥種因於孔道之不彰。乃於軍書餘晷，致力於古籍之抉奧探原，其治學之勤，持志之遠，迥非儕輩可及。近以所著大學二十講，將付剞劂，問序於余。夫大學一書程子謂爲初學入德之門，自一己之正心修身，以至治國平天下，無不兼包並括，義理精微。今人常謂孔學尚仁，西哲重智，因之，西洋科學飛躍千里，而中國則仍斤斤於仁義忠恕之道，致陷國勢於衰微。余獨以爲大學之道，仁智兼該，體用並備，求之中外諸書，無出其右者。何以言之？大學八條目中之格物、致知，誠意、正心、修身，屬於立己；齊家、治國、平天下，屬於立人。孔子曰：「夫仁者己欲立而立人。」是則大學之道，即仁者之道，其旨明矣。而大學「物有本末，事有終始，知所先後，則近道矣」之語，乃科學方法，「格物，致知」乃科學精神，均屬於智者之行。足徵大學之道，實仁智兼該，而體用並備。離大學之道，不足以言科學；非仁智雙修，不足以明大學之理，而復建國之道，舍此莫由。乃世之華士，動輒古學不足法，信口雌黃，貽誤後學。方之吾友延豪先生獨能於國粹頹替，西學強賓奪主之秋，出而高揭大學之纛，導世人於迷津，其相去奚可以道里計也？故樂爲之序。中華民國五十四年四月

論禮義

嘗讀左傳周鄭交質一事，感慨系之。夫信義禮制，立國之大端也。柳季以信爲國，齊侯重之。張良翼漢高覆秦，天下義之。魯以柳季之信不亡，漢以伸張大義而興。夫周室東遷，王綱已墜，不信如周平王者，無異其有不義之鄭伯也。因平王率躬之不仁不信，廼有鄭伯爲臣之無禮無義。使平王能奮發有爲，即無武莊爲卿士之理。縱有之，亦無溫麥周禾之醜事矣。其尤愚者，平王既慮鄭伯之權重，而必貳之於虢，曷不蚤爲之計。廼趦趄不決，致啓鄭伯之怨，坐失王者之威也。姑息足以養奸，遲疑猶多僨事，此平王之失也。既以鄭伯不愜於王，王亦有猜於伯，自不宜隱之、欺之；更不宜質之、衍之。隱之，不誠；質之，非禮；衍之，非義。不信不誠，非禮非義，其何以行之哉？孔子云：「不學禮，無以立。」人而無禮，猶無以立，而況於爲國乎？孔子又云：「能以禮讓爲國乎，何有？不能以禮讓爲國，如禮何？」旨哉，斯言！

有子曰：「信近於義，言可復也」，夫周鄭交質，信不由衷，固知其無益也。而況於非禮非義之事乎？故王不王，臣亦不臣也。欲求邦之不分崩離析，其可得乎？是以五霸七雄，日事征戰？不俟嬴秦兼併，而周實已亡矣。鑑古知今，治國者烏可不愼乎？

愛護公物

一個國家的盛衰，往往決定於國民公德心的強弱。國民公德心強，國家便興盛；國民公德心弱，國家便衰微。要測知國民公德心的強弱，在愛護公物的表現上，可一望而知。所謂公物，顧名思義，是爲大衆的福利而設施的公共之物，諸如：學校、公園、車站、碼頭，以及其他一切公有的財物，都是屬於爲大衆的福利而設施的。一個強盛的國家，他的國民公德心強，對這些公物的愛護，決不下於他私有之物。反之，一個衰弱的國家，他的國民公德心差，對這些公物多不知愛護，甚至有任意毀損的。歷稽史乘，昭然不爽。

在我國歷史上最爲後人稱頌的「貞觀之治」，大家只知道他的文治修明，武功強盛，卻不知道他所以強盛的原因，乃是由於愛護公物的公德心，發揮極致的結果。新唐書房玄齡傳記載：「房玄齡當國，夙夜勤彊，任公竭節，不欲一物失所。」房玄齡是貞觀名相，由於他的領導人民「不欲一物失所」，所以上下成風，蔚然郅治。到了開元之後，國勢逐漸衰微，愛護公物的公德心，也普遍的喪失了。這可從孫可之書褒城驛壁：「褒城驛號天下第一，及得寓目，視其沼，則淺混而茅，視其舟，則離敗而膠；庭除甚蕪；堂庶甚殘，烏覩其所謂宏麗者？訊於驛吏，則曰：『……一歲賓至者不下數百輩，苟夕得其庇，飢得其飽，皆暮至朝去，寧有顧惜心邪？至如棹舟，則必折篙破舷碎鷁而後止；漁釣，則必枯泉汨泥盡魚而後止。至有飼馬於軒，宿隼於堂。凡所以汙敗室廬，糜毀器用，官小者其下雖氣猛可制，官大者其下益暴橫難禁。由是日益破碎，不與曩類』」的一段話，可以明白唐朝的衰敗，正是由於人民喪失了愛護公物的公德心的緣故。劉邦與項羽爭雄天下，劉弱而勝，項強而敗，與公物的愛護，也有很深的關係。據史記記載，劉邦入關，對公家之物，毫毛不敢有所近，封閉宮室，還軍霸上，因此，「秦人大喜，爭持牛羊酒食饗軍士。……唯恐沛公不爲秦王。」他終於得了天下。反觀項羽「引兵西屠咸陽……燒毀宮室，火三月不滅，收其貨寶婦女而東。」毀公物如敝屣，雖然，他有「力拔山兮氣蓋世」的神勇，起兵八載，「身七十餘戰，所當者破，所擊者服，未嘗敗北，遂霸有天下。」但不旋踵兵困垓下，而烏江自刎。秦始皇「振長策而馭宇內，吞二周而亡諸侯，履至尊而制六合，執捶拊以鞭笞天下，威振四海。」也終因「鼎瑺玉石，金塊珠礫」的作賤公物，而身死國亡。清末北洋艦隊的鐵甲船，比日艦大得多，但艦上的官兵卻把大礮當作曬衣架，所以，甲午一戰，便全軍覆沒。當時的人民，對公園花木，任意攀折，公共場所，隨處便溺，乃招致上海租界內的公園，有不准狗和中國人進入的恥辱，滿清也因此滅亡。中國如此，外國亦然。我們從倫敦的特拉佛加（Trafolgar）大廣場，洛杉磯的狄斯耐樂園的潔淨有秩序，便知英國、美國所以成爲強國，不是偶然的。相反的，西班牙的旅館窗帘掉下一角，你要連催幾天，纔會掛好，到意大利經常可見隨地便溺的人，從這裡便可窺知西班牙、意大利到現在無法登上強國寶座的原因了。國家的強弱，是如此，個人的成敗，又何嘗不如此？馬服君趙奢，「把大王及宗室所賜幣帛，盡以與軍吏。」（說苑語）就因爲他能這樣的善用公家所賜之物，使得他成爲歷史名將。相反的，他的兒子趙括，雖能讀父書，但「王所賜金帛，歸盡藏之。」就因此兵敗身死，貽譏千古。孔子所以不答應「顏淵死，顏路請子之車以爲之槨。」就是因爲不能以公家之物爲私惠吧！因此，愛護公物，不只是消極的不去毀損它，還要積極的去善用它，以發揮公物最高的效用，纔是今日青年所應有的認識。

大家都知道：「反共復國，是靠國民的精神力量。」我們要發揮精神力量，惟有從發揚公德心開始；發揚公德心，唯有養成愛護公物的習慣和觀念。青年是社會的中堅，而在學青年更是領導社會，推動文明建設的動力。只要在學青年，有愛護公物的正確觀念，建設一個井然有序的社會，繁榮樂利的國家，便如同反掌折枝之易了。今天是本校第九週年校慶，本社特呼籲全校同學，本著一向愛校愛國的精神，從愛護學校的一草一木起，進而推動全國青年，掀起愛護公物的大浪潮，發揚國人偉大的公德心，建設三民主義的新中國。

自知與知人

孫子兵法說：「知己知彼，百戰百勝。」一場戰爭是這樣，一生事業也是這樣。孔子說：「不患人之不己知，患不知人也。」上句是說「知己」，下句是指「知人」。但一般人往往都是犯了既不「知己」更不「知人」的毛病。曹子桓典論論文說：「夫人闇於自見，謂己爲賢。」章實齋知難說：「知其名者，天下比比矣；知其言者，千不得百焉。」西諺說：「只見人家眼中的刺，卻不見自己眼中的樑。」這都是說的人易犯「不自知」也「不知人」的毛病。以諸葛亮之明，被馬謖所誤（事見三國志諸葛亮傳）。以曾國藩之賢，而爲一校官所欺（事見清朝野史大觀卷七）。二公之賢人所同敬，但也不免犯上「不知言無以知人」的缺失，何況一般的人呢？

自古成大功立大業的偉人，建大德成大名的賢者，那一個不是歸功於「自知」和「知人」的工夫呢？漢高祖統一天下之後，向群臣道：「吾所以有天下者何？項氏之所以失天下者何？」高起、王陵答道：「陛下慢而侮人，項羽仁而愛人。然陛下使人攻城略地，所降下者，因之予之，與天下同利也。項羽妨賢嫉能，有功者害之，賢者疑之，戰勝而不予人功，得地而不予人利，此所以失天下也。」高祖道：「公知其一，未知其二，夫運籌帷帳之中，決勝千里之外，吾不如子房；鎭國家，撫百姓，給餽餉，不絕糧道，吾不如蕭何；用百萬之軍戰必勝，攻必取，吾不如韓信，此三者皆人傑也，吾能用之，此吾所以取天下也。項羽有一范增而不能用，此其所以爲我擒也。」（事見史記高祖本紀卷八）由此可知，劉邦能夠以弱勝強，以寡克衆，乃是歸功於他有「自知」和「知人」的高明智慧。郭泰生於漢季，「赫赫三事，幾行其招。委辭召貢，保此清妙。」（見蔡中郎郭有道碑），此「自知」之明也。「過袁奉高不宿而去，從叔度累日不去。或以問泰，泰曰：『奉高之器，譬之泛濫，雖清而易挹；叔度之器，汪汪若千頃之陂，澄之不清，撓之不濁，不可量也。』已而果然。」至於識孟叔達於隱約之初，成德茅季偉於設饌之頃，識敗史叔賓、黃子艾於盛名之際（事均見於後漢書郭泰傳），這都是他「知人」之明之處，郭泰因此而得到：「於時纓緌之徒，紳佩之士，望形表而影附，聆嘉聲而響和者，猶百川之歸巨海，鱗介之宗龜龍」的榮耀。

相反的魏惠王所以「西喪地於秦七百里」（語見孟子），就是不知商鞅是人才，而爲秦孝公所用的結果。「魏相公叔痤病，惠王親往問病。痤之中庶子公孫鞅，年雖少，有奇才，願王舉國而聽之。」王默然。王且去，痤屏人言曰：「王即不聽用鞅，必殺之，無令出境！」王許諾而去。痤召鞅，謝曰：「今者王問可以爲相者，我言若，王色不許我，我方先君後臣，因謂王，即不用鞅，當殺之，王許我；汝可疾去矣，且見擒！」鞅曰：「彼王不能用君之言任臣，又安能用君之言殺臣乎？」卒不去。惠王既去，而謂左右曰：「公叔病甚。悲乎！欲令寡人以國聽公孫鞅也，豈不悖哉！」（事見史記商鞅傳）後來，商鞅在魏不得志，乃去魏之秦，因景監而見孝公，以言霸術得重用於秦，終於帥師大敗魏公子印的軍隊，佔領了魏西河之地七百多里，魏惠王此時始後悔當初不聽公叔痤的話。「不知人」的結果，使魏惠王不但不能「一洒」四面楚歌之恥，反招致國土日削的憂患。王荊公不聽司馬溫公之言，自己固終被呂惠卿所賣；也更使新政變成禍政，不知人之害，多可怕啊！至於「李斯之嚴畏韓非」（章實齋語）表面上似乎「知人」實在是不「自知」，李斯如果肯和韓非同心協力輔佐秦王，自己既不會被趙高誤殺，秦朝也不至於僅「二世」而亡。漢文不終用賈生，在漢文爲不「知人」，在賈生爲不「自知」，賈生以卓越的才華，如果不急於求功，不小挫而憤激，也不至痛哭長沙，不壽而終。

總之，人類社會，隨著文明一天一天的進步，而日趨複雜，諸生在校受業五年，學有專長，但進入社會後，事業是否能夠順利發展成功，要看今後在「自知」和「知人」兩種修養的工夫如何而定；能自知便不怨人，能知人便不失人。不「自知」的人，易犯自大、自是、自傲……等毛病，其結果妒賢忌能、孤立、偏激、怨天、尤人。不「知人」的人，以玉爲石，忠奸不辨，良莠不分，當然成不了大事的。嘗聽人說：「世有伯樂，而后有千里馬。」善「知人」的人，他便能善「任人」，他能使「優劣得所」「文武爭馳」，在他領導下個個都是人才。管仲在日，易牙、豎刁、開方之徒，是桓公的忠臣；孔明未死，黃皓不敢爲非；舜舉皐陶，湯舉伊尹，「不仁者遠矣。」（見論語）「自知」與「知人」是多麼重要啊！諸生要在這種修養上下工夫，最基本方法是一「誠」字，至誠足以感人，雷萬春原是尙衡的部屬，奉尙衡的命令到睢陽和張巡議事，結果雷萬春卻留在睢陽爲張巡效力，棄尙衡如敝屣。他說：「張公誠心待人，眞吾所事也。」馬援不受公孫述的盛大歡迎，卻爲光武的便衣延見而悅服，這都是「誠」的力量（事見後漢書及新唐書）。中庸篇云：「不誠無物。」又云：「唯天下至誠，爲能盡其性；能盡其性，則能盡人之性；能盡人之性，則能盡物之性；能盡物之性，則可以贊天地之化育；可以贊天地之化育，則可以與天地參矣。」因爲能誠，心無偏私，理性盡見，既可「自知」，而又可「知人」了。孟子云：「萬物皆備於我矣，反身而誠，樂莫大焉。強恕而行，求仁莫近焉。」其道理就是在此。筆者才疏識淺，卑無高論，願學宋人獻曝的故事，以此文和諸生共勉。

贈應屆畢業同學

薰風纔至，畏日初長，正蒲扇之新裁，應葛衣其始著。春神隨零紅而失意，夏帝挾衆綠以逞威。迭運居諸，似眞似夢，分飛勞燕，何去何從？念諸君憤悱殷殷，求知心切，敢效「君子贈人以言」之旨，掬其愚誠，幸垂意焉。

諸君，時代已由「人之初，性本善。」推移至「點名簿，鉛筆」之今日，捨本逐末，好高騖遠，視往哲之遺產如敝屣，固屬狂妄；然自封故步，墨守成規，目時下之科學爲異教，亦難免迂腐。是則滔滔天下，將何以處其中乎？孔子曰：「擇其善者而從之，其不善者而改之。」必商量舊學之深沈，而後涵養新知乃有得，孔聖所謂「溫故而知新」是也。然則擇善之道若何？欲擇善，必先明善。明善之道無他，求其意誠而已矣。誠之所至，金石爲開，中庸篇云：「不誠無物。」又曰：「誠則明矣。」而致誠之道，首在格物致知，「物格而後知致，知致而後意誠。」何謂意誠？大學云：「所謂誠其意者，無自欺也，如惡惡臭，如好好色。」今之君子果能以「十目所視，十手所指」之態度，致力於愼獨工夫；以此辨善，何善不明？以此求知，何知不致？孟子曰：「萬物皆備於我矣，反身而誠，樂莫大焉。」今後不論爲人、治學、處事均應一秉至誠，始可立於不敗之地，此爲諸君進言者一也。

當茲赤禍橫流，獸性氾濫，人性光輝陷於空前之黯淡，有志之士，惄然憂之。諸君為未來人類之主宰，危舟之舵手，今後之世界，究為文明乎？野蠻乎？胥在諸君一念之間也。應如何闢異端，息邪說，塡補人類精神之空虛，挽狂瀾於既倒，實為當務之急，毋待辭費者明矣。或曰今日為科學世界，無科學即不足以自存。誠然，物質科學有其重要性，然默察數十年來，世局之變易，使吾人對戰爭之觀念不能不有所不同。首次大戰以步槍大砲始，以坦克飛機終；二次大戰以坦克飛機始，而以原子彈終；至於三次大戰論者以為將是原子彈始，鈷彈死光彈終，余實未敢苟同。蓋目前大局紛擾，純為國際共產黨徒在興風作浪而已，故未來之大戰，乃自由思想與共產思想鬥爭之白熱化，亦即人性與獸性之大戰，孰勝孰敗，非僅藉堅甲利兵所可解決者。君不觀夫越局之擾攘，寮事之低沈，乃至古巴之囂張，柏林圍牆之高築乎？孔子曰：「三軍可奪帥也，匹夫不可奪志也。」故欲發揚人性之光輝，繼人類文明於不墜，實賴諸君有崇高之理想，致力於精神之文明，以立其堅定不移之正確思想，始克有濟耳。孔子忠恕之道，孟子仁義之理，萬古常新，四海皆準。欲消滅共產之邪說，唯有著力於孔孟學說之揄揚。詩曰：「旅力方剛，經營四方。」諸君年富力強，正宜一顯身手，致力於文藝復興，立不朽之事業也。此與諸君進言者二也。

孔子曰：「不得中行而與之，必也狂狷乎？」今者人心不古，世道衰微，欲得中行之士，縱非緣木求魚，亦屬鳳毛麟角。然則，吾人究應退而求狂乎？求狷乎？狂者有大志，富進取精神，狷者有氣節，能有所不為，二者各有千秋，似未可遽分軒輊。竊以為中興至計，乃非常之事功。廟堂之上，僅止於和衷體國，尚不足以有爲也。必也有破釜沈舟之勇氣，以大刀濶斧之作風，振武王之威怒，奮沈鬱之風雲，政治之積弊斯除，國家之機運乃展。故言反共復國，必上有非常之手腕，而後始可有爲也。唯今日社會姦邪迭作，攘奪時聞，若不輔以正氣，導以明恥，則在上者雖欲有所作爲，在下者亦必陽奉陰違，甚或藉機爲厲，王荊公變法事，可鑒也。是以鼓舞風氣，必求狂者，揚清激濁，尤賴狷者也。治國如此，治學亦復如此。適之先生「大膽假設，小心求證」之語，前者屬狂者精神，後者屬狷者態度。諸君處事治學誠能以狂者之精神，抱狷者之態度，孜孜矻矻，成就可期，此與諸君進言者三也。

予與諸君相處，行復一易寒暑，執經問義，殷勤可嘉，祇以綆短汲深，難免魯魚亥豕，所幸切磋磨琢，均能肝膽輪困。稍有寸進，實諸君自治之勤，某無與焉。年光易逝，揚鑣在邇，敬輸一得之誠，冀獲三隅之反，有厚望焉。

古書今讀

前　言

小女剛到美國留學的時候，曾來信說，教授要她寫Paper，指定的參考書六種，每本都是厚厚的，天天泡在圖書館裡，一邊看書，一邊抄寫，一邊翻字典，好像在國內看古書一樣。可見年輕人，認爲看古書是件難事。其實看古書，只要看得其法，便能隨處妙悟，樂得不忍釋手。也就是說，會讀書的人，不管是古書或今書，都能別有會心，可獲得「不亦說乎」、「發憤忘食」、「樂而忘憂」的境界。宋人筆記說，歐陽修讀蘇軾刑賞忠厚之主論一文，問蘇軾文中「法官臯陶要判人死罪，臯陶說『殺掉他』說了三次，堯說『赦免他』說了三次」一段話，根據什麼書而說的。蘇軾說：「曹操滅了袁紹，把袁熙的妻子送給他的兒子曹丕。孔融寫篇文章去道賀，文中說：『武王討伐紂王，把妲己送給周公。』曹操看了很吃驚，問孔融這個典故，是從什麼書看到的。孔融說：『以丞相現在所做的事來看，我猜想當是這樣的。』臯陶堯帝的事，我也猜想當是這樣的。」歐陽修回去很震驚的說：「這個人可說是很會讀書，很會用書，將來文章一定獨步天下。」

一個很會讀書的人，不會在古書和今書之間，築起一座心理的萬里長城，他會把古書看做今書讀，覺得古人就是今人，彼此之間，有如晤對，親切異常。譬如讀春秋，當你讀到「哥哥打贏了弟弟」（鄭伯克段於鄢），「父親和兒子交換人質」（周鄭交質），你會對孔子的高度幽默，發出會心的微笑。又如讀論語，當你讀到「子貢問孔子說：『像我端木賜怎樣呢？』孔子說：『你像個器材。』子貢說：『像那一種器材呢？』孔子說：『你像瑚璉一樣的器材。』」以及「孔子到城去，聽見到處都有彈琴唱歌的聲音，心裡很愉快，微笑著說：『殺雞那用得著殺牛的刀呢？』子游（武城縣長）回答說：『從前，我常聽老師說過：在上位的人，學了禮樂，便能涵養仁心，愛護人民；在下的小民，學了禮樂，便能和順性情，容易聽從教令。我現在就是實行這樣的教化啊！』孔子向跟隨的學生說：『你們大家聽著，言偃的話說得很對啊！我剛才說的只是開玩笑罷了』兩段話，你對孔子的詼諧，便會有如親見的感覺。

爲了祛除年輕人對讀古書難的錯覺，筆者不揣譾陋，特就個人古書今讀的一偏之見，隨意綴文，將陸續提供青年們參考，果能拋磚而引玉，那我將雙掌合十，高宣「阿彌陀佛，善哉善哉」了。

首部聖經——《論語》

提起第一部聖經，人們或許以爲是指新舊約全書，其實這種想法是不完全對的。如以新約而言耶穌比孔子晚生了五百多年之久，所以，世界第一部聖經，應該是中國的論語。凡是讀書人，如果沒有讀過論語，要想完全看懂東方文學，了解東方人思想，寫好東方人文藝，隨時隨地都會感到困難的；

正如沒有看過新舊約全書的人，要想看懂西方文學，了解西方人思想，寫好西方人文藝，也隨時隨地會感到困難是一樣的。新舊約全書，無非是說神愛世人，教人要博愛世人；不但要愛父母，甚至要愛仇敵。中國的論語也一樣。不過新舊約全書的「愛」，是從天道來立教的，經文中都是神話，遂博得信徒們為了未來的「天堂」，而貢獻其現在的「愛心」；中國的論語，教人博愛，是從人道來立說的，不談渺茫不可知的神異，要人先做好人事上的一切工夫。淺學的人，或人生歷練不深的人，往往好奇誕而忽平易，因之對論語中所說的崇高道理，反而未加留意。事實上，只要對世事人生有體驗的人，就會覺得趙普「半部論語可以治天下」的話，一點也不誇張。因為一個懂得愛人的人，必會獲得人愛。獲得人愛的人，還怕治不好天下事嗎？中國的論語，就是講愛人人愛的一部經典，會讀書的人讀了，定能受用不盡的，現略舉幾章，以概括全體：

論語首篇第一章記載孔子的話說：「學懂了愛人（仁）的道理，時時去做愛人的工作，等到因為愛人而獲得人愛時，內心不是非常的喜悅嗎？仰慕敬愛的人，從四方八面湧來，共同沐浴在愛的世界中，不是人生最快樂的事嗎？最後體悟了人我不分，萬物一體的至高無上的眞愛，這不是成為愛的化身的使者了嗎？」這種平易淺顯的愛人的「愛」，比舊約首章神造宇宙而造人的「愛」，確是眞實得多。

論語第二章記載孔子學生有若的話說：「在家能愛父母愛兄長的人，在外纔能去做愛人的工作。」說明「愛」是做人做事的起碼人格。也就是孔子所謂「愛人，就是做人的道理。其中以愛父母是最重大的事」的意思。

論語第三章記載孔子的話說：「說假話、裝僞善的人，很少有愛心。」這和新舊約譴責虛妄，譴責說謊，同其旨趣。

論語第四章記載孔子學生曾參的話說：「我每天反省三件事：替人家謀事，有不盡心盡力的地方嗎？跟朋友交往，有不信實的地方嗎？師長傳授愛人的道理，我沒有去做到嗎？」一個心存仁愛的人，他爲人謀事，必然會盡心盡力的，君不見天下父母那個不盡心盡力照顧他們的兒女呢？一個心存仁愛的人，他能忍心去欺騙一個誠實的朋友嗎？他能不誠心誠意地去實踐師訓嗎？羊（角哀）左（伯桃）之交，范（巨卿）張（元伯）之約，左（光斗）史（可法）之義，不是明顯的例證嗎？

論語最後一章記載孔子的話說：「不明白愛的眞理，便不能成爲愛人的使者。不明白愛的規範，便不能在社會生存。不明白人家說的話是否合於愛的眞理，便不能辨別世事的好壞。」這和舊約末二節「神差遣先知以利亞來到世間，使父親愛兒女，兒女愛父親。」新約啓示錄最末節「願主耶穌的恩惠與衆信徒們同在。」雖然有殊途同歸之妙，但論語的話，較新舊約的話，其所含蓄的境界，親切懇摯的語氣，又似勝了一籌。

統觀論語全書二十篇五百章，不是講「愛」的道理，便是講「愛」的樂趣；不是講「愛」的修養，便是講「愛」效益。其教人博愛的偉大思想，和新舊約全書，實先後相輝映。年輕的朋友們，只要你以現代人的思想，去讀論語，不難發現其中的樂趣，它可使你忘食，可使你忘憂，使你的精神時時與孔子同在。然後你會發出內心的喜悅說：「這眞是世界上第一部聖經啊！」

一位眞博士

博士，這一名詞，春秋時便已經有了，例如史記循吏傳說：「公儀休是魯國的博士。」但我所說的不是這類的博士，而是指博古通今，仁智兼備的博士。雖然戰國策曾說：「鄭同到北方去拜見趙王，趙王說：『您是南方的博士，如何指教我？』」這類的「博士」，也只能算是大通之士而已，仍然不夠稱爲眞博士。至於現在所謂的「文學博士」、「理學博士」、「法學博士」，不但不能稱爲博士，相反的，正如師大校長張宗良先生所說，應稱爲「窄士」，更不在話下了。

古今唯一的眞博士，只有孔子一人而已。達巷黨人說：「偉大啊孔子，他學問廣博無所不通，可惜不成一技一藝的專家。」的確，孔子是個無所通，集百家之大成的眞博士，你不能以某一技藝專家稱他。以古書所載，孔子至少兼有下列幾家之長：

一、偉大的教育學家：孔子說：「受教育不分貴賤、賢愚，機會均等。」又說：「受教的人不是心裡想求通而不得通的，我不去開導他；不是口裡想說而說不說出來的，我不去引發他，如果舉一角給他，他不能推想其他三角，就不再重複和他說明了。」這種教育原則，和教學方法不是一個偉大的教育學家嗎？

二、偉大的科學家：孔子說：「反覆推尋先人的學理，開悟出新的道理來。」這不是今日科學產生的過程嗎？又說：「徹底研究事物的原理，而後才能獲得眞知識；獲得眞知識，而後才能徹底面對事物而不會困惑迷惘。」這不是今日科學家探討科學的方法嗎？他的周髀算經，更是今日數學家所一致敬佩的。

三、偉大的軍事學家：孔子答子路問行軍作戰說：「必須在臨到大事時，有一種戒愼恐懼的心理，喜歡預先計畫周到，然後一步步做成功。」這不是偉大軍事學家的讜論嗎？齊魯夾谷之會，冉有、樊犀戰勝齊國大軍，便是最好的證明。

四、偉大的政治學家：孔子以爲國家是人民所共有的，所以在禮運大同篇中主張選拔賢良的人來指導政治的策畫，委任有才能的人，來執行國家的政治措施。他答覆魯哀公問政的治國九大原則，更是今日政治學的最高原理。

五、偉大的外交學家：孔子的外交信念是：「有政治理想的國家一定不會孤立的」，他的外交政策是「歡送去的，迎接來的，並且獎勵那良善的，憐恤那無能力的，這是用來安慰遠方來人的方法；替絕嗣的民族立後代，幫忙敗亡的國家復興，替他平定暴亂，幫助他挽救危亡，定時互相訪問，送去的禮物豐厚，而接受送來的禮物不嫌少，這是感服各國的方法。」這正是今日有遠見有理想的外交家應有的認識。

六、偉大的財經學家：孔子說：「不怕人貧民困，只怕財富不平均，不怕生產多少，只怕人民不能安居樂業，增加生產。」又說：「有了土地的生產，人民便有了財富，人民有了財富，國家便有了財用。」又說：「生產的人多，消費的人少，做事的勤快，用錢的人有計畫」，這是多麼高超的財經理論啊！

七、偉大的音樂家：孔子說：「我從衛國回到祖國，把三百篇中的大小雅和三頌的詩樂，分別加以修正，使它們都能合於音樂的節奏。」又說：「音樂的演奏，全部過程是可以知道的。在開始時候，各種樂器同時演奏。到聲音揚開來，清濁高低，和諧一致，節奏分明，不相混淆；這樣自始至終，一氣連貫，沒有間斷，直到一支樂曲的結束。」所以孔子在齊國聽到韶樂，高興得三月不知肉味。他對音樂的愛好與修養到了如此高絕的境界。

八、偉大的禮學家：孔子二十三歲便成爲禮學權威，孟僖子臨死時，特別囑咐他的兒子，要向孔子學禮。

九、偉大的思想學家：孔子的「庶民」、「富民」、「教民」的思想，就是　國父民族、民生、民權思想的張本。他用讚美仲弓「騂且角」，來打破貴族平民的階級觀念，更是大智大仁大勇的思想革命家。

十、偉大的衛生學家：論語鄉黨篇記載孔子對食物的情形說：「飯太熱太濕，或變了味的，不吃；魚類、肉類變味腐敗了的不吃。食物跟平常的顏色不同，味道變了的，不吃。生熟沒煮好的，不吃，不是正餐，不吃。……街上零買來的酒、肉怕不乾淨不吃，桌上的生薑不可拿走，食物也不可多吃。幫助國君祭祀，分回來的肉，當天便分送給人。祭肉不能留著超過三天，超過三天，便不能吃了。」

又在學而篇說：「食物不可多吃魚、肉；住屋不可貪求舒適。」這眞是衛生學家最高的道理啊！

㈩偉大的博物學家：孔子家語說：「齊國飛來一群只一個腳的鳥，停歇在宮殿前面，張開翅膀在跳。齊國國君大感奇怪，派人去請問孔子，孔子說，這鳥叫做商羊，是大水的預兆。齊國將有大雨。」後來果有其事。左傳哀公十四年記載：「春天，在西境原野上打獵，叔孫先生的車夫鉏商獲得一隻麟，以爲不吉利，想要送給看守山澤的官員。孔子前去觀看，才知道乃是麟，然後才敢要。」在在說明孔子是個偉大的博物學家。

㈪偉大的體育學家：孔子的射箭，馭馬駕車的技術，如果生在今日，參加世運會，穩得金牌。

最後，孔子之能成爲古今獨一無二的眞博士，不是「生下來就知道一切的」，他不是超人，他是「愛好古聖先賢的學問，勤奮用功，努力研究而得來的」。他能夠把廣博的學識，融會貫通（一以貫之），不是死啃書本就可以成功的。

第一部小說——《左傳》

在現代人來看，左傳可以說是我國第一部小說。只因在古代小說是沒有地位的，連以灑脫浪漫出名的莊子也說：「飾小說以求取高名美譽，一定不能通達至道了。」（見莊子外物篇）所以，沒有人敢把它稱做小說，而由衛道之士，硬把它列入十三經之一。遂使淺學青年，誤以爲既是經典，必然神聖莊嚴，呆板無趣。因而席滿佳餚，卻視而不見，室盈名士，卻過門不入，這是多麼可悲啊！

小說和正史的最大不同處，前者對故事的情節，人物的描寫，爲了增加讀者的情趣，而著意安排，是屬於主觀的，後者，則依據事實記載，不能任意鋪張，是客觀的。左傳雖然是記載歷史，但它在寫故事方面，往往用鬼神、卜筮、災祥或夢等，作戲劇性的描寫，以製造神秘的氣氛，去刺激讀者的情趣；在描寫人物性格方面，雖不如史記的隨時用強烈的喜愛，強烈的憎惡，去製造情調，給人一種擊節而起的共鳴。但也隨處發現作者滲入自己的感情，作刻意的鋪敘，而引人入勝。所以，不論寫史事，寫人物，左丘明都極盡其小說家誇張、渲染的能事，給後代小說界草創一個獨立的國家。例如：「襄公十八年秋天，齊國攻擊魯國的北方邊境。晉國荀偃將要討伐齊國，夢見和晉厲公打官司，結果敗訴。晉厲公用刀來擊殺他，荀偃的頭顱掉在厲公的面前，就跪下來把頭顱戴上，然後抱著頭顱往前走，看到梗陽的巫人名叫皐的。後來就在路上碰見這個巫人，跟他說起夢中的事，巫人也說做過同樣的夢。巫人就告訴他說：『今年你必定會死，你若在東方打仗就可以成功。』荀偃出兵東討齊國，後來終於死在齊境。」這個巫人分明是魯國的間諜人員，奉命前來誘使荀偃出兵救魯的，左丘明故意神秘其事，以刺激讀者的好奇心，不細加思索，我們就被他愚弄了。又如記載荀偃受叔孫豹唱「圻父」詩的感動時說：「我知道錯了，我怎敢不跟你一樣憐恤魯國的社稷，而使魯國受到如此的危難！」不但答應出兵救魯，而且率領中原十來個國家，一同進兵，直入齊京，逼得齊莊公幾乎棄國出奔。晉軍回師泗水之上，他突然頭上生了大瘡，眼睛突出，看看已經斷氣，只是雙目不瞑，范匄（晉上軍統帥）安慰他說：「事奉荀吳（荀偃兒子），不敢不如事奉你。」眼睛仍然不閉；欒盈（晉下軍統帥）又撫屍安慰

他說：「假如你死了，繼續對齊作戰，敢用黃河為誓！」雙目纔閉上。不但把故事寫得神奇而感人，寫荀偃重然諾講義氣的大將性格，更是栩栩如生，使人拍掌稱快。又如記述秦晉殽之戰，全部精神集中在蹇叔一人身上，一開始就記蹇叔的話，後又連續記載蹇叔兩次的哭師，處處證驗蹇叔的心明意懇，性格鮮明，給人的印象何等深刻。又如描寫晉公子重耳流亡各國；奔狄國、經衛國、到齊國、到曹國、到宋國、到鄭國、到楚國，最後到秦國而復國，把十九年行踪，皴畫點染，淋漓盡致。其間對重耳容易發怒的性格、迷戀女色的性格，隨處安樂的性格，也著意地刻畫，使人好像看了一場活電影。你說這不是一部成功的小說嗎？

電話傳情的〈洛神賦〉

電話，是利用電磁微波的原理而發明的，原為現代科學的產物，怎麼會扯上遠在三國時代的文學名著洛神賦呢？洛神賦的作者曹植，是一位道道地地的詩人，他既不曾發明電話，又那來電話談情的玩意兒呢？但是，以現代人科學的眼光，去看這一篇抒情的洛神賦，對曹植描繪他和洛神宓妃相見而兩相慕悅的情景，正和現代青年男女在電話中談情說愛的鏡頭，一模一樣，而且透過曹植豐富的想像，巧妙的辭筆，渲染點繪，更加生動而感人，不由你不認為這是歷史上第一篇成功的電話談情記。後人能發現「微波」而發明電話，也許是曹植洛神賦所賜予的靈感吧。莎士比亞說：「詩人能見常人所不能見的，也能想像常人所不能想像到的。」這話一點也不誇張。

話說魏文帝黃初三年，曹植由京師返回封地，路過洛川，遠遠望見洛神宓妃的身段，輕盈的像驚鴻過影，嬌柔的好像游龍戲水，光艷的像秋天的菊花，清秀的像春天的青松；又髣髴地像輕雲遮掩著的月光，飄忽地像流風吹轉著飛舞的雪花；遠看她，絢爛奪目的像朝霞萬縷，散射天際，鮮艷動人的像芙蕖千朵，伸出綠波。不胖不瘦，不高不矮，肩膀窄，腰圍細，脖子長，皮膚白，不脂不粉，美質天成。梳著高髻，畫著修眉，櫻桃口唇，潔白牙齒，黑白分明的美目，巧笑生春的面靨……身上穿著璀璨的羅衣，有如拖著雲霧般的輕紗；耳邊掛著耀眼的明珠，有如閃鑠的星光，好像幽香的蘭花，漫步在山腰之中。使得曹植心胸搖蕩，情緒不寧，卻又沒有紅娘，把心中的愛慕之意，轉達過去。無可奈何，只好憑藉著「微波」的作用，以電話傳達情意了。（無良媒以接懽，託微波而傳辭）。當宓妃接到他的電話時，她便「慢慢地張開紅潤的口脣，說明她如果應邀前來會見，雙方必須遵守的禮節。」（動朱唇以徐言，陳交接之大綱。）使得曹植覺得她好像是：「輕快的飛鳧，飄忽的仙女，在水面踏著輕細的步子，正像美人輕盈地走在薄霜的地面上，又像危疑猶豫，又像坦然安適，又像往前走來，又像往後回去，美目轉動，閃閃發亮，丰采光潤，欲語還休，氣質像幽靜的芳蘭。」等到她放下電話時，使曹植「精神恍惚，不知她究竟住在何處，心情悲傷失意，只覺得清夜難挨。」於是帶著迷惘留戀的心情，離開了洛川。看官，你說這不是把現代青年男女以電話談情的情景，寫得淋漓盡致了嗎？

《史記》鴻門會後記

太史公記自序云：「先人有言：『自周公卒五百歲而有孔子，孔子至於今五百歲，有能紹而明世，正易傳，繼春秋，本詩、書、禮、樂之際。』意在斯乎，意在斯乎，小子何趕讓焉。」於是「網羅天下放失舊聞，考之行事，稽其成敗興廢之理，凡百三十篇，亦欲以究天人之際，通古今之變，成一家之言。」以成其「聖人作萬物覩」之偉抱，不惟後代史家，悉遵其體制，論者亦稱其善叙事理，辨而不華，質而不俚，其文直，其事賅，不虛美，不隱惡，以博極群書之劉向、楊雄，尙皆欽遲彌至，而古文家更奉之爲圭臬。余讀史記深以太史公寫項羽紀鴻門宴一幕最有精神，試就管見所及，略述一、二，以就教於賢達。

一、表現人物面目，富有文學技巧：如寫項羽之愚厚：「項伯具以沛公言報項王。因言曰：『沛公不先破關中，公豈敢入乎？今人有大功而擊之，不義也，不如因而善遇之』，項王許諾。」「沛公旦日來謝曰：『臣與將軍戮力而攻秦，……不自意能先入關中，得復見將軍於此。今者有小人之言，令將軍與臣有郤。』項王曰：『此沛公左司馬曹無傷言之，不然，籍何以至此？』」「范增數目項王，舉所佩玉玦以示之者三，項王默然不應。」「項王曰：『沛公安在？』良曰：『聞大王有督過之意，脫身獨去，已至軍矣。』項王則受璧置之坐上。」項伯私洩軍情，不責其漏師之罪，反任其大言「沛公破關中」，否則「公豈敢入之乎」，而略無怒意。聽劉邦數言，即以曹無傷之語言告之。默然不應范增之示意，無言而受張良雙璧之獻等，其愚厚之處，宛然如見。又如寫張之機智，履險如夷；樊噲之勇猛憨直，斥責項羽；劉邦之忍辱，化項羽之怒氣於無形；劉邦之果斷，「至軍立誅曹無傷。」均虎處有生氣而恍如親覩。鍾惺謂：「樊噲『臣請入與之同命』語，感動幽明」，可謂知言。

二、故事先後呼應，富有史學之技巧：如先寫曹無傷使人言於項羽，謂沛公欲王關中，使子嬰爲相，珍寶盡有之，以點出劉邦「好酒及色」之性，以激怒項羽好掠奪之氣，繼用樊噲語「沛公居山東時，貪於財貨，好美姬，今入關無所取，婦女無所幸，此其志不在小。」以激其殺劉之意，伏上一筆。然後以沛公獻巵酒爲壽項伯：「吾入關，秋毫不敢有所近，籍吏民，封府庫，而待將軍」之事實，破曹無傷之中傷，遂項羽掠奪之慾，解范增激殺之謀，直至劉邦回營，立誅曹無傷，以應前文而結束，先後叙事，呼應若合環節，康海以爲噲斥項羽語，即沛公語項伯者，亦即項伯語項羽者，以此而見張良之智，余亦謂然，此即太史公叙事，富有史學之技巧者也。

顧細觀鴻門會之文，仍不無可議之處，此即曹子桓所謂：「昔尼父之文辭，與人通流，至於制春秋，游夏之徒，乃不能措一詞。過此而言不病者，吾未之見也」歟！茲分述如下：

一、用字不精

張良曰：「誰爲大王爲此者。」張良曰：「足以當項王乎。」「且以沛公言報項王。」「項王使都尉陳平召沛公。」「項王軍在鴻門下，沛公軍在霸上。」「項羽引兵西屠咸陽。」「具以沛公言報項王。」按：此時劉邦爲沛公，項籍爲魯公，時稱之爲「大王」爲「項王」，時稱之爲「沛公」爲「項羽」，且古之字如爲一字者，多加「子」，男子之美稱也。史記高祖功臣表叙射陽侯之功云：「破子羽。」序幕云：「子羽接之。」「子羽暴虐」。「破子羽於垓下。」「齊連子羽城陽。」而鴻門會中則稱之爲「項羽」，項伯之招張良，非奉羽之命，何以言「報」，諸如此類，多屬用字未精，吾人讀史「不可不察」。

二、記事未盡合理者

㈠「項王軍在鴻門下，沛公軍在霸上，相去四十里，沛公則置車騎，脫身獨騎，與樊噲、夏侯嬰、靳彊、紀信等四人，持劍盾步走，從酈山下，道芷陽間行，沛公謂張良曰：從此道至吾軍不過二十里耳，度我至軍中公乃入。」按：鴻門亭，一說在新豐東南十七里（見漢書高帝紀康注）；一說在新豐東三里（見水經注）。「霸上」，霸水之上也。據水經注謂：「自新豐至霸城五十里，自霸城西至霸水十里，是則『鴻門』與『霸上』之隔相去七十七里。新豐縣，漢高帝所置，故城在今陝西省臨潼縣，即晉魏之陰槃城。霸城，故秦芷陽縣，漢文帝築陵於其地，改曰霸陵，晉改爲霸城，在今陝西省長安縣東。名勝志云：「白鹿原東霸川之西坂，故芷陽也，……去雍州藍田縣六里。」霸上，據水經注謂：「霸水又左合涉水歷白鹿原東，即霸川之西，故芷陽矣，史記秦襄王葬芷陽者是也，謂之霸上。」即地居霸水之上，故曰霸上。酈山在雍州新豐縣南十四里（見史記正義），從臨潼縣東南十七里，取道酈山下，經芷陽至軍，其里程約與史遷之記相合，劉邦獨騎，樊噲等持劍盾步走，爲時必甚久，（余嘗以此詢曾任胡宗南秘書之馬志鑠先生，承告由鴻門至霸上取小路馬程最快須一小時以上）而曰：「度我至軍中，公乃入。」項羽淺人耳，或可欺之，范增深人也，欲擊殺沛公，惟恐有失，能容其從容脫身，而不之知，其誰之信乎？或謂古人飲酒與今殊禮，多有更衣或如廁，竟去而主人不知者，然與鴻門之宴，究有不同，而鴻門之宴，殺氣騰騰，戒備森嚴，由「項莊拔劍舞，其意常在沛公也。噲曰：此迫矣，臣請入與之同命。噲即帶劍擁盾入軍門，交戟之衛士，欲止不內。樊噲側其盾，以撞衛士仆地。」及劉邦兩曰「爲之奈何」之情況觀之，可知其梗概。如此緊迫之場面，絕無從容脫身行數十里，而未之察覺之理。又或謂項羽使陳平召之，何嘗置於不問？即因羽之問，而彌覺劉邦「步走」數十里而不之知，未合事理。余於此，嘗疑陳平斯時即已暗通張良，而故縱劉邦矣。而項羽屬將之離心離德，亦於此可見端倪，得一范增而猶不能終用，縱有「力拔山氣蓋世」之神勇，欲霸有天下，其可得乎？悲夫！悲夫！

(二)既云「沛公入關，財物無所取。」又云「沛公謂項伯曰：『吾入關，秋毫不敢有所近，籍吏民，封府庫，而待將軍。』」復云：「樊噲謂項羽曰：『沛公入咸陽，毫毛不敢有所近，封閉宮室，還軍霸上。』」則「我持白璧一雙，欲獻項王；玉斗一雙，欲與亞父」之白璧、玉斗何所取乎？此正與寫羽叱樓煩，樓煩目不能視，手不能發；叱楊喜，楊喜人馬俱驚，避易數里，有同樣浮夸之嫌。然此即太史公之史筆，極富有文學浪漫之色采處，而使後人有「讀一部史記，如直接當時人，親睹其事，親聞其語，使人乍喜乍愕，乍懼乍泣，不能自止」（日人齊藤正謙語）之歎。

余爲世新夜間部學生講授史記鴻門宴時，嘗於講堂中得詩四首，當即書於黑板上，以示諸生，茲錄之於此，以爲本文之結束：「劉項爭雄廣武台，萬千白骨化殘灰；不堪成敗重回首，興漢三英盡楚材。」「亡秦神魄首陳王，隆準重瞳並世昌；帷幄運籌成一統，論功孰可匹張良。」「鴻門垓下異柔剛，楚漢興亡耐酌量；霸水千秋應有恨，夕陽終古照咸陽。」「一炬阿房化刼灰，榮枯瞬息久低徊；霸陵風急新豐雨，一樣江山兩樣哀。」

知止隨筆

一、登徒子非好色之徒

宋玉爲了諷勸楚王，寫了一篇登徒子好色賦，文中敘說登徒先生娶了一個很醜的妻子，他非常喜愛她，生了五個兒子，後世便因此說好色之徒爲登徒子。如照宋玉賦中所說，登徒先生不但不是世俗所謂的「好色之徒」，反而應該說他是個好丈夫，眞男子呢！

二、用語不當

方孝孺是明初大儒，他的文章、品格，被宋濂譽爲「喧啾百鳥中，有此孤鳳凰」。他的深慮論十篇，篇篇精警，但第一篇「良醫之子，多死於病；良巫之子，多死於鬼」數語就不合邏輯，正和歐陽修朋黨論中說：「漢獻帝聽了宦官之言，大興黨錮之禍，及黃巾賊起，接受陳蕃之言，始盡釋之，然已無救矣。」一段話一樣不合事實，因爲漢末黨錮之禍，是靈帝之事，到了漢獻傀儡皇帝，又能什麼作爲呢？這類用語，雖然不當，尚無關大局。但有些帶有政治性的事，如用語不當，問題就大了，如二十幾年前，某巨公作古，某大報以首條新聞處理，標題竟是「功勳彪炳，罄竹難書。」我當時人在宜蘭，不但爲該報第一版主編國學基礎太差而捏一把冷汗，也爲該報總編輯的丟官而躭心。

三、明亡於心理戰

兵法上說：「攻心爲上，攻城次之。」「不戰而勝人之兵。」「善用兵者無赫赫之功。」都是指心理戰，不論在戰略上或戰術上，都是最重要之一環。嘗讀前人筆記，深慨崇禎的亡國，不是亡於兵將的不善戰，而是亡於李自成的心理戰。據說崇禎皇帝以國事日非，心中憂悶不已。某日，微行出宮，走到一測字攤前，和測字先生談國運，測字先生請崇禎帝寫一字以測休咎，崇禎帝就寫了一個「酉」字給他測，測字先生一看到「酉」字，一直搖頭歎息，崇禎帝問他什麼緣故，測字先生說：「酉」字是「尊」字的中間，將是上無至尊，下無寸土了。崇禎帝說：「我寫錯了，應該是『有』字。」測字先生一看到「有」字，更加搖頭不已歎口氣說：「『有』字，正是『大』、『明』二字各一半了。因爲『大』字去一拖，『明』字去日旁，豈不是各去一半嗎？」崇禎帝又改口說前兩字都寫錯，實在想要寫「友」字給他測，測字先生大聲叫道：「『友』字，豈不是『反』字出頭了嗎？大明江山難保了。」不久，崇禎帝果眞自縊在煤山上，明朝隨之而亡。朋友，請你想一想，這測字先生不是李自成潛伏在北京城的心戰間諜嗎？前事不忘，後事之師，反共復國，心防爲上，武器次之。

訪美記遊(一)

一、萬里行

古人有句話：「讀萬卷書，行萬里路。」家中的藏書雖然不算太少，但苦於「心爲形役」，讀書的時間不多，又無顧亭林「一目十行，過目不忘」的天賦，要「讀萬卷書」，豈非奢望？還好現在交通發達，「行萬里路」已不是一件難事了。今年暑期蒙學校的允准，參加中華民國教授訪問團（Professors Goodwill mission of the Republic of China）訪問美國，全團有臺大、興大等大專院校教授卅六人訪問美國十一個大城，歸途又順道訪問日本，訪問時間三十天，行程萬餘里，上下飛機三十四次，參加學人、留學生座談會五次，使領館，亞東交流協會及日本自民黨座談會五次，猗歟盛哉，萬里行也。因工作繁忙，無暇執筆，謹就此行第一站，略爲記述，幸同行諸君子，不要以偷懶見責。

二、初抵舊金山

七月二十八日下午五時，我們乘中華航空公司七四七型班機由臺北機場起飛，途經日本東京休息一小時。因爲時差關係，飛機抵達舊金山機場，仍是二十八日下午，等於撿了一天時間。在飛機上，只覺得剛剛吃過晚飯又吃早飯，不久又吃中飯。早點、正餐、咖啡、汽水、洋酒吃個不停，怪不好受的。團員中有的吃鎮靜藥，想在機上十餘小時的飛行中睡個飽；有的神態疲憊，無可奈何地在打盹；有的卻仍然神采奕奕地邊說邊笑，邊看電影。

機艙外雖已天亮了，但窗板緊閉，不透亮光，因爲依臺灣時間，此刻已是深夜，大夥兒尚在打盹呢！等到飛機進入舊金山海外，服務員要大家繫起安全帶，準備下降，大家才猛然醒來，推起窗板向下眺望，但見海水如碧，金山如畫，心境豁然。

下午四時飛機著陸，大家正忙著提起行李準備下機時，舊金山總領事鍾湖濱先生，已走進機艙來看我們了。在國外看到自己國家的官員的親切招呼，內心倍感溫暖。五時許走出飛機場，第一眼看到的是女兒孟儀，由趙文華學長及其家人陪著在出口處接我，女兒從遙遠處即揮手喊著爸爸，我興奮得幾乎掉下眼淚。

在出口處和朋友們寒暄一陣後，孟儀隨著訪問團也登上專車直開 Holiday inn。分配了房間，安頓了行李，休息片刻，就開車到China town的中國館進晚餐，這兒的菜味並不比臺北遜色；食客盈廳，座無虛席，也和臺北一樣，「賓至如歸」一詞，用在這兒最恰當不過了。

這晚孟儀和我細說來美讀書的艱辛，以及留學生愛國行爲的可感，一直到深夜才回到她的房間去，她和輔大齊玉城教授同住一房，我和臺北工專程京震教授同室。程老和蔣團長都讚許孟儀，說她是個道地的讀書人子女，樸素、純潔而有禮，程老且說將來一定也是個好教師。其實，在美的留學生又那個不是樸素勤儉的呢！

三、拜會舊金山領事館

七月二十九日上午九時，全團教授拜會舊金山領事館，鍾湖濱總領事把外交、商務、留學生、僑情及對中共的鬥爭，報告得非常詳細，他的言辭懇摯沒有一點官場虛矯的習氣，分析事理也極爲明確而中肯，年齡也不高，很有活力，確實是個不可多得的外交鬥士。從鍾總領事的報告中，我們可以了解舊金山是個僑情複雜的地方，也是美國西部的大門，華僑最多，留學生也最多，中共在這裡作滲透統戰活動也最力，但在鍾湖濱先生及該館全體人員的領導下，獲得絕大多數的留學生、學人的合作，使中共統戰工作徹底失敗。加州最著名的大學，公立的如加州大學，私立的如史丹佛大學……，留學生的組織均由我們的愛國同學所領導，最爲動人的是，今年第六任總統蔣經國先生就任時，舊金山僑胞，留學生在勝利堂集會慶祝，親共分子出動全部人馬，拿著木棍，要表演他們一向慣用的流氓技倆，出人意料的，反被手無寸鐵，一向以文明被人讚許的自由愛國青年，打得他們集體投降。消息傳開，轟動全美，僑胞、留學生無不大爲感動。留學生「身在江湖，心存魏闕」的心念，當爲國內同胞所體認，古人說：「人心不死，事有可爲。」反共復國的事業，必然成功。

四、金門大橋

金門大橋聞名世界，跨越海灣，連接三藩市和奧克蘭區，它的長度只有四二〇〇英尺，還比不上澎湖跨海大橋。它之所以聞名世界，大概是建築時間較早與風景特殊吧！

我們一行乘遊覽車在大橋附近下車，只見從世界各國來此觀光的人很多，橋頭建有兩個紀念物；一個是橫躺著大橋巨大的鋼纜模型，鋼纜的直徑大約有七十五公分左右；一個是矗立著設計大橋建築師的銅像，路邊綠草如茵，花木清麗，倚在海邊護欄眺望，大橋橫跨海面，薄霧浮游橋墩上端，既像一道長虹，橫貫天外；又像一條游龍，吐氣雲端，眞是美妙極了。橋下海水粼粼，白帆點點，彷彿閃閃星光，疏布在蒼穹碧落之間，令人悠然神往。

五、金山公園與九曲路

金門公園是面積非常大的國家公園，樹木蒼翠，好風如水。我們只參觀了植物園中一部分，便已花了幾個小時，據說全公園十分之一的景色都還沒有看完呢！園中栽種各種不同的花朵，有桔紅色的、有乳白色的、有金黃色的、有大紅色的，更有淺紅色、淺黃色的……，有大朵如盤碗的，也有小朵如酒杯的，迎風搖曳，爭奇鬥艷，眞是美不勝收。溫室中特培植著各種異卉奇花，有栽的，也有掛著的，人從花下走過，恍惚似置身在花海之中，其中有種花叫做蛇花，花朵伸得長長的，可眞像蛇呢！玫瑰花的花朵開得好大好大，大得令人不禁喜愛地要上去擁抱它；菊花的花朵也是開得好大，是我以前所沒有見過的；其他不知名的花，它們也好像爲我們的光臨而怒放，而流芳呢。

與公園花木爭妍鬥艷的奇景相似的，就是市區中的九曲路，這條路坡度四十五度，長約二、三百公尺。兩旁樹木蒼鬱，路中以「S」型栽種各種鮮艷的花卉，花中有噴水裝置，水霧噴灑花叢之上，使花朵更顯得嬌艷欲滴，轎車只能從其中蛇行而下，我從街道的下端向上望去，有點像兒童在慢慢地溜滑板，煞是好看！

六、史丹佛大學和柏克萊大學

史丹佛和柏克萊都是美國有名的大學，尤以造就理工方面的人才而聞名世界，中國留學生在這兩個學校研究的，也都以理工的佔絕大多數。史丹佛大學校區和柏克萊一樣，都是非常的廣大，校園花木成蔭，綠草油油，清淨如洗。史丹佛校園內且有小型的公共汽車，可以免費搭乘到校內任何一站，學生多自備腳踏車，因爲校區實在太大啊！進入校園可看到美國學生都是留著鬍子，坐在草地椅子上，低著頭在看書，好用功喲！東亞圖書館裡藏書豐富，凡臺灣出版的書，裏面應有盡有，但大陸出版的書也不少。史丹佛有美國西部的「哈佛」之稱，我想除學術地位外，兩校校舍都沒有柏克萊的高大雄偉，也是原因之一吧。柏克萊不但校園樹木高大而茂盛，校舍建築也雄偉而壯觀，例如物理中心就是一棟頗有氣魄的建築，共有十幾層樓，牆壁厚厚的，有如一個巨人穩重地站立不動。又如，心理學大樓，建築大樓、電機大樓……等，每一系都有一棟大樓，連實驗室，研究室也都各有一棟好幾層的大樓，此外什麼體育館啦，活動中心啦，以及總圖書館啦，沒有一個建築不是規模宏偉，夠人瞧的。在這環境優美、設備完善的學校，自然可以陶冶出傑出的人才。以工程博士聞名全美的愛國青年吳建國，就是柏克萊出身的。

七、第一次留學生座談會

七月二十九日晚上七時，我們參加了舊金山地區學人、留學生座談會，也是來美第一次座談會，計有僑領、學人、留學生及領事館人員二百餘人參加。一堂濟濟，賓主交融。座談開始時，首先一位僑領起來發言，要求卡特總統把人權推動到無人權的中國大陸去，不要向無人權可言的中共暴政投降，而背棄自由正義。接著由吳建國發言，吳博士講話在提醒海外的人士了解：

1. 中共在海外宣傳，以「大陸八億人民，都能過溫飽的生活」，自鳴得意。大家知道，大陸有八億奴工，以八億無工資的奴工爲他們賣命，而僅得一溫飽而已，這還值得誇耀嗎？

2. 中共利用國家長年內憂外患，人民希望有個統一的中國心理，大力進行「回歸」、「認同」的統戰陰謀；統一的國家，固然是人人所希望，但我們所希望的是自由選舉，自由生活，眞正民主的國家，而不是如今日大陸中共殘酷無人權的國家。誰是自由民主的政府，誰就該向他「認同」、「回歸」，所以，我們以爲中共果眞愛國家，就應該向在臺灣的中華民國政府「認同」，「回歸」。否則，即使有個統一的中國，而人民卻在淸算鬥爭的恐怖統治下，苟延殘喘，難道是我們知識分子的良知所願意的事嗎？

3.大家要有「國家興亡，匹夫有責」的抱負，萬不可對政治冷漠，只抱著置產、娶妻、生孩子爲己足，殊不知國家不存在，自己又如何存在呢！猶太人的慘痛史實，當爲大家所熟知。

吳博士的講詞精闢透徹，博得全場的喝采。隨後有位留學生起立發言，他建議國內大學教育應有二點改革：第一是教授教學法，應由「灌注」改爲「啓發」，以促使學生由被動讀書改爲自動研究；第二是改革學制—一年兩學期制，有些學生因學習時間過長而心理休克，應改爲一年三學期制，以免浪費青年寶貴的研究時間。也獲得熱烈的掌聲。最後大家要求，關中博士講述中美關係，關博士簡潔的講詞，深刻的見解，使整個座談會在熱烈而歡欣的氣氛中結束。

訪美記遊㈡

一、異邦的人情味

一九七八年七月三十一日早上五點半，搭巴士送孟儀到機場，等她搭上七時十分的American Air班機去華盛頓時，我才離開機場，搭巴士回假期旅館（Holliday Inn）。當巴士一直朝我從旅館來機場的方向開去，我吃了一驚，以為搭錯了車，便向司機查詢，司機很有禮貌地給我說明，叫我放心坐車。坐了片刻，眼看車子一直向南開行，根本沒有折向北開，我又猶豫起來，因為九時要隨訪問團搭機去德克薩斯（Texas）的休斯頓（Houston），萬一時間給耽擱了，那豈不糟糕？我怕我的洋涇濱，洋人聽不懂，會錯意，便留意車上有無華人，車子又過了兩站，好不容易看到一位東方人上車，我走上前去，我以英語請問他是不是中國人？他說是中國廣東人。我意外高興地，改用國語請教，不料他竟不懂國語，滿口廣東話，比英語更不容易聽。看樣子他好像是說我坐錯了方向，應立即下車叫Taxi，往回頭方向走，否則，八時卅分前絕不可能回到旅館。可是，大清早，公路上根本沒看到計程車，看看車子又過了好幾站，我有些著急了，又向前去拿出我所住旅館的卡片，請問他坐這車子，是否可以在八時卅分前到達。司機依然面帶笑容，連連點頭說可以。這時有位坐在司機後面座位上的一位美國紳士，很親切地拉我坐在他的身邊空位上，叫我耐心安坐跟著他，我問他到假期旅館，還要多少時間？他告訴我大約十五分鐘。我只好半信半疑地坐著，果然尚不到十五分鐘，巴士便開回了原來的總站。那位紳士招呼我一同下車，轉個彎伸手指向假期旅館，告訴我到了。說完他即逕自走了，我連聲向他道謝。看看手錶才八時二十分。平時總聽人說，工商業發達的國家，他的人民是沒有人情味的？今天，我才相信人們的偏見很可笑的，也才深悟孔子所謂「道聽塗說德之棄也」的大道理。

二、休斯頓一日遊

晚來一陣風兼雨

七月三十一日舊金山時間上午九時，大夥兒搭遊覽車離開了旅館，十時左右到達飛機場，原本上午十一時四十五分開的A、A班機，延到中午一時才起飛，害得大家到一點半左右才吃中飯。由舊金山到休斯頓飛行時間只要兩小時，由於時差關係，到休斯頓機場已是下午五時了。休斯頓位在美國南端的海岸，氣候原本很熱，在飛機上，我以為今天可嚐嚐從寒帶到熱帶的兩種天氣變化的新鮮味。也躭心由於兩種氣候的變化而適應不了。因為舊金山氣溫只有攝氏十五度左右，相等於臺灣的冬天，而休斯頓氣候，此時正和臺灣的夏天一樣。沒想到下了飛機，竟然天氣涼爽宜人，一點也不悶熱，我很奇怪地問在機場迎接我們的總領事李善中先生，才知道是「晚來一陣風兼雨，洗盡炎光。」可惜多情的李易安不能復活，不然她又會「笑語檀郎，今夜紗櫥枕簟涼」了。

富有藝術的中國餐館

五時離開機場，搭乘旅行社安排的遊覽車到Rock Hilton旅館休息，這家旅館規模很大，我住在第十六樓，迴廊曲折，一不小心，就會找不到自己住的房間。七時在中國酒家吃晚飯，這家餐館布置得很有藝術，壁上掛著許許多多的木雕，各代表著德州文化特有意義的人物。孟儀曾經寄給我一份一八三六年德州獨立宣言，以及一八四五年德州議會通過加入美利堅聯邦的文稿，可惜時間匆促，在那餐館吃飯時，來不及詳細問那木雕人名，否則就可印證一下，如果那些人就是二件文稿上簽名的英雄，那不是更令人神往！

一件稱快的事

這天晚上，森棨兄的大女兒鄭昭小姐，偕著她的夫婿來到旅館看我，談起休斯頓僑情，她告訴我一件動人的事。她說不久前，有個親中共份子，來休斯頓開了一個規模不小的中國餐館，第二天一個美國退伍軍人來吃飯，看到廳中掛有一幅毛澤東像，悶聲不響地吃完了飯，走出餐館，在玻璃窗外對準毛像開了一槍，然後又向餐館老板射了一彈，毛像被毀，老板肩上受傷，送進醫院，偌大的一個餐館，一日之間，便清潔溜溜。此事傳開，當地僑胞無不拍手稱快。由此可見美國民間對中共政權的怨恨，其程度是何等的深了。

參觀太空中心

八月一日上午，由休斯頓領事館領事陳國璜、副領事沈承振二位年輕外交官，引導我們到太空中心，接洽參觀事宜，中心大廈廣場上放置著巨大的太空火箭，共有三節，長約一百公呎。這時陽光明麗，海風清暢，我們紛紛在這火箭邊拍影留念，約莫半小時光景，在太空中心服務的唐博士，便出來領導我們進入中心，開始有次序的到各處參觀，從太空火箭的構想到火箭的發明，進而到火箭以及太空船，太空降落傘等的改進，經唐博士逐一詳細的說明，使我們對科技的進步，感到莫大的驚奇，特別當我們知道火箭的構想，乃原自我國封神榜中的青龍火箭時，心中感到無比的快慰。但也使我們感到遺憾的，我炎黃後代子孫不肖，不能光大先人的成就，把這偉大的發明，拱手讓給外國人去發展，去利用，去炫耀！

唐博士是個愛國的留美學人，他在太空中心服務已三十餘年，負責中心各種材料的採購與管理，所以，他對太空中心各部門工作，瞭如指掌。在他有關太空研究的談話中，我直覺得美國國會中，有些議員對共產主義的本質，毫無所知，甚至有爲共產黨說話的，這是美國一大擔憂，也是自由世界一大隱憂。

各部門參觀完畢後，大家到指揮中心聽取簡報，主持簡報的一位黑人，他向我們說明有關太空指揮中心，與甘乃廸角太空發射台，如何聯繫，如何指揮太空人升空，如何指揮太空人回地球等各種電腦的操作，中心裏有數百台電腦，彼此互相關連，只要太空艙裏有任何一小點不正常，所有電腦立即連鎖反應，馬上就可以查出是那部分發生故障，而作緊急處理，眞是牽一髮而動全身，使得我們瞭解電子科技精密的程度，簡直到不可想像的境界，可惜我英文聽力太差，否則，必然更感驚奇、更感興趣。

戰爭公園的紀念碑

休斯頓的戰爭公園，是紀念德州人民在Sangacinto領導下，打敗墨西哥的腐敗政治，獲得自由而設立的。公園面積廣大，有個象徵德州自由的美麗建築物，高達五百七十英尺就是森扎辛托紀念碑，碑的底下二層爲博物館，陳列著戰爭時的各種勝利品、戰爭英雄及事蹟，碑頂上裝有一個德州五星的天線，高有三十五英尺，重有二二〇噸，據說是後來加裝的，目的是不讓建在華盛頓特區的林肯紀念碑更高，以顯示德州人的豪富與氣派。瞻仰了這個雄偉美麗的建築物，一八三五年德州人爲爭生存、爲爭自由而發出「Freemen of Texas To Arms！To Arms！Now's the day, and Now's the hour.」的莊嚴雄壯呼聲，彷彿就在耳際響起，也因此不禁聯想到藏胞抗暴的可歌可泣的場面，令人神往，令人深思！

賴斯大學一瞥

休斯頓著名的私立賴斯（Rice）大學，校園很大，樹木蒼翠，綠草如茵，因爲是假期，行程又匆促，沒有時間進入參觀他們的圖書館，及各種教學設施，深覺遺憾。據陳國璜領事說，該大學電機電子等工程科系，是全美有名的，獎學金也很容易申請，因爲它擁有德州大企業家龐大的財力支持，學校以米（Rice）爲名，就可想而知。

休斯頓一日遊

休斯頓是個新興的都市，街道寬大而清潔，建築新穎而美觀，視野廣濶，予人以舒坦清新的感覺。不像舊金山房屋櫛比，新舊建築夾雜，頗有不調和的味道。下午七時二十分，在暮色蒼茫中，我們乘A、A班機飛往田納西首府納斯維爾（Nashville），結束了令人懷念的一日遊。

三、納斯維爾之夜

八月一日晚九時飛機抵達納斯維爾上空，雖然這只是一座山城，但從機窗往下看，仍然是萬盞燈光，閃閃爍爍，一道道星流在迴轉不停，原來那就是在馬路上飛馳的車群呢！這晚我們在離機場的不遠的希爾頓旅館休息。這家旅館是屬於Motel型的設備，門前廣場上，停著好多好多的小汽車。我第一步踏上旅館的走廊時，即遇到幾位美國人，當他們知道我來自臺灣的教授，都非常友善而尊敬地和我們寒暄，其中有位名叫W.O. Roberts，他還自動地給我寫下住址：39 Evergreen Ale. Aneville N.C. 28806，他說如到北卡羅萊州訪問，他將接待我們，美國民間對我們的友情，隨處可見。

十時許，安頓了行李，洗過了澡，在陽台上眺望夜景，但見遠山寂寂，橫臥天外，在迷濛的夜幕中，有如睡夢沈酣的少女，更顯其含蓄美。機場上各線班機，彼起此落，點點星光，出沒在夜空之中，有如螢火蟲流竄在草叢之間，美麗極了。耳際間車聲隱隱，依稀是萬隻蜂群，嗡嗡作響，歸震川項脊軒記中「冥然兀坐，萬籟有聲」的情景，好像在為納斯威爾之夜而寫。

四、華盛頓途中一件感人的事

八月二日，一大早起床，走到廣場上，迎向美麗的晨曦，又是一天的開始。

九時五十分搭機離開納斯維爾，飛往美國首都華盛頓，時而藍天時而白雲，時而山巒迴旋，時而村莊棋布，如夢如幻，如畫如詩，正依窗沈思進入忘我之際，必然機長室內播出歡迎我們的聲音說：「臺灣是中華民國的自由樂土，是美國最敬愛的盟邦，我們竭誠歡迎來自臺灣的教授朋友們訪問我們的國家，A、A飛機能以載中華民國的教授尤感光榮。」我們全體團員報以熱烈的掌聲，在機上其他國家乘客也跟著我們一起拍掌，眞是個感人的場面。

十時四十分左右，飛機抵達華盛頓機場，大使館的周參事、程參事、趙專員、馬秘書以及剛在美訪問的教育部體育司司長都到機場迎接。我們看到了這麼多的優秀外交鬥士，同時又能和純潔善良的女兒孟儀相見，心中歡喜，自不在話下。

宋賢鄭俠傳

西塘先生諱俠，字介夫，晚號大慶居士，又號一拂居士，生於宋仁宗慶曆元年（西元一〇四一年），卒於徽宗宣和元年（西元一一一九年），年七十九。其先河南光州固始人，唐末四世祖佸隨王氏入閩，居福州之永福，曾祖御徙福清令，遂爲福清人。祖謚以父翬故，贈奉議郎。父翬，仁宗嘉祐四年（西元一〇五九年）同五經出身，有德望，爲學者師法，官至通直郎致仕。英宗治平二年（西元一〇六五年），翬監江寧酒稅，俠隨任，讀書清涼寺。時荊公以中書舍人居憂，聞而奇之，邀與相見，獎勸有加。有楊驥者學於荊公，公使依俠學。一夕，大雪。俠讀書過夜半，寒甚，呼驥起飲，酒酣，登樓觀雪，氣宇浩然，賦詩曰：「濃雪暴寒景，寒齋豈怕哉？漏隨詩卷盡，春逐酒瓶開。一酌招孔孟，再斟留賜回。醺酣入詩句，同上玉樓臺。」他日驥謁荊公，誦此詩，公爲歎賞，屢誦其頸聯，相見益厚。治平四年（西元一〇六七年）擢甲科，調光州司法參軍，熙寧元年（西元一〇六八年）十二月到官。翌年，荊公秉大政，言無不行。光州有疑獄四、五事不決。所司議法殊不通人情，俠自勅令式律散行條法，反覆推究，得其情，具案以聞，荊公悉如其議。俠益感知己，願盡忠告。且以爲聖賢相逢，三代之治可期。

熙寧五年（西元一〇七二年），俠光州司法參軍秩滿入都。途中以新法詢諸父老，無一人言其便者。時初行試法之令，選人中式者超京官。荊公欲以是進俠，以未習法辭。三往見之，因問所聞，以入京途中所見，據實以對曰：「青苗、免役、保甲、市易數事，與邊鄙用兵，在俠心不能無區區也。」荊公不答，左右遽令退，遂不復見。然仍具實封門下，反覆言新法之爲民害者，皆不報。

一日，鄉人張邁忽過俠，讓之曰：「介夫何太矯？」問之。曰：「丞相令介夫試法不就，何也？」俠曰：「朝廷立此科，以待練習文法之士，俠素不練習，今丞相使試行，此以不能爲能，誤丞相知，苟進取，俠雖餓乞，不敢爲也。」久之，得監京師安上門，往辭荊公，荊公慍曰：「卻受監門去。」會荊公春社還，過安上門，俠如故事迎揖道左。荊公惻然，親慰勞之。翌日，使其子雱來語俠就試法，俠答如答邁言，事遂寢。

修經局立，荊公又欲辟爲簡討。再命其客黎東美諭意，俠曰：「簡討以備闕遺，俠讀書無幾，以備簡討，責猶試法也。」因以書愧謝荊公。已而黎東美又來言：「丞相致意，凡入仕且要改得一京官，然後可別圖差遣，何得介僻如此？」俠曰：「自光州來京，本欲執經丞相門下耳，初不知官有美惡，不意丞相一旦當路，發言無非以官爵爲先，所以待士而來者，如此而已；果欲援俠而成就之，區區所獻有利民物之事，行其一二，使俠進而無愧，不亦善乎！」時免役法出，民商咸以爲苦。雖負水捨髮，擔粥提茶之屬，非納錢者不得販鬻；稅稅索市利錢，其末或重於本，商人至以死爭，如是者不一。數日，黎東美復來，問所欲言，俠乃具言市利、稅錢及青苗、免役等弊，書因東美上之。未幾詔下，小夫稗販免征，商之重者十損其七，而其大者皆無所行。

熙寧六年（西元一〇七三年）七月至七年三月不雨。兩河關輔大饑，人無生意。流民或趁熟東南，或茹木實草根。風沙霾曀，扶携塞道，羸瘠愁苦，身無完衣。朝廷遣使賑卹，率隱實數，十不奏一。饑民皆取糠粞合米爲糜，逋負青苗、免役益衆，官司督迫益急，至有斬桑棗，賣屋廬以償官，身被縲絏，揭木負瓦，纍然於道。安上門日有外來就食之民，俠親見之。知荊公不可諫，悉繪所見爲圖，奏疏詣閤門不納。乃假稱密急發馬遞，上之銀臺司。略云：「去年不蝗，秋冬亢旱，麥苗焦枯，五種不入，群情懼死；方春斬伐，竭澤而漁，草木魚鼈，亦莫生遂；災患之來，莫之或禦。願陛下開倉廩，賑困乏，取有司掊克不道之政，一切罷去；冀下召和氣，上應天心，延萬姓垂死之命。今臺諫充位，左右輔弼又皆貪猥近利，使夫抱道懷識之士，皆不欲與之言。陛下以爵祿名器，駕馭天下忠賢，而使人如此，甚非宗廟社稷之福也。竊聞南征北伐者，皆以其勝捷之勢，山川之形，爲圖來獻。料無一人以天下之民，質妻鬻子，斬桑壞屋，流離逃散之狀上聞者。臣謹以逐日所見，繪爲一圖，但經眼目，已可涕泣，而況有甚於此者乎？如陛下行臣之言，十日不雨，即乞斬臣宣德門外，以正欺君之罪。」

疏入，神宗反覆觀圖，長吁數四，袖以入，竟夕不寐。翌日，命翰林承旨韓維，知開封府孫允，體量免行錢，除每歲所須外並放；又命三司使曾布體量市易，司農寺發常米倉，放商務稅及諸門稅錢三十文以下，市利錢二十文以下；令殿前馬步軍司及熙河路，開具軍興以來兵籍之增減；令三司具治平以前，熙寧以後，歲出入之實數；河東、河州、陝西諸路，具民物所以流離之因；又青苗、免役並權罷追索，方田、保甲並罷，如此之類十有八事。民間讙呼相賀，四月一日，復下詔責躬，許內外臣僚實封言事。越三日大雨，遠近霑洽，輔臣入賀。自俠上疏纔及浹辰耳。神宗以俠所進圖狀，宣示宰執，且責曰：「卿等每這法度修明，禮樂興行，民物康阜，雖唐虞三代無以過，今外事如此。」群臣謝罪，荊公即上章求去。外間始知所行之由，群小切齒，請以俠付御史臺，治其擅發馬遞罪。遂下旨開封府推勘，是時臣庶欲應詔言事者甚衆，聞之盡沮。已而，熙河小捷，呂惠卿、鄧綰乘之，相與環泣於神宗曰：「陛下網羅英俊，數年以來，忘食廢寢，僅成此數事，天下方被其賜，一旦用狂夫言，罷廢殆盡，豈不惜哉？」於是新法一切如故。

荊公辭相位，而荐呂惠卿執政。俠又上疏曰：「安石本爲惠卿所誤，既已覺知，仍復遂非，以相攀援，豈念宗廟社稷之重。且惠卿能終無背安石耶？」不報。復爲市易事，與呂嘉問力辯，乞不用嘉問，時西師屢動，俠反覆言，邊兵不已，爲大不祥。適熙河獻捷，殺戮甚衆；神宗覽奏，爲之惻然，手詔諭王韶等，但招安毋多殺戮。群小患俠入文字不已，遂取開封所勘擅發馬遞事，下刑部，罰銅十斤，取旨勒停。俠復取唐魏徵、姚崇、宋璟、李林甫、盧杞傳爲兩軸，題曰：「正直君子邪曲小人事業圖」。跡在位之臣，暗合林甫輩，而反於崇、璟者，各以其類爲書獻之，並言禁中有被甲登殿等事，惠卿奏爲訕謗，追毀出身以來文字，編管汀州。

初，御史臺吏楊忠信謁之曰：「御史緘默不言，而君上書不已，是言責在監門，而臺中無人也。」探懷中先朝名臣及韓、范、司馬光諸人言新法奏疏二帙，授俠曰：「以此爲正人助。」至是，惠卿暴其事，以爲禁中之事，皆韓絳、馮京所使言者，嗾使御史張琥並劾韓絳、馮京爲党與。以馮京狀請質證，俠行至太康，折還對獄。獄成，惠卿議置大辟。神宗曰：「俠所見非爲身也，忠誠可念，豈宜深罪，但移英州編管。」俠冒嚴寒，携妻及幼女以行，得僧屋將壓者居之。後卜居於州之大慶山，築室三間，爲軒三：中望闕曰：「北望」；東思親曰：「東望」；西追想古之賢人曰：「思古」。爲堂二：內曰：「惠淑」；外曰：「孚尹」。又作宴息之亭曰：「尚友」。而其園則總名曰：「來喜」。蒔蔬果花草，自與賢士大夫游，以五經教授生徒，嶺南諸州爭遣子弟從學，自後登第者多出俠門下。俠所居之山，前俯朱塘，往年洪水迭爲患，俠至遂止。俠歸福清，父老遮道泣告曰：「自先生居此累年無水患，實先生盛德之賜，今歸吾其魚矣。」俠遂舍所居爲應龍祠。

初，俠在英十年，陳襄言於朝：「俠敢言，乞矜憐使生還。」事未行。元祐初，哲宗登位，得蘇軾、孫覺等言，放還與赴選，除泉州學教授。元祐七年（西元一〇九二年）學生舉留，被旨再任。元祐八年丁父憂，服除，授泉州錄事參軍。元符元年（西元一〇九八年）十一月，再竄英州。徽宗靖國初（西元一一〇一年），放還與赴選，復除杭州錄事參軍，充泉州學教授。崇寧元年（西元一一〇二年），差監潭州衡山廟，未被勅間，復准勑再追毀前命勒停。崇寧五年（西元一一〇六年）八月，降告復將仕郎，許敘用，而俠不復出矣。

俠第[木+畐]，繼俠登進士第，先俠亡。俠撫其孤，均如己子，爲之畢婚嫁，手足情義如此。俠兩娶林氏，男穎蚤卒，女長適吳敦義，次適林光朝，皆舉進士；孫嘉正，能以儀禮世其家，爲紹興府山陰尉。

俠少年即以器識不凡聞。荊公激賞，欲不次拔，終不肯詭隨，持論彌堅，其篤道有守如此；以小官極口論大利害，兩竄窮裔，九死而不悔，其志節堅毅如此；晚歲南歸，徜徉里閈，意趣超然，至於病急易簀，了無遺恨，尚能哦詩，有「身如鳥過在雲邊」之句，其於死生之際，豁達又如此。蓋俠一生固本儒家不可爲而爲之精神，竭其忠藎，蚤置個人之死生於度外矣。史云：「俠以區區小官，雖未信而諫，以片言悟主，殃民之法，幾於一舉而空之，功雖不成，而此心亦足以白天下後世也。」誠哉斯言！

馬母向太夫人八十壽序

夫有功惟勤，故丸熊膽而柳子成器；折荻莖而歐母揚芬。有德惟儉，故魚噉四時，而東海化俗；榼惟一味，而江右敦風。有後惟仁，故濟困施貧，而堯夫稱孝；卒貰竭帛，而子敬成名。有節惟義，故楚貞女望夫，遂石留萬古；秦巴婦守穴，乃臺立千秋。坤道而兼賅此四德者，察之今世，惟吾友衡山馬氏鶴凌延齡昆玉之壽母向太夫人有焉。

太夫人衡山淑女，巾幗良媛。治事能勤，持家有道，入夜不忘門戶，居閒不解衿褵。舍借餘光，庭分雪色；辟纑分繭，振躡承筐；黽勉經營，備嘗荼蘗。田疇益廣，家道日隆；宵小遂爾潛消，婦功何其璀璨。蓋知明作有功，業廣惟勤也，其可紀者一也。

太夫人樸醇德慧，儉素家風。雖不闕米鹽，仍親操井臼；雖常盈金玉，仍不饌肥鮮。或止三杯而不踰，嘗欣二韮之並設。從無侈泰，長懷王旦之清聲；自撤環瑤，何須裴坦之令法。蓋知儉者德之共福之源也，其可紀者二也。

太夫人遇下有恩，待人以恕，慈仁廣被，戚黨咸謳。傭婦既戴其寬弘，農夫尤懷其德澤。聯殘互保，卒免赤祲之肆災；守業艱迍，終得鄉賢之仗義。逃生虎口，樂命臺員，繁茂子枝，並成樑棟；青蔥孫竹，盡是英髦。蓋仁者必有後，歐陽公已言之矣，其可紀者三也。

黃鳳池先生九秩壽序

夫惟地靈有對，天爵乃存，世德清華，陸機有賦；家風忠厚，潘岳著詩。稱傑友於枌榆，譽老成於黨國。詎徒三壽作朋，斯誠七鯤盛事，掞張艾耋，踵振眉黎，柔兆紀年，桂秋旅月，爲吾友鳳池先生九秩攬揆之辰。昨宵秋色平分，清光萬里；今旦華筵晉祝，玉液千尊。蓬嶠新知，神州舊雨，同歌幽而稱兕，並介壽以徵文。啓期三樂之言，斯誠可紀；香山九老之蹟，信足爲圖。甘棠瑞市，代育英賢；靖治清城，風遺周召。流碧一水，緬惟周鑑之風；飛翠三峯，長懷了翁之雅。勖孫耕而子種，胥俊選與耆儒。論議坫壇，魚化邊城之野；履恭桑梓，鵲巢大理之庭。奚啻滿扇好風，更思一車甘雨。後値兵鋒糾結，家國迍邅，遺大投艱，奮雲雷之際會，持危赴難，喜朋黨之輪困。迨夫故國淪胥，去邠似市，遠謀光復，隨旆如歸。絅道修躬，揣情於望影；建言立極，觀化夫窮神。志烈秋霜，心貞崑玉。著禹鈞之庭訓，教有義方；仰仲郢之風襟，家宏矩範。推梨讓棗，無改髫髮之眞；共被連床，不忘鶺鴒之誼。竹叢密密，玄宗善喻垂箴；杞梓森森，張相嘉言立教。沈酣文史，寖饋圖書，學擬綜貫古今，識欲淹博歐亞。上庠振鐸，賢君樂育乎菁莪；晚歲含飴，文孫熙隆於奕葉。欣見孫枝之秀翠，樂觀子桂之清芬。朱鳳呈祥，赤麟獻瑞。九如載賡夫天保，三多擬祝於華封。傾忱陳里巷之辭，拜禮上期頤之頌，謹序。

中華民國七十一年　桂月吉日

閩北同鄉會祭監察委員高登艇少航先生文

於戲少公！鄉閭祭酒，邦國耆賢。布政八閩，蚤誦价人於周雅；稽猷四岳，已彰大德於虞書。奕奕虔共，民深召杜之詠；優優善理，人切瞻亮之思。柏署風霜，躋崇班於蒼珮；松廳雄峻，傳世業於青箱。不作重輕，赫赫乎鷹揚而虎視；務持曲直，凜凜乎豹直而鬼參。英氣抗於法星，雄風振於秋典。孫枝繁茂，子竹青蔥。和嶠固棟樑之材，行成實廊廟之器。郭汾陽之盛望，文潞國之高年。天保歌詩，王極衍範，德業並懋，福壽全歸。光耀升恆，名垂竹帛。敬陳奠饋，申酌長懷。魂其尚享。

中華民國出版協會祭王雲五先生文

於戲先生，曠世之奇人也。治學由博而反約，無業而不精，綜貫百家，歸趨一本，仰接仲尼之一貫，俯瞰惠施之多方，此一奇也。講學上庠，作育多士，遠紹洙泗之高風，獨著河汾之雅望，此二奇也。繙經繹史，陵轢唐宋之劉朱；著論立言，踵武漢秦之董呂；文光日月，思湧江河；筆挾風霜，識精金玉，此三奇也。四庫全書之重印，寰宇震驚，東方雜誌之發行，文壇燦爛，摘謬盡乎障扇胡餅，刊疑竭於蒙衫褐絮，書城雲擁，文海瀾翻；立學術界之鰲頭，執出版業之牛耳，此四奇也。鴻飛鶴舞，跡媲鍾繇，虎踞龍拏，神同韋誕，一波三折，鐵畫與銀鈎；尺幅五雲，金生而玉潤；至若刷新遼西之麟角，研易趙國之秋毫，實苦心而孤詣，更野頌而朝歌，此五奇也。財經兩部，已展度支之經綸，棘院重闈，益仰藻衡之識度；裕民富國，拔俊登賢，此六奇也。嘯咏茶經，陸羽欣添知己；流連海德，杜康喜遇高賢；此七奇也。七奇並具，六藝兼精，遺愛不諼，多彼士林俊乂，仁儀永念，皆我文化同人，清酌陳辭，馨香拜奠，尚享。

代某院長祭嚴君文撰

維中華民國八十年四月三十日，不孝男思危，不孝女嘉玲、露茜，謹以鮮花素果，泣祭於嚴君之靈，曰：惟公意氣風發乎辭筆，直指忠姦；肝膽輪囷於序庠，永芬桃李。精神剛毅，集智仁勇於一身；風骨嶙峋，燦日月星之三光。庭訓穆嚴，分兼師友；薇音溫肅，席講虞唐。衹以星散四方，溫凊難周於一日：業成各處，敬愛未盡乎寸心。望遠雲之依依；慟近綵之缺缺。椎膺泣血，重見無期；叩地號天，百身莫贖。安靈吉穴，但願長聞乎絃歌；常跪佳城，唯告永弘於遺志。嗚呼哀哉，尚饗。

薛頌留先生九秩壽序

夫智者道之華，心之符。故計然倅子貢，億則屢中；范蠡師計然，三致千金。仁者勇之決，義之行。故弦高犒秦師以救鄭國；希文濟全族　爲置義田。闤闠聞人，賅斯二德者，察之今世，其南通薛頌留先生有焉。

先生南通望族，貨殖耆賢，源遠流長，自夏、殷以建氏；榮昭顯穆，胥奕葉而冠纓。迨民國新成，始從商而棄政；門功另啓，乃裕國以富民。方始卒業上庠，即創德豐顏料號於桑梓，又設德豐袓顏料號於春申。小試牛刀，衆瞻馬首。三十八年神州失色，奉親携眷，避地台員。未久，復展其猗頓之才，白圭之智，工商企業，次第興隆。先後任大中國圖書公司、美亞鋼管公司、美生鋼鐵公司、臺灣鋼鐵貿易公司、新華企業公司諸公司董事長，並任國華化學工業、國華海洋漁業、中華化學纖維諸公司常董。叔世士風頹墮，好逸而惡勞。故圖近利紳商，多從服務之業。獨先生猶醉心製造之功，求厚植國力之利。其「人棄我取，人取我與」之大智宏觀、孤懷遠識，允爲工商之桀範，邦國之奇才也。

先生工商有成，決然展其富而好仁之襟懷，先後義捐鉅款，創立薛氏文教基金會、薛姓宗親會、安康長青文教基金會，鼓吹文教事業，敦厚日用彝倫，倡導健康休閒，匡正社會風氣。施仁之厚，濟衆之弘，洵屬「安仁」之仁，奚啻「利仁」之智。史遷記白圭之言曰：「吾治生產，猶伊尹呂尚之謀，孫吳用兵，商鞅行法是也。是其智不足與權變，勇不足以決斷，仁不能以取予，彊不能有所守，雖欲學吾術，終不告之矣。」其　先生之謂與？

先生自初度八秩嵩慶之後，樂見子枝繁茂，孫竹青蔥，鳳毛濟美，跨竈增輝。即韜晦深藏，安閒息養。不再聞問貨殖，但求恬適情懷。足履寰球，暢賞名山勝水；神遊藝殿，喜看雲布鱗飛。玉石琳瑯，深見典藏之邱壑；譜書粲備，尤具淑世之春秋。斯固智者之高瞻，實亦仁者之至性。今歲年登九秩，猶綠鬢而朱顏；他年壽晉期頤，當神閒而氣定。是以皇極衍慶，同陳五福之疇；天保歌詩，共晉九如之頌。謹序。

中華民國八十四年歲次乙亥仲秋下澣　穀旦

〇〇〇　〇〇〇

〇〇〇　〇〇〇　同拜祝

八閩陳雄勳　撰

代上官董事長撰祭黃啓瑞校長文

惟中華民國六十五年七月〇日私立中國市政專科學校董事長上官業佑、校長李瑞衡率全校教職員暨學生代表謹以清酌庶羞之奠致祭於故黃校長啓瑞先生之靈：嗚呼哀哉！先生溫儒淑德，實多士之準繩；純慮忠勤，固時賢之典則。翊贊中央黨務，卓識同欽；經綸首善之區，長才足佩。敬軍振旅，勳勞久著於家邦；播電揚風，志業正弘乎教化。學宗百氏，道耀千秋。杏壇並仰其博聞，學子永懷乎卓範。珠璣謦欬，襟度汪洋，方謂大德徵年，期頤可享；何圖噩音驟至，楚些動哀！嗚呼！往事塞胸，嘉言縈耳，山陽聞笛，奚啻向秀興悲！西州望門，豈獨羊曇下淚？摛詞志慟，酹酒陳哀，魂其有靈，鑒此微悃。尙饗。

代撰中國工商專科學校建築科科刊序

中國自立國以來，不特人文郁盛，而科學成就，亦彰彰昭著。如火藥、羅盤、指南針之發明，固無論矣。就建築工程而言，如遠在西元一千餘年前，紂王興建之鹿臺，據劉向新序所云，即達「大三里，高千尺」，已見其科技水準之高，足以誇耀古今矣。秦始皇所築之萬里長城，工程浩大，更是馳名寰宇。至於宮殿之建築，園囿之設計，巧奪天工，歎爲觀止者，亦無代無之，如三輔黃圖云：「秦始皇作阿房宮、東西五百步，南北五十丈，上可坐萬人，下可建五丈旗。周馳爲閣道，自殿下直抵南山，長三百餘里。」七修類稿云：「宋時巨室治園作假山，多用雄黃燄硝和土築之，蓋雄黃能辟蛇虺，燄硝能生煙霧，每陰雨之候，雲氣浮鬱，不啻眞山矣。」第自近百年來，因清廷閉關自大，視西洋科學爲奇技淫巧，致歐美科技日新月異，而中國則反瞠乎其後矣。國父　孫中山先生之所以著三民主義，先總統　蔣公之所以著中國之命運，均大力倡導恢復中國固有之智能者，實圖民族文化之復興也。業佑於民國五十四年考察歐美諸邦教育歸來，創辦本校，自始即設有公共工程一科，其目的即在培育土木建築之英才，提昇建築技術之水準，以復興民族文化。該科自設立以來，建築設計展先後舉辦多次，均獲各界好評，師生心血，盡萃於斯。對建築新知之創獲，貢獻良多，業佑衷心佩慰。茲以第三期科刊配合該科第十四屆建築環境設計展，同時出刊，丐序於予，爲誌數言，以相勉旃。

《論語》探旨序言

一、前　言

筆者從事國文教學二十餘年，感觸最深的是，當前學校學生，從小學而初中而高中而大專，經十餘年的國文教學，書是讀得不少，心得卻是不多；每次大專國文教學研討會上，總有一些教授慨歎大學生國學素養太差，課堂上每每一問三不知，使人有啼笑皆非之感，因而指責中學階段沒有把國文教好。在我看來，說這些話的教授先生，乃是隔鞋搔癢，根本沒有搔個正著，其實，今天大學生國文水準的低落，是種因於大學聯考國文命題方式的不合理。目前聯考國文試題，字詞測驗、成語、虛字以及國學常識等測驗佔百分之七十，而測驗的題目，多是死記，而範圍又不出於課本，學生只須在聯考前兩個月，到坊間買本所謂「國文突破」一類斷章取義，破碎支離的參考書，開個把月夜車，便可考個四、五十分，考過之後，瞬間就忘得一乾二淨了，想要他們「以悟其身，講明義理」；「中心藏之，何日忘之」，那豈不是痴人說夢話？

亡羊補牢，尚未爲晚，爲今之計，首須改變大學聯考國文命題方式，務使學生看了一本書，讀了一篇文章，徹底明白全書或全文的旨意，而後始可收到潛移默化，改變氣質之功。孔子所以成爲聖人，不是他「生而知之」，而是「好古敏而求之者也。」而且他所謂「好古敏求」，也不是如今日學生死背死記的讀書方法，而是「一以貫之」。所以，我以爲國文教學，最重要的是使學者明白全書或全文的旨意；從而產生思想上的追踪慾與行爲上的效法慾。孟子所以能培養浩然之氣，即在於「知言」。歷年教學，總是依此信念，與學生在課堂上共同研討，互相啓發而興趣無窮，本書論語探旨，就是筆者平日教學的筆記累積而成的。

二、如何探討論語的正旨

清儒章實齋說：「爲之難乎哉？知之難乎哉？夫人之所以謂知者，非知其姓與名也，亦非知其聲容之與笑貌也。讀其書，知其言，知其所以爲言而已矣。」所以，讀一部書，或一篇文章，最重要的是，要瞭解書或文章的眞義所在，否則，人云亦云，有如「矮人看戲何曾見，都是隨人說短長」了，那樣讀書，於人生又有何益處呢？但眞正要探討出一部書或一篇文章的涵義，並不是一件容易的事。正如章實齋所說：「知其言者，千不得百焉，知其所以爲言者，百不得一焉。然而天下皆曰我知言，我知所以爲言矣，此知之難也。」「讀其書，知其言」，固然是件難事。欲知論語，尤其困難。爲什麼呢？因爲自孔子死後，才到戰國末期，便有八家不同的說法了。韓非子說：「孔子之死，有子張之儒，有子思之儒，有顏氏之儒，有孟氏之儒，有漆雕氏之儒，有仲良氏之儒，有孫氏之儒，有樂正氏之儒。」到了西漢，又有齊論、魯論的差異，今文、古文的不同，東漢初年，已分歧到十四家，各承家法，珠玉紛陳，所以，漢書藝文志諸子略說：「惑者既失精微，而辟者又隨時抑揚，違離道本，苟以譁衆取寵。後進循之是以五經乖析。」到了趙宋朱明理學興起，論語又披上理學的外衣，清人入主中原，考據之學驟盛，論語再加上史學的服裝，論語的本來面目，早已弄得全非了。所以，我們要探討論語各章的眞正旨意，唯有脫去這些外層的外衣。也就是說，我們必須和作者具有同樣的立場，同樣的思想，才能做到「讀其書，知其言，知其所以爲言」的境界。讀老子必須站在老子同樣的立場，才能體會出它的思想；讀莊子、讀易、讀論語，都是一樣。反之，如果站在孔子的立場，以孔子的思想，去讀老子、莊子，你會以爲老莊思想太消極，簡直是「謬悠之說，荒唐之言。」同樣，以老莊的思想，去讀論語，你會以爲孔子不知「蚤湛人僞而晚聞道」，「不知何謂眞」了。章實齋說：「人知易爲卜筮之書矣，夫子讀之，而知作者有憂患，是聖人之知聖人也。人知離騷爲辭賦之祖矣，司馬遷讀之，而知悲其志，是賢人之知賢人也。夫人不具司馬遷之志，而欲知屈原之志，不具夫子之憂，而欲知文王之憂，則幾乎罔矣。」孔子爲我國最偉大的教育家，我們以教育家的立場和思想，去讀論語，本「以經解經」的原則，拋開漢宋的門戶，去領悟論語的旨意，就可套上程子的一句話：「則庶乎其不差矣」。

三、論語的學術價值

論語是中華文化的基礎，也是東方文化的代表，它在東方人的心目中，正像西方人的聖經一樣，是家喻戶曉，人人必讀的書。它影響的深遠，是無可比擬的；它的學術價值，是無可估計的。不但中國人、日本人、韓國人、越南人，人人都以能說上幾句論語爲榮，就是西方人也何嘗不是以能了解中國的論語爲榮？歷代的儒家，固不必去說了。即如非儒的莊周，也不能不借用孔子、顏回、或論語的事（如盜跖篇「直躬證父」便是），來加重其分量。所以幾千年來論語一書，始終支配著學術界人類的思想，雖然，自中共竊據大陸，毛澤東爲要逞其一己之快，大力推行「批孔」，企圖消滅中國文化，但論語的學術價值，始終未貶分毫；相反的，因爲共產邪惡的泛濫，倒促進學者對論語的重視，而更加光芒燦爛。

論語的學術思想，其所以能歷久而彌新，就因爲它：第一是倫理的，而倫理又是以仁愛爲中心的。所以，學而篇說：「孝悌也者，其爲仁之本歟？」宰我欲短父母喪期，孔子責其不仁，而不責其不孝。在此人欲橫流，獸性泛濫的世界，發揚仁愛思想不是更顯得迫切嗎？第二是民主的，所以，雍也篇說：「樊遲問知。子曰：『務民之義。』」泰伯篇說：「民可，使由之；不可，使知之。」這一切以民意爲依歸的民主思想，正是人類所企求的；第三是科學的，科學是著重實驗的，實習的、實用的。所以，論語開章明義，便說：「學而時習之。」所學如不加以實習、實驗，便不切實用。所以又說：「學而不思則罔，思而不學則殆。」又說：「溫故而知新。」這不都是今日最時髦的科學思想嗎？

宋賢趙普說：「半部論語，可以治天下。」際此東西思想紛紜，共產洪流，正在到處成災，而人性文明遭受空前危機的時候，他的話更具其重要性與正確性。筆者撰述論語探旨，其動機便是在此。

孔子的天論與實踐

主席、各位先生、各位女士：今天晚上承貴會之邀向各位先進君子作讀書報告，既感榮幸，又感惶恐，在座各位先生、女士，不論在年齡上、德望上、學術修養上，多可以爲我的老師，因此，我在此向各位作讀書報告，正像在魯班門前弄大斧，孔子門下說經書一樣，心中的惶懼不安，不言而喻了。如有郢書燕說，指鹿爲馬之處，尙祈多予指正。今天晚上，我所要報告的題目是「孔子的天論與實踐。」

我們可常聽人談到老子的天論如何如何，墨子的天論如何如何，荀子的天論又如何如何。卻很少聽人談到孔子的天論如何如何，這或許是由於子貢所謂「夫子之文章，可得而聞也，夫子之言性與天道，不可得而聞也」的一段話，而認爲孔子是一位平易的教育家，他是不談天道的。其實子貢這一段話，正證明了孔子談天道，因爲宋儒程明道先生對此曾加以解釋說：「這是子貢聽到孔子最高妙的道理，心情驚喜而發出的讚美之言。」，論語中關於孔子談到「天」或「命」的記錄，也是十有餘條：⑴「五十而知天命」（爲政）⑵王孫賈問於孔子曰：「『與其媚於奧，寧媚於竈』，何謂也？」子曰：「不然！獲罪於『天』，無所禱也。」（八佾）⑶子見南子。子路不悅。子曰：「予所否者，『天』厭之！『天』厭之！」（雍也）⑷伯牛有疾，子問之，自牖執其手。曰：「亡之！『命』矣夫！斯人也，而有斯疾也。」(雍也)⑸「『天』生德於予,桓魋其如予何?」(述而)⑹子曰:「巍巍乎!唯『天』爲大,唯堯則之。」(泰伯)⑺「久矣哉!由之行詐也。無臣而爲有臣。吾誰欺?欺『天』乎?」(子罕)⑻「『天』之將喪斯文也,後死者不得與於斯文也。『天』之未喪斯文也,匡人其如予何?」(子罕)⑼顏淵死。子曰:「噫!『天』喪予!『天』喪予!」(先進)⑽「不怨『天』,不尤人。下學而上達,知我者其『天』乎!」(憲問)⑾「道之將行也與?『命』也;道之將廢也與?『命』也。公伯寮其如『命』何?」(憲問)⑿「君子有三畏:畏『天命』,畏大人,畏聖人之言。」(季氏)⒀「『天』何言哉!四時行焉,百物生焉,『天』何言哉?」(陽貨)⒁「不知『命』,無以爲君子也。」(堯曰)⒂「『天』之曆數,在爾躬。」(堯曰)其他散見易經、中庸……各書的,所在多有,不勝枚舉。

孔子不但有其天論,也有其宗教生活。例如:顏淵死了,孔子哭著說:「噫!天喪予!天喪予!」匡地人圍困孔子,孔子說:「天之將喪斯文也,後死者不得與於斯文也,天之未喪斯文也,匡人其如予何?」宋司馬桓魋,欲加害孔子,孔子說:「天生德於予,桓魋其如予何?」孔子晚年想到「莫我知也夫」時,便說:「知我者,其天乎!」當伯牛病革之際,孔子很悲傷,便嘆道:「亡之!命矣夫!」從此幾則看來,孔子悲傷之時,危急之時,痛苦之時,失望之時,都想到「天」或「命」,這和耶穌在橄欖園爲羅馬軍隊包圍,被捕時,說:「拿刀的,死在刀上。你們不相信天父派了十二個人來保護我嗎」的想到天父,是一樣的。論語記載:「祭如在,祭神如神在。子曰:『吾不與祭,如不祭。』」

這和耶穌詩篇中「上帝與我同在」，也有同樣的意趣。更由於「齊人歸女樂，季桓子受之，三日不朝。」孔子「遲遲吾行」，必等到「郊祀不行」，「膰肉不至」，才「不稅冕而行」這一事來看，可知孔子對「所以事上帝也」的「郊社之禮」的宗教儀式是很重視的，所以，春秋有「郊祀三望」之說。

我們分析論語中有關「天」或「命」的記載以及易經十翼，中庸等書，孔子所說關於天道的話，可以知道孔子心目中的「天」是有人格的，是神聖莊嚴而不可侵犯的，而這個「天」的本質，是由「誠」、「仁」、「中」三者構成的，孔子祖述堯舜，憲章文武，上律天時，下襲水土，故他的天論可由堯舜法天所得的十六字心傳，而得到證明。所謂堯、舜十六字心傳，便是「人心惟危，道心（仁）唯微，唯精惟一（誠），允執厥『中』。」天體的本質固然是這樣美好，但它的更偉大處是在它的作用——「健行」。易經說：「乾元用九，乃見天則。」用九是由純陽變爲純陰，由剛強（誠）變爲柔和（仁），能剛能柔（中），剛柔互用（行），這不是更明顯地說明了：「誠」「仁」「中」三種美德，不斷運行，就是「天則」嗎？由此可知，天體之所以能表現其「誠」、「仁」、「中」的「博厚」、「高明」，以及所謂「天長地久」，就是由於晝夜運「行」的結果。茲分別說明如下：

一、天體的本質

㈠誠：孔子說：「誠者，天之道也。」又說：「天地之道，可一言而盡也，『其爲物不貳，則其生物不測。』」不貳，就是誠。易云：「天與水違行，訟。君子以作事謀始。」就是「發之於誠，行之以中」之意。又云：「大哉乾乎！剛健中正，純粹精也。」「純粹精」，就是「誠」所以孔子以爲能「誠」，「天地變化，草木蕃。」不「誠」便要「天地閉，賢人隱。」也就是中庸所說「誠則明矣，不誠無物」的意思。

㈡仁：孔子在中庸篇上說：「君子居易以俟命。」在論語上說：「不怨天，不尤人，」都是本著「乾始能以美利利天下，不言所利」的「仁」道精神，所以他又說：「天地之大德曰生。」「元者，善之長也。」「君子體仁，足以成人。」伯夷叔齊互相禮讓遵循天理，孔子贊許他倆是「求仁而得仁」，這都是說明天體的本質是「仁」。

㈢中：易文言說：「大哉乾乎，剛健『中』正。」又說「君子黃『中』通理，正位居體。」論語說：「堯曰：『咨！爾舜！天之曆數在爾躬，允執其「中」』」。易云：「一陰一陽之謂道。」孤陰不長，獨陽不生，這便是「中」。五行以土爲「中」，就是因爲土有代表中正平實而不傾斜的性質。舜法天而行，中庸云：「執其兩端，用其『中』於民，其斯以爲舜乎！」凡此種種，不都是說明宇宙的本質爲「中」嗎？

二、天體的作用

天體的本質，因具有「誠」、「仁」、「中」三種美德，但最重要的，是在於它的作用——「健行」，天體如無「行健」之能，便不足以表現其美質。易文言說：「終日乾乾，與時偕行。」「天行健，君子以自強不息。」「大哉乾元，萬物資始，乃統天。」處處都是說明天體的作用是「行」。孔子深切體悟了宇宙之功能爲「行」，所以他便向弟子們強調地說：「天何言哉！四時行焉，百物生焉。天何言哉！」有一天，他在河川上，突有所感悟地說道：「逝者如斯夫！不舍晝夜。」天體的確是如此不斷地在運動啊！

孔子體悟了「天道」，他又如何去實踐它呢？一言以蔽之，就是他所謂「吾道一以貫之」「予一以貫之」的「一」字。他以一貫原則，一貫精神，一貫思想，表現在教育、政治、社會、倫理各方面，以及出處、辭受、取與之間。

㈠教育：孔子表現其天道「誠」、「仁」、「中」思想於教育方面的，是「有教無類」。凡「自行束脩以上」，不論其爲貧富、貴賤、智愚、賢不肖，都「未嘗無誨焉。」所以他的弟子中貧苦的有原思，富裕的有子貢，尊貴的有孟懿子，卑賤的有子路，聰明的有顏回，愚魯的有高柴、曾參，賢德的有仲弓、閔子騫，不肖的有強盜顏濁聚等，這些形形色色的人才，經過孔子的教誨，都成爲賢人。甚至如「互鄉難與言，童子見，門人惑。」孔子卻歎道：「人潔己以進，與其進也，不與其退也。唯何甚！與其潔也，不保其往也。」所以，有「孔丘門下何其雜也」之說。但從師問道而不合天理之節文（禮）者，也可以說是缺乏「誠」意者，孔子亦會予以拒絕的，如「瑟儆孺悲」便是一個例子。

㈡政治：孔子的天道思想，表現於政治方面的，首當推「正名」這一件事。子路曰：「衛君待子而爲政，子將奚先？」子曰：「必也正名乎！」子路曰：「有是哉，子之迂也，奚其正？」子曰：「

野哉，由也！君子於其所不知，蓋闕如也。名不正，則言不順；言不順，則事不成；事不成，則禮樂不興；禮樂不興，則刑罰不中；刑罰不中，則民無所措手足！」孔子認爲「父子」之名不正，則天地之位不安，不孝不弟，何以行仁？所以，必須「乾父坤母，混然中處」，「家齊而后國治也。」其次，如論語載：「陳成子弒簡公，孔子沐浴而朝，告於哀公曰：『陳恒弒其君，請討之！』」也充分表現了孔子的尊天思想，此種思想，更於春秋一書，表現得淋漓盡致。其次，如子路問君子，子曰：「修己以安百姓。」程明道先生對此解釋得非常精彩。他說：「唯上下一於恭敬，則天地自位，萬物自育，氣無不和，而四靈畢至矣，此體信達順之道，聰明睿知，皆由是出，以此事天饗帝。」又如答季然子問大臣，則說「所謂大臣者，以道事君，不可則止。」這就是本著天道的「中」而說的，答齊景公問政，則說：「君君、臣臣、父父、子子。」答魯哀公問政，則說：「凡爲天下國家有九經，所以行之者一也。」都是本於天道的「誠」而說的。

㈢社會：孔子表現其天道至平的思想於社會方面的，是他認爲凡是上帝的子民，在社會的地位都是平等的。所以，他借評論仲弓「犂牛（以喻平民）之子（指仲弓），騂（以喻仲弓德行純潔）且角（以喻仲弓已壯大，可爲國用），雖欲勿用（指國君或卿大夫，囿於階級觀念，不予錄用），山川（以喻社會）其舍諸」的一段話，來打破當時貴族、平民的社會階級觀念。

㈣倫理：孔子基於天體的「仁」道，所以，在倫理方面他主張「父子有親，君臣有義，夫婦有別，長幼有序，朋友有信。」原壤夷俟，蔑視倫理，孔子便責備他說：「幼而不孫弟，長而無述焉，老而不死，是爲賊。」以杖叩其脛。此外如在春秋中貶鄭莊公之不兄，責公子段之不弟，誅州吁之不臣，刺周鄭之交質，不書魯莊公的就位，責其不討賊，美齊桓的下拜受胙，克盡臣禮。諸如此類，無非是昌明倫理，發揚天道。

㈤出處：孔子的出處，有幾件事是大家所熟知的：

第一件事：魯昭公二十七到魯定公九年，十餘年間，季氏家臣陽虎，漸漸控制了大權，屢次邀請孔子出仕，以隱固他的政權。孔子以其所爲，違反天則，所以，雖受「日月逝矣，歲不我予」的威脅，仍堅守他「不義而富且貴於我如浮雲」的一貫原則。

第二件事：魯定公九年出而仕中都宰，定公十年，會齊侯於夾谷，使齊人歸還侵略魯國的土地。定公十四年以司寇兼攝相事，誅少正卯，魯國大治，做得有聲有色。這年十二月齊人謀沮孔子，贈女樂給魯公定。孔子便於次年正月初二郊祀不行之後，「不稅冕」離開魯國到衛國去了。

第三件事：孔子離開魯國相位到衛國去，主於顏仇由之家，當時衛國有兩個野心家，想掌握政權，一個是握有兵權的司馬王孫賈，另一個是深得衛靈公寵幸的彌子瑕，兩人明爭暗鬥，都想拉攏孔子，以加重其聲望。有一天，王孫賈遇見孔子，以試探的語氣問道：「『與其媚於奥，寧媚於竈』，何謂也？」孔子答道：「不然！獲罪於天，無所禱也！」古代房屋的格局，家中的房屋，正房三間，坐北朝南，兩旁的廂房叫做「廡」。正房的西南隅爲「奥」，東南隅爲「窔」；中間叫做「堂」。「祭奥」是祭家神，「祭竈」是祭竈陘之神；家神與家的關係較密切，用來暗喻彌子瑕之較親近於靈公；竈神與家的關係雖較疏遠，但祂正管著家中人口的命運，用來暗喻王孫賈雖不如彌子瑕之得靈公寵幸，但他是國防部長，正掌握著衛國兵權，所以有勸孔子與他親近之意。同樣的，彌子瑕也大做拉攏孔子的工夫，子路是他的連襟，他告訴子路說：「孔子主我，衛卿可得也。」子路把他的話告訴孔子，孔子卻說：「有命。」

第四件：孔子在衛國，既不能獲得重用，就西行往見趙簡子，到了黃河之上，忽然聽說趙簡子殺了晉國兩個賢人——竇犨鳴犢和舜華。孔子便對著河水嘆口氣說：「浩浩蕩蕩的流水是多美啊！可是我不想渡河了。這是『命』吧！」子貢走上前去問道：「老師這話是什麼意思呢？」孔子說：「竇犨鳴竇和舜華是晉國的兩個賢人，趙簡子沒有得意的時候，還靠他倆的主意，才掌握了政權，現在卻把他倆殺了。我聽說，如果殺害了幼小的走獸，麒麟就不肯來到郊野；如果把水裏魚打盡，蛟龍就不肯來降雨；如果翻了鳥巢，毀了鳥蛋，鳳凰就不肯飛來。爲什麼呢？因爲都認爲同類被殘害是夠傷心的啊！鳥獸還知道忌避不義的事，何況我孔丘還是一個人呢？」便回到陬鄉，作了一個叫做陬操的歌曲，以表示他哀傷「天道」的不明。

由這幾件事看來，他的出處，完全付之於「天命」。孟子稱他：「可以仕則仕，可以止則止。」眞是最恰當的贊語了。

(六)辭受：天道至誠無欺，孔子以此思想表現行動於「辭受」方面的，論語子罕篇曾有這麼一段記載：子疾病，子路使門人爲臣。病閒，曰：「久矣哉！由之行詐也。無臣而爲有臣，吾誰欺？欺天乎？且予縱不得大葬，予死於道路乎？」孔子六十八歲奉召返魯，大夫的身分已在十三年前辭掉了，所以，他不敢接受家臣送葬之禮，但學生爲他辦理喪事，他便坦然接受了，這便是本著天道誠實無欺的一貫原則而說的。

(七)取與：關於孔子對取與的態度，論語有兩篇記載到：

第一：論語雍也篇：「子華使於齊，冉子爲其母請粟，子曰：『與之釜』。請益，曰：『與之庾』。冉子與之粟五秉。子曰：『赤之適齊也，乘肥馬，衣輕裘，吾聞之也，君子周急不繼富。』原思爲之宰，與之粟九百，辭。子曰：『毋！以與爾鄰里鄉黨乎！』」這兩段話是說孔子做魯司寇並攝行相事時，派公西華出差到齊國去，冉有替他母親請求公糧，孔子說：「給他六斗四升吧！」冉有請求再加些，孔子說：「給他十六斗吧！」冉有心中猶認爲不夠，擅自給他八十斛。孔子知道了這件事，便說：「公西赤乘著肥壯的馬，穿著輕暖的皮裘，生活已很富裕了，我聽人說過，君子是救助急迫需要的人，已經富有的人，就不要去增加他的財富了。」原思做孔子家宰，孔子給他公糧九百斗，他認爲太多了，不敢接受。孔子說：「不要拒絕啊！你自己不要，也可以拿去贈送鄉里的人啊！」

第二：先進篇記載：「顏淵死，顏路請子之車，以爲之槨。子曰：『才不才，亦各言其子也。鯉也死，有棺而無槨，吾不徒行以爲之槨，以吾從大夫之後，不可徒行也。』」顏淵是孔子最喜愛的入室弟子，他死的時候，孔子竟悲痛踰恒的哭著說：「天喪予！天喪予！」但是顏淵的父親顏路，請求孔子把座車賣掉，給顏淵買一個外棺。孔子認爲這樣做是不合禮法的，便毅然不與。故一切取與之道，全依天理而行，絕無絲毫人欲之私。

孔子的天論，固散見於論語、易十翼、中庸等書文中，但具體而有系統的表現其天道思想的，卻是春秋一書。春秋之世，人欲橫流，天理滅絕。孔子爲求「挽狂瀾於既倒，障百川而東之」，昌明天道，發揚人道，故寫春秋。歐陽文忠說：「昔周法壞而諸侯亂，平王以後不復雅而下同列國，吳、楚、徐並稱王，天下之人不稟周命久矣。孔子生其末世，欲推明王道以扶周，乃聘諸侯，極陳君臣之理，諸侯無能用者，退而歸魯，即其舊史，考其行事，加以王法，正其是非。」朱晦庵也說：「周衰，王者之賞罰不行於天下，諸侯強凌弱，衆暴寡，是非善惡，由是不明，人欲肆而天理滅矣。夫子因魯史而修春秋，代王者之賞罰。是是而非非，善善而惡惡，誅姦諛於既往，發潛德之幽光。」又說：「易與春秋，天人之道也。易以形而上者，說出在那形而下者上；春秋以形而下者，說上那形而上者去。」林問先生以爲春秋一經，本是正誼明道，權衡萬世典刑之書。他所說的「正誼明道」，就是「正其人道之所宜，明其天理之所當」的意思，所以春秋所記載的朝聘、會盟、侵伐等事，都是就當時人心對天道的恭敬或恣肆，而加以或詳或略的褒貶與沮勸，眞像朱熹所說：「春秋皆亂世之事，聖人一切裁之以天理。」以及趙匡所說：「聖人當機發斷，以定厥『中』，辯惑質疑，爲後世王法。」

綜觀孔子一生言行，總是本著一貫原則，這個原則就是天道——誠、仁、中，所以「動而世爲天下道，行而世爲天下法，言而世爲天下則。」他眞是做到了「夫人不言，言必有中。」例如：他告訴冉求、子路：「吾恐季孫之憂，不在顓臾，而在蕭牆之內也。」後來，季孫果然爲家臣陽虎所囚。他告訴子路：「名不正，則言不順，言不順，則事不成。」後來衛國果然爲父子君位之爭，而兵連禍結了二十二年之久，而且子路也死在這一場政權鬥爭之中，使人疑他有如神明，這正是中庸篇所說：「至誠之道，可以前知。……善，必先知之；不善，必先知之；故至誠如神。」又說：「唯天下至誠，爲能經綸天下之大經，立天下之大本，知天地之化育。」宋儒邵堯夫，所以被程明道先生贊佩爲振古的豪傑，就是他能本源中庸誠明的道理，認爲心一不分，以物觀物，就可以窮盡天地間的至妙，洛陽聞鵑，而知宋室將有大變，不久，果驗，就是「誠一」「反觀」發揮的極致。總之，中庸以爲「小德川流，大德敦化，此天地之所以爲大也。」我則以爲「肫肫其仁，淵淵其淵」，此正是孔子之所以成爲至聖也。我們今天又處在邪說泛濫，人欲橫流的時代，天道、人道都受到嚴重的挑戰，蘇明允所謂「理有必至，事有固然。唯天下之靜者，乃能見微而知著。」我們若對孔子的天論與實踐，作「切己觀省」的工夫，以寧靜誠敬的心情，去觀察世局的變化，以孔子一貫實踐的精神，擇善而固執，必能復興中華文化，發揚大同的宗教精神。

孔子的輿論觀

一、前言

孔子是古今中外出類拔萃的聖人，也是堯、舜、禹、湯、文武、周公聖聖相傳的中國文化典型。現代一般學者常常喜歡以西方的蘇格拉底、耶穌和孔子相比。但就時間來說，孔子比蘇格拉底早生三十多年，比耶穌早生五百多年，孔子與天地合德的偉大思想，實非西洋二哲所可比擬。宰我以爲孔子賢於堯舜，子貢、有若以爲「自生民以來未有盛於孔子者」，一點也不誇張，連美國參議院也曾經建議以孔子誕辰爲美國教師節，且已有數州採行，更是有力證明。哈佛大學把論語、聖經、美國獨立宣言與大西洋憲章同列爲世界四大名著，尤爲國人共知的事。孔子所處時代，外有戎狄爲患，內有諸侯征戰，時局紊亂，社會變遷。我們今天所處的環境，一方面外有中國共產黨對我進行滲透、分化，企圖消滅我們，內有少數紛歧份子，不明大義，只想苟逞一時之私，故意製造似是而非的謬論，企圖混淆視聽，一方面因工商業繁榮，社會結構變遷，文化建設趕不上經濟的飛躍，社會新生的一些問題，正待大家貢獻智慧去解決，這和孔子所處的時代環境，雖有相距二千五百多年，然卻很多有相類似之處。我們知道輿論可以引導人類於祥和之境，也可引導人類於暴戾之局。反共基地一片欣欣向榮景象，大陸紅衛兵暴亂，血腥十餘年，使得文化大倒退，便是明顯的證明。所謂「一言興邦，一言喪邦」，所以對輿論的適當指導確是非常重要的事。孔子的輿論觀正是今日世界輿論和人類幸福的指針。凡有志研究新聞或從事採訪新聞的鬥士，都是文化界的尖兵，手握輿論之鑰，國家的安危，民族的前途，乃至全體人類的福祉，都賴你們一雙「新聞眼」，一枝「新聞筆」，善為運用啓導。所以，在此世局混沌，輿論紛歧的時候，從事新聞工作者，地無分中外，人無分男女，都應對孔子的輿論觀，有所體悟。

二、孔子對輿論的重視

孔子的中心思想是「仁」，細細玩索論語一書，無非教人如何去行仁。論語第一章：「學而時習之，不亦說乎！有朋自遠方來，不亦樂乎！人不知而不慍，不亦君子乎！」首節說明學可成己，中庸云：「成己，仁也。」次節說明學可成物，中庸云：「成物，知也。」末節說明學可成物、己兩忘之聖德，中庸云：「君子依乎中庸，遯世不見知而不悔，惟聖者能之。」蓋「仁者安仁，知者利仁。」所以學至最高境界，終能超越人我之界線，而成「仁、知兼賅」的聖德君子。王向榮論語二十講引仇滄柱之言說：「首節學以成己，即大學明明德之事；次節，學以成物，即大學新民之事；末節，學以成德，即大學止於至善之事。」又「明明德」，就是發揚人的本性—仁的功夫；「新民」，就是行仁功夫，也就是「汎愛衆，而親仁」功夫；「止於至善，就是『志士仁人，無求生以害仁，有殺身以成仁。』」「三月不違仁。」「無終食之間違仁。造次必於是，顛沛必於是」的「守死善道」功夫。所以，通章都以學字直貫到底；而其功夫卻在一個「仁」字。第二章即以有子「孝弟也者，其爲仁之本與」之言，明示「行仁」之本德；而第三章緊接著說：「巧言令色，鮮矣仁。」教人識「仁」，亦示人以「誠之者，人之道也」的道理。第四章曾子曰：「吾日三省吾身，爲人謀而不忠乎？與朋友交而不信乎？傳，不習乎？」論語述而說：「忠信所以進德則遠於巧言令色矣。」說明忠、信是行仁的基本德行，能時習六經的微言大義，正與首章相印證。司馬牛問仁，孔子說「仁者，其言也訒。」說話不輕出口，蓋「信近於義，言可復也。」正與此章之意義相通。第五章子曰：「道千乘之國：謹事而信，節用而愛人，使民以時。」明揭行仁的大事，爲敬勤以立信，儉約以明仁，而「視民如傷」也。其他各章，不是教人如何博學以行仁，修德以行仁，就是說明行仁的重要，行仁的程功。試舉幾章如下：

子曰：「溫故而知新，可以爲師矣。」

子曰：「學而不思罔；思而不學則殆。」

子張學干祿。子曰：「多聞闕疑，愼言其餘，則寡尤；多見闕殆，愼行其餘，則寡悔。言寡尤，行寡悔，祿在其中矣！」

子曰：「我非生而知之者，古好敏以求之者也。」

葉公問孔子於子路。子路不對。子曰：「女奚不曰？『其爲人也，發憤忘食，樂以忘憂不知老之將至云爾！』」

子曰：「知之者，不如好之者；好之者，不如樂之者。」

子曰：「學如不及，猶恐失之！」

子曰：「吾有知乎哉？無知也，有鄙夫問於我，空空如也，我叩其兩端而竭焉。」

孔子曰：「生而知之者，上也；學而知之者，次也；困而學之，又其次也。困而不學，民斯爲下矣。」

子曰：「小子何莫學夫詩！詩，可以興，可以觀，可以群，可以怨。邇之事父，遠之事君，多識於鳥獸草木之名。」

子曰：「興於詩，立於禮，成於樂。」

子曰：「由也，女聞六言六蔽矣乎？」對曰：「未也。」「居！吾語女：好仁不好學，其蔽也愚；好知不好學，其蔽也蕩；好信不好學其蔽也賊；好直不好學，其蔽也絞；好勇不好學，其蔽也亂；好剛不好學，其蔽也狂。」

子曰：「民之於仁，甚於水火。水火，吾見蹈而死之矣，未見蹈仁而死者也。」

子曰：「仁，遠乎哉？我欲仁，斯仁至矣。」

子曰：「克己復禮爲仁。」

子曰：「夫仁者，己欲立而立人；己欲達而達人。」

孔子重視禮樂，但又說：「人而不仁，如禮何？人而不仁，如樂何？」意思是說禮樂如脫離了「

仁」，那禮樂便無意義了。孔子告訴曾子說：「吾道一以貫之。」這個「一」字就是指「仁」而言。也就是明白地告訴曾子，他的道體就是一個「仁」字而已。所以，樊遲問仁。孔子告訴他說：「仁者，愛人。」又說：「唯仁者，能好人，能惡人。」要「愛人」就要「己立立人，己達達人。」要「好好人，惡惡人」，就要「知人」。要「知人」就要重視輿論，從輿論中去判斷是非，分別善惡。因爲所謂「輿論」是衆人的言論，「言爲心聲」，唯有從輿論中聽到人民的心聲，才能「民之所好好之，民之所惡惡之」，而成爲「愛人的仁者」。孔子是仁智兼賅的聖人，自然很重視輿論。雖然，在論語及六經中找不到「輿論」這一名詞。但我們可以從孔子承繼堯、舜、禹、湯、文、武、周公聖聖相傳的道統，乃至於許子產不毀鄉校是個仁者，就可以充分了解孔子是如何的重視輿論了。尙書堯典記載：「帝曰：『咨！四岳。朕在位七十載，汝能庸命，巽朕位。』岳曰：『否德忝帝位。』曰：『明明揚側陋。』師錫帝曰：『有鰥在下，曰虞舜。』帝曰：『兪！予聞；如何？』岳曰：『瞽子，父頑，母嚚，象傲，克諧，以孝烝烝，不格姦。』帝曰：『我其試哉。』女于時，觀厥刑于二女。釐降二女于嬀，嬪于虞，帝曰：『欽哉！』」舜典記載：「……帝（堯）曰：『格汝舜！詢事考言，乃言底可績，三載汝陟帝位。』舜『受終於文祖。』乃『輯五瑞，既月乃日，覲四岳群牧，班瑞于群后。……五載一巡守群后四朝；敷奏以言，明試以功，車服以庸。』」臯陶謨記載：「帝（舜）曰：『予欲聞六律，五聲、八音，在治忽，以出納五言，汝聽。……工以納言，時而颺之。』」孟子稱贊舜的孝行說：「瞽瞍底豫。瞽瞍底豫，而天下化，瞽瞍底豫，而天下之爲父子者定。此之謂大孝。」舜的大孝，受到輿論的贊揚，四岳因而向堯推薦，堯也終于把帝位禪讓於舜。舜承帝位，五年一巡守，聽取各地諸侯報告有關五常的輿論，作爲黜陟諸侯的根據，政治改革的參考。禹的重視輿論，亦不下於堯舜，據史記夏本紀記載：「帝舜荐禹於天爲嗣。十七年而帝舜崩。三年喪畢，禹辭辟舜之子商均於陽城。天下諸侯皆去商均而朝禹。禹於是遂即天子位。」湯放夏桀，武王付紂，更是輿論所促成，尙書湯誓記載：「今爾有衆，汝曰：『我后不恤我衆，舍我穡事，而割正夏。』予惟聞汝衆言夏氏有罪，予畏上帝，不敢不正。今汝其曰：『夏罪其如台！』夏王率遏衆力，率割夏邑，有衆率怠弗協。曰：『時日曷喪？予及汝皆亡！』夏德若茲，今朕必往。」尙書牧誓記載：「王（武王）曰：『古人有言曰：「牝雞無晨。牝雞之晨，惟家之索。」今商王受，惟婦言是用。昏棄厥遺王父母弟，不迪。乃惟四方之多罪逋逃，是崇是長，是信是使，是以爲大夫卿士；俾暴虐于百姓，以姦宄于商邑。今予發，惟恭行天之罰。』」紂王寵用妲己之言，顚倒錯亂，乖背倫常，受到輿論的誅伐，故「武王之伐殷也，革車三百兩，虎賁三千人，王曰：『無畏，寧爾也，非敵百姓』也。若崩厥角稽首。」正如「湯一征自葛始，天下信之，東面而征西夷怨，南面而征北狄怨曰奚爲后我。民望之若大旱之望雲霓也。」文王之時，紂王雖昏亂暴虐，但以「三仁（微子、箕子、王子比干）尙在，樂師（太師疵，少師彊）未犇。」還能獲得大部份輿論的支持，故孟子告訴齊宣王說：「取之而燕民不悅，則勿取；古之人有行之者，文王是也。」周公是孔子夢寐以思的崇仰人物，而周公的重視輿論可以從他因東征而制大誥就可知道了。至於鄭大夫子產不毀鄉校，而被孔子所極口稱讚，更是引爲千秋佳話。左傳襄公三十一年記載：「鄭人遊於鄉校，以論執政。然明謂子產曰：『毁鄉校如何？』子產曰：『何爲？夫人朝夕退而遊焉，以議執政之善否。其所善者，吾則行之，其所惡者，吾則改之。是吾師也，若之何其毁之？我聞忠善以損怨，不聞作威以防怨，豈不遽止，猶防大川。大決所犯，傷人必多，吾不克救也。不如小決使道，不如吾聞而藥之也。』然明曰：『蔑也今而後知吾子之信可事也。小人實不才，若果行此，其鄭國實賴之，豈唯二三臣？』仲尼聞是語也，曰：『以是觀之，人謂子產不仁，吾不信也。』」

孔子的所謂「仁」，標準定得很高。他的學生如子路的果敢、冉求的才藝、公西赤的應對長才，都不許其爲仁。楚國的令尹子文三仕、三已，無喜、無慍。齊國的大夫陳文子棄馬十乘而離亂邦，前者只許其爲忠，後者只許其爲清，均不許其爲仁。而子產重視輿論，不毁鄉校，便稱他是個「仁者」，其重視輿論可以想見了。

三、孔子的輿論觀

孔子所處時代是個王綱失墜，諸侯專征的混亂時代，所以社會的輿論也很複雜。雖然那時候尚無對立的學派，但就論語中可以明顯地發現儒家以外，還有屬於農家思想的輿論，屬於道家思想的輿論，乃至於墨家思想的輿論，而且其影響面都是相當廣大。如樊遲請孔子教他如何播種五穀栽種蔬菜；長沮、桀溺耦而耕，勸子路跟他們一起去過農耕生活；子路遇荷條丈人，諷刺子路「四體不勤，五穀不分」等，這些輿論顯然有濃厚的農家思想。「原壤夷俟」，「原壤登木而歌」，「楚狂接輿歌而過孔子」，「有荷蕢而過孔子之門者」等等，則是屬於道家思想的輿論。至於棘子成重質不重文，宰我欲短喪……等等，顯然是受墨家思想的輿論所影響，可見當時社會輿論的紛雜，孔子為了撥亂反正，對這些輿論，都予以婉轉的解釋，以導向於正道。韓文公所謂「挽狂瀾於既倒，障百川而東之」，即是此意。

孔子是集儒家思想之大成者，他的輿論觀，也就是儒家的輿論觀，孔子針對當時戎狄為患，政治紊亂，社會組織日見變遷的局面，大力倡導建立健全的輿論觀。孔子心目中的正確輿論，可分三方面來探討：

㈠**政治性的輿論**：凡屬健全的政治性輿論，都應以「正」為出發點，以「禮」為依歸，例如：子路曰：「衛君待子而為政，子將奚先？」子曰：「必也正名乎！」子路曰：「有是哉？子之迂也。奚其正？」子曰：「野哉，由也！君子於其所不知，蓋闕如也。名不正，則言不順；言不順，則事不成；事不成，則禮樂不興；禮樂不興，則刑罰不中；刑罰不中，則民無所措手足。故君子名之必可言也，言之必可行也。君子於其言，無所苟而已矣。」孔子認為政治是衆人之事，要把衆人的事辦得好，必先「正名」，也就是先以「正」為出發點，使名實相稱，造成衆人都信服的輿論。輿論認同，在「如水之就下，沛然孰能禦之」的氣勢下，則一切政治措施，所謂「師直為壯」，「天時不如地利，地利不如人和」自然就能收到「禮樂興」的立竿見影之效了。否則，「名不正」，自然「言不順」，「言不順」，自然「事不成」，也就是說名實不相稱，自然輿論不認同，輿論不認同，自然一切政事就不能順利開展，更別談高層次的「禮樂之治」了。據左傳哀公十年記載：季康子欲將原行田和財合併計賦的丘賦法，改爲田和財分開徵賦，使人民的負擔增加了一倍。派冉有請教孔子，孔子說：「我不知道。」三次發問，最後冉有就說：「先生是國老，國家的大事等著聽您意見去辦，爲什麼您不說話呢？」孔子仍然不肯公開的回答，只是私下告訴冉有說：「執政的人行使政權，應依禮法去衡量，給人民東西時，要儘量給多，爲人民辦事時，要儘量做好，要取人民東西時，要儘量少要，如果能遵照這三項原則，就用丘賦的辦法，也會夠用了。要是不遵照禮法，而又貪得無厭，就是用田賦的方法，倍加人民的負擔，仍舊是不夠用的，而且你季孫如想遵守法度，周公的舊法已經存在，要是想隨便妄爲，又何必來問我呢？」季康子是個貪婪的執政者，不聽孔子的勸告，冉求不但不能阻止他，反而幫著他去聚斂，孔子非常不滿，就對學生們說：「冉求不是我的學生，你們可以發動輿論去聲討他。」所以，季康子問政，孔子坦率的告訴他說：「政者，正也，子帥以正，孰敢不正？」又如：衛靈公向孔子請教行兵布陣的學問，孔子說：「禮制的事我曾經學習過，行軍布陣的事我還沒有學習過啊！」婉轉地暗示衛靈公應先注意自己君位繼承的禮制大事，連自己君位繼承的禮制還沒有「正定」，卻要亂找理由去攻伐別人國家，如何獲得國際輿論的同情呢？所以，他總是說：「爲國以禮讓，不能以禮讓爲國，如禮何？」又說：「道之以政，齊之以禮，有恥且格。」由此可知，孔子所認許的健全輿論，必須至正無私，一切以不違反國家的利益和法律的尊嚴爲前提。

㈡教育性的輿論：健全的教育性的輿論，孔子以爲應以「誠」爲出發點，以「理」爲依歸。因爲教育是以啓發人性之「誠」，光大人性之「理」爲指歸。中庸所謂：「天命之謂性，率性之謂道，修道之謂教。」就是這個意思。例如：「哀公問弟子孰爲好學，孔子對曰：『有顏回者好學，不遷怒，不貳過。』」夫遇見不平之事而憤怒，固發自人性之本「誠」。「不貳過」，更是光大人性之「理」的教育成效。所以，孔子告訴哀公：欲誠身，必先明善，欲收明善之功，必先之以博學。「周鄭交質」之事，自始即出於不「誠」，最後，當然因失「理」而決裂，故左傳書以貶之。春秋不書，大概是爲賢者（天子）隱諱之故吧。又如冉雍（仲弓）的父親冉伯牛是個平民，那時係貴族控制政權的社會，平民是沒有地位的，孔子卻讚美冉雍（仲弓）可以做個好長官。可能是當時有人批評孔子的話有問題，所以，孔子藉批評仲弓而糾正他們的言論說：「平民的兒子（黎牛之子），品德純正而又年輕力壯（騂且角），正可爲國效力的時候，即使貴族領導階層不用他（雖欲不用），社會大衆會放棄他嗎（山川其舍諸）？」這完全是基於人性至誠的理念，故能打破階級思想，糾正貴賤觀念，眞是曠世無匹的大教育家，大思想家啊！

㈢**倫理性的輿論**：凡是倫理性的輿論，孔子以爲應以「仁」爲體，以「情」爲用。所以，宰我欲短喪，孔子卻問他「食夫稻，衣夫錦，於汝安乎？」蓋本諸「仁」心，而激之以「情」也。齊景公問政於孔子，孔子對曰：「君君，臣臣，父父，子子。」就是教景公要先從倫理上爭取有利的輿論去著想，因爲「君君，臣臣，父父，子子」，是本著「仁性」，而成之於「情感」的倫理關係。如果「君不君，臣不臣，父不父，子不子」，不仁之甚，又怎能獲得輿論的同情呢？例如，衛出公文子爭國，孔子以爲「正名」才是根本解決之道，否則，一切作爲都得不到輿論同情。又如，鄭莊公實際上並沒有殺死他的弟弟公子段，因爲公子段跑到共國去請求政治庇護了。但春秋仍然記載說：「鄭伯克段於鄢。」據左傳解釋是孔子責備鄭莊公的用心要殺死弟弟的，弟弟公子段處心積慮奪取政權，當然也要非殺死哥哥不可，這種滅絕倫常的行爲，不「仁」，無「情」，甚於禽獸，能不嚴辭誅罰嗎？

四、孔子對輿論的態度

輿論既是衆的議論，難免有好的輿論，有壞的輿論，有正確的輿論，有不正確的輿論。例如，齊威王初年，所聽到的輿論，都以即墨大夫爲不才，而以阿大夫爲賢；唐賢裴度，人人稱其爲萬家生佛，而八關十六子一批人，卻毀之百端。岳飛爲秦檜所害時，除韓世忠等少數人不服外，幾乎國人皆曰可殺，一直到死後十八年，始得平反冤屈。如前些時台中有一位小姐向派出所謊報被搶，又誣指台中地檢處首席檢查官爲搶匪說情，似乎除中央日報外，其他各報都以社會版的頭條新聞處理，又輔以躍動的文筆，幾乎使社會對政府威信產生懷疑；又如對日抗戰尚未全面化之前，中共爲求苟延殘喘，破壞政府攘外必先安內的政策，乃指使其職業學生利用青年愛國情緒，發動抗日遊行示威，誣指先總統　蔣公親日不抗日，西安事變，實肇因於此。其實從美國無任所大使蒲立德的回憶錄中，我們就可發現　蔣公早已知道中日全面戰爭將是無可避免，所以暗中把沿海各省有關民生軍需的工廠逐步遷移到大後方去，作長期抗戰的準備了。有些輿論之不正確，給國家帶來莫大的禍害，於此可見一斑。然而孔子如何去面對那些紛歧的輿論呢？

㈠不爲輿論所惑：他說：「衆好之，必察焉，衆惡之，必察焉。」又說：「予之於人也，誰毀？誰譽？如有所譽者，其有所試矣。」絕不輕易爲輿論所惑。例如：當時有人責難管仲不死子糾之難，反而爲桓公輔相。連子貢、子路也受輿論影響，而懷疑管仲的人格。孔子卻說：「桓公九合諸侯，不以兵車，管仲之力也。如其仁！如其仁！」「管仲相桓公，霸諸侯，一匡天下，民到于今受其賜；微管仲吾其被髮左衽矣！豈若匹夫匹婦之爲諒也，自經於溝瀆，而莫之知也！」又舉「奪伯氏駢邑三百，飯疏食，沒齒，無怨言」的事，再次證明管仲之爲仁。又如力排衆議接見互鄉童子。大概互鄉的人，野蠻不講理，爲輿論所鄙棄。孔子不爲所惑，而予以接見，並向反對接見的學生們說：「與其進也，不與其退也，唯！何甚！人絜己以進，與其絜也，不保其往也。」甚至公冶長繫身縲絏之中，難免爲輿論所誤解，孔子卻深信非公冶長之罪，（按：公冶長羈身縲絏，繹史引留青日記所云，與皇侃論語義疏引論釋所云，以爲係知鳥語而受冤屈。其實，田藝衡的留青日記，事甚蕪雜，多不足爲學術之徵證；而皇侃義疏引論釋所云，亦多與繹史所記有所出入，其爲後人附會之說，應無可疑。）特意以其女許配公冶長爲妻，以引導輿論歸向於正確。所以，孔子棄絕四事：毋意測未然，毋武斷將然，毋固執己見，毋自我爲中心。本著「君子之於天下也，無適也，無莫也，義之與比」的態度，責備那些道聽塗說，不問輿論的是非的人，是有德之人所共棄的。又說：「鄉愿是破壞社會道德的敗類。」孟子以傳播孔道自期許，也是後世崇爲亞聖的大賢。他對齊宣王進賢退惡的一席話，更具體地表明了儒家對輿論的態度。他說：「國君進賢，如不得已。將使卑踰尊，疏踰戚，可不愼與？左右皆曰賢，未可也；諸大夫皆曰賢，未可也；國人皆曰賢，然後察之；見賢焉，然後用之。左右皆曰不可，勿聽；諸大夫皆曰不可，勿聽；國人皆曰不可，然後察之；見不可焉，然後去之。左右皆曰可殺，勿聽；諸大夫皆曰可殺，勿聽；國人皆曰可殺，然後察之；見可殺焉，然後殺之。故曰：『國人殺之也。』如此，然後可以爲民父母。」

㈡擇善而從：輿論既是有正確的，有不正確的，有完整的，不完整的，就必須擇善而從。正確的輿論，予以頌揚，不正確的輿論，予以辯正，如人們無異議於閔子騫的父母昆弟讚美閔子騫孝行的話，孔子認爲這個輿論很正確，所以特意予以頌揚。公明賈被輿論讚美其是「時然後言，人不厭其言；樂然後笑，人不厭其笑；義然後取，人不厭其取」的人物。孔子知道這種輿論是不完整的，所以特意借質疑於公叔文子，以警醒世人，不要爲不完整的輿論所迷惑。自己表白說：「蓋有不知而作者，我無是也。多聞，擇其善者，而從之，多見而識之。」並勸勉子路：「知之爲知之，不知爲不知，是知也。」故在論語最後一章又特別說：「不知命，無以爲君子也；不知禮，無所立也；不知言，無所知人也。」但要如何「知言」呢，孟子對此曾有非常明切的說明：「詖辭，知其所蔽；淫辭，知其所陷；邪辭，知其所離；遁辭，知其所窮。」孟子爲繼承孔子對輿論「擇善而從」的態度，闡揚孔子的輿論觀，不計「外人皆稱其好辯」，毅然車環天下，大力駁斥邪曲的輿論。誠如他所說：「聖王不作，諸侯放恣，處士橫議，楊朱、墨翟之言盈天下；天下之言，不歸楊，則歸墨。楊氏爲我，是無君也；墨氏兼愛，是無父也；無父無君，是禽獸也。公明儀曰：『庖有肥肉，廐有肥馬；民有飢色，野有餓莩。此率獸而食人也。』楊、墨之道不息，孔子之道不著，是邪說誣民，充塞仁義也。仁義充塞，則率獸食人。人將相食，吾爲此懼；閑先聖之道，距楊、墨，放淫辭，邪說者不得作。」國人如果都能以孔子對輿論的態度，效法孟子群起分析輿論的眞僞與虛實，使邪曲誣民之論，不得再爲害人群，那眞是國家社會之福了。

子貢說：「紂之不善，不如是之甚也。是以君子惡居下流，天下之惡皆歸焉。」輿論的力量是何等之大？孔子深知唯有建立儒家輿論的權威，才能撥亂反正，復興中華文化，使人類步向文明，朝著「人性」的大道—仁邁進。孔子如何去建立儒家輿論觀的權威呢？

㈠誅少正卯：孔子以魯司寇攝行相事時，有大夫少正卯「心逆而險，行僻而堅，言僞而辯，記醜而博，順非而澤」，孔子以其足以混淆輿論，蠱惑人心，以紫奪朱，顚倒是非，所以攝政七日，即予誅戮，一時人心振肅，民氣昂揚，而魯國大治。據史記記載：「誅魯大夫亂政者少正卯，與聞國政，三月粥羔豚者弗飾賈，男女行者別於塗。塗不拾遺，四方之客至乎邑者，不求有司，皆予之以歸。」正人心，必從正輿論始，古今皆然。

㈡周遊列國：孔子在魯執政未及一年，即爲齊人所沮，辭相位而去國。心中必然了解建立儒家輿論的權威，最有效途徑是從說服各國政要著手。如能透過大國政治的實驗，建立儒家輿論的權威，那必然可以收到事半功倍的效果，他曾說過：「君子之德風，小人之德草，草上之風，必偃。」所以，子貢曾說：「夫子至於是邦也，必聞其政。」呂氏春秋說：「孔子周流海內，再干世主，如齊至衛，所見八十餘君，委質於弟子者三千人，達徒七十人。」史記說：「明王道，干七十餘君。」淮南子說：「孔子欲干王道，東西南北七十說而無所偶。」按史記記載：孔子於魯定公十三年春去魯，至魯哀公十一年返國，前後十四年，跑遍了衛、宋、陳、蔡、楚等國，雖然「干七十餘君」有些誇大，但不論環境如何惡劣，始終都爲宣揚堯舜禹湯文武一脈相承的道統文化而努力，則是不移的事實，論語子罕篇記載：

「子畏於匡，曰：『文王既沒，文不在茲乎？天之將喪斯文也，後死者不與於斯文也。天之未喪斯文也，匡人其如予何？』」孔子在這裡所說的「文」，是指傳統的禮樂制度，也相當於我們現在所說的「傳統文化」。據史記記載：孔子到了宋國和學生們在一棵大樹下習禮，宋國的司馬桓魋想要殺他，他毫無所畏的說：「天生德於予，桓魋其如予何？」甚至德高望重的老前輩微生畝，都誤會孔子周遊列國，是向各國國君賣弄口才，論語憲問篇記載：

「微生畝謂孔子曰：『丘何爲是栖栖者與？無乃爲佞乎？』孔子曰：『非敢爲佞也，疾固也。』」又如長沮、桀溺諷刺孔子不識時務，說：「滔滔者，天下皆是也，而誰以易之？」孔子答覆他說：「鳥獸不可與同群，吾非斯人之徒與，而誰與？天下有道，丘不與易也。」處處表現其「知其不可而爲」之救世精神。

㈢刪詩書正禮樂：孔子周遊列國十四年，對儒家輿論觀的宣揚自有其很大的貢獻，但不得其位，無法行其道，故在衛曾感歎說：「苟有用我者期月可矣，三年有成。」誠如淮南子所說：「孔子欲行王道，東西南北、七十說而無所偶。」於是退而刪詩、書，正禮、樂，修春秋（贊周易之說後人已認爲不可信，其引據甚爲詳明，茲不重敍。）論語記載孔子自謂述而不作，此自謙之辭。文化是累積的，「述」是「繼往」的工作，「作」是「開來」的工作，沒有「繼往」，那有「開來」？孔子毅然爲往聖正統的輿論，負起承先啓後繼往開來的偉大任務，所以刪詩、書，正禮、樂，以授弟子。「書」是古代的公文，明往昔王者之政教，立輿論之常軌，當自尚書始。而「詩」三百零五篇中，國風是各國民間的歌謠，代表民間輿論的心聲，雅頌是廟堂政論的表徵。天子爲了要知道民間的輿論，專設采詩之官，到各地去實地採訪，作爲國家施政的參考。當時貴族官員來往，首次見面都要唱詩以表達心意。詩與樂是當時社交禮儀不可或缺之修養，所謂「博之以文，約之以禮，亦可以弗畔矣夫。」詩與樂，必合於禮，始能「樂而不淫，哀而不傷。」禮記玉藻篇記載：「古之君子必佩玉，右角徵，左宮羽。趨以『采薺』，行以『肆夏』。周旋中規，折旋中矩。」禮中有樂，樂中有禮明矣。故孔子說：「安上治民莫善於禮。移風易俗，莫善於樂」也。蓋孔子的理想，要以「禮」建立人類社會的秩序；同時還要人人習慣於那樣有秩序的生活，覺得唯有那種生活纔是快樂，而快樂表現於聲音動作，即是所謂「樂」了。樂記所謂「樂者爲同，禮者爲異。同則相親，異則相敬，樂勝則流，禮勝則離。合情飾貌者禮樂之事也。禮義立，則貴賤等矣；樂文同，則上下和矣。好惡者，則不肖別矣，刑禁暴，爵舉賢，則政均矣。仁以愛之，義以正之，如此，則民治行矣。」漢書禮樂志說：「人性有男女之情，妒忌之別，爲制婚姻之禮，有交接長幼之序，爲制鄉飲之禮，有哀死思遠之情，爲制喪祭之禮，有尊長敬上之心，爲制朝覲之禮。哀有哭踊之節，樂有歌舞之容，正人足以副其誠，邪人足以防其失。……釐宇民心，樂和民聲，政以行之，刑以防之。禮樂政刑四達而不悖，則王道備矣。」可見詩、樂、禮三者相輔相成，不可有所偏離，所以孔子說：「吾自衛返魯，然後樂正，雅頌各得其所。」又說：「興於詩，立於禮，成於樂。」證之左傳記載：叔孫豹向晉國求救時，唱了「祈父」和「鴻雁」兩首詩，分別感動了晉國中軍統帥荀偃和副統帥范匄，雙雙答應出兵救魯，便充分證明詩、樂、禮三者對國家政治的影響力是多麼的大了。所以，孔子對伯魚說：「不學詩無以言。」「不學禮無以立。」「人而不爲周南、召南，其猶正牆面而立。」又說：「詩可以興、可以觀、可以群、可以怨。」又說：「恭而禮則勞，愼而禮則葸，直而無禮則絞，勇而無禮則亂。」都是說明一切美德「如不以禮節之，亦不可行也。」

㈣作春秋：孔子刪詩書正禮樂，對於當時貴族社會自有其巨大的影響，但證諸「禮失而求諸野」，「學詩之士逸在布衣」之語，再觀孟子「王者之迹熄而詩亡，詩亡然後春秋作」一段話，可以知道詩書禮樂之正，對儒家的輿論觀，在貴族社會間似未能維持堅強恒久的權威。孟子所謂「世衰道微，邪說暴行又作。」當指此而言。尤其魯哀公十四年，魯國君臣西狩獲麟，給孔子的刺激最深。因爲麟是一種象徵祥瑞的獸，在太平盛世時，才會出現，而今不但出非其時，且又像一般野獸一樣被擒獲，充分表示邪說暴行之污染，已經到了最嚴重的關頭。據公羊傳記載：孔子爲了這件事，甚至「反袂拭面，涕沾袍。」說：「吾道窮矣。」於是乃將周遊列國所得到的史料，利用魯史援用晉董狐筆齊太史簡的義例（孔子曾說：「其義則丘竊取之矣。」）而作成春秋。歐陽文忠說：「昔周法壞而諸侯亂，平王以後不復雅而下同列國，吳楚徐並僭稱王。天下之人不稟周命久矣。孔子生其末世，欲推明王道以扶周，乃聘諸侯，極陳君臣之理，諸侯無能用者，退而歸魯，即其舊史考諸行事加以王法，正其是非，凡其所書，一用周禮爲春秋十二篇。」趙伯循說：「春秋救世之宗旨安在？答曰，在尊王室，正陵僭，舉三綱，提五常，彰善癉惡，不失纖芥而已。」春秋之成，的確建立了儒家輿論觀的至高無上的權威，對「正人心，息邪說，距詖行，放淫辭」的貢獻，功勞和大禹治平洪水，周公兼併夷狄，驅除猛獸一樣的偉大。如宋儒鄭樵所說：「春秋一經造端乎魯，及其至也爲周；造端乎一國，及其至也爲天下，造端乎一時，及其至也爲萬世。」觀歷代權奸多有所顧忌，都是震懾於春秋的筆伐，可知孟子所說：「孔子成春秋，而亂臣賊子懼。」朱晦庵說：「周衰王者之賞罰，不行於天下，諸侯強凌弱，衆暴寡，是非善惡由是不明。人欲肆而天理滅矣。夫子因魯史而修春秋，代王者之賞罰，是是而非非，善善而惡惡，誅姦諛於既死，發潛德之幽光，是故春秋成而亂臣賊子懼。」周濂溪說：「春秋正王道明大法也。孔子爲後世王者而修也。亂臣賊子，誅死者於前，所以懼死者於後也。」都是至理名言。

孔子不但自己要爲昌明王道，而製造有力的輿論，且對所有能製造尊王攘夷的輿論的人，都加以贊揚。孔子特別稱許管仲爲仁，管仲善於因禍爲福，轉敗爲功，爲齊桓公製造伐楚、救燕、救邪的有利輿論，也當是原因之一吧！

㈤輿教育：教育爲立國之本。教育的成敗，決定社會輿論的眞僞，民心的振靡，又決定國家民族的隆替。所以，先聖先賢，莫不重視教育。孟子說：「仁言不如仁聲之入人深也。善政民畏之，善教民愛之。善政得民財，善教得民心。」學記說：「發慮憲，求善良，足以謏聞，不足以動衆。就賢體遠，足以動衆，未足以化民。君子如欲化民成俗，其必由學乎！」就是這個意思。孔子傷歎鳳鳥不至，河不出圖，聖德遭季世，知言之不用而道不行，故在陳說：「歸與！歸與！吾黨之小子狂簡，斐然成章，不知所以裁之。」於是決心回魯，從事教育，本著「有教無類」的偉大教育宗旨，和「因材施教」的科學教學方法，創辦全世界最古最成功的一所綜合性的私立學校，廣收弟子三千，分授詩書六藝之文，與自格物、致知、誠意、正心、修身，而至齊家、治國、平天下之學。循循善誘，各成良材。所謂「孰先傳焉，孰後倦焉，譬如草木，區以別矣。」「有鄙夫問於我，空空如也。我叩其兩端而竭焉。」「閔子侍側，誾誾如也。子路行行如也。冉有、子貢侃侃如也。子樂。」充分說明了孔子教育成功之樂趣。詩、書、禮、樂、春秋的思想，能成爲中華文化的精華，爲人類輿論的指引明燈，當然是歸因於孔子從事教育的成功。試問若無子夏傳詩，子游傳禮、左丘傳春秋，以及群弟子相與論道，而撰成論語，群經思想能傳世久遠，彌見精神嗎？史記儒林傳說得更明白：「仲尼既沒，七十子之徒散遊諸侯，大者爲師傅卿相，小者友教士大夫，或隱而不見。故子張居陳，澹臺子羽居楚，子夏居西河，子貢終於齊。如田子方、段干木、吳起、禽滑釐之屬，皆受業於子夏之倫，爲王者師。是時，獨魏文侯好學。後陵遲以至於始皇，天下並爭於戰國，儒術既絀焉，然齊、魯之閒，學者獨不廢也。於威、宣之際，孟子、孫卿之列，咸遵夫子之業而潤色之，以學顯於當世。」管子云：「十年之計，莫如樹木；終身之計，莫如樹人。……一樹十獲者木也；一樹百獲者人也。」誠哉斯言。

六、結論

孔子是聖之時者，不論時代如何演進，他的輿論觀永遠是人類輿論遵循的指導方針。就以春秋的筆法來看現代的新聞報導的原則：㈠正確性：孔子以「毋意、毋必、毋固、毋我」的「知之爲知之，不知爲不知」的客觀誠實態度，嚴一字之褒貶，連子游、子夏之徒，也不能易一字；茲舉杜呈祥孔子一書中的一段敍述爲例：

1.隱公四年衛州吁殺其君完。

2.隱公四年衛人殺州吁于濮。

3.桓公二年宋督殺其君與夷及其大夫孔父。

4.文公元年楚世子商臣殺其君。

5.文公十六年宋人殺其君楚臼。

6.文公十八年莒殺其君庶其。

7.宣公二年晉趙盾殺其君夷皐。

8.成公十八年晉殺其君州蒲。

在這八個例子當中，一、三、四、七例，都是把殺君的人名寫出來，但四個人所犯的殺君案情，各不相同：第一個例子，僅是記載衛國的州吁有殺君之罪；第三個例子，不但記載宋督殺了他的國君，犯了殺君之罪，而且連帶殺了宋國的大夫孔父，表示宋督應該罪加一等，而且有褒獎和國君一同被殺的大夫的意義在內；第四個例子，加上「世子」兩個字，表示楚國商臣不但是殺君，而且是殺父；第七個例子，雖然也定趙盾有殺君之罪，但實際殺君的人，不是趙盾，而是趙穿，不過趙盾沒能懲辦趙穿，應該負殺君之責。第二個例子最有趣味，衛國的州吁把衛君殺掉，自立為君，後來衛國人利用州吁到陳國去的機會，要求陳國把州吁扣押起來，然後派人在陳國境內的濮地殺了他。照道理講，州吁既然自立為君，衛國人把他殺掉，也應該稱殺君，但是春秋上的記載是「衛人殺州吁于濮」。這樣簡單的七個字，意義可就大了。第一、春秋上寫某國人，是表示代表該國某些人的意思，這裡寫「衛人」殺州吁，是說州吁不是衛國某一個人殺的，而是衛國某些人殺的，表示被殺的人，有可殺之道。第二、不寫「殺其君州吁」，只寫「殺州吁」，表示不承認州吁是衛君，而且認為殺州吁是討賊。第三、加上「于濮」兩個字，是表示衛國人自身沒有討賊的力量，需要靠陳國的幫助。第五個例子，稱「宋人殺其君杵臼」，表示雖然承認杵臼是宋國的國君，但不寫出殺君的主犯的名字，祇寫「宋人」，是表示被殺的宋君也是有罪的。第六、第八兩個例子，不但沒寫出殺君的主犯的名字，而且不寫「莒人」或「宋人」，祇寫「莒」和「晉」，這是表示殺君的不是莒國或晉國的某一個人或某一些人，而是全莒國或全晉國的人，那麼，這個被殺的國君，一定是罪大惡極的國民公敵了。

由以上春秋記載殺君的八個例子看來，一、三、四、五例，是判決殺君者的罪名的，但四個人雖然同犯殺君之罪，而罪的輕重不同，罪最重的是楚世子商臣，最輕的是晉趙盾。二、五、六、八例，是判決被殺者有罪的，但被殺的罪，也輕重不等，罪最重的，自然是州吁，因爲他根本沒被承認是衛國的國君，所以殺他的人，沒被判爲有「殺君」之罪。由此可見，孔子修春秋的用意，決不是提倡片面的倫理，而是倫理、政治、教育面面正確的制斷。

㈡完整性：凡事件始末缺乏完整性者，春秋一概不記載，以免判斷錯誤，有損春秋的權威。如左傳僖公二十四年記載說：「春王正月，秦伯納之，不書，不告入也。」「戊申，使殺懷公於高梁，不書，亦不告也。」就是一例。孔子自謂「蓋有不知而作之者，我無是也。」莫非就是指此而言。

㈢適宜性：「子不語：怪、力、亂、神。」所以，春秋記載如涉及天道鬼神之事，都以人事爲本。例如：某年，秋螽；某年夏大水；某年大雩，都是與民生有關之事。至於與名分有關之事，完全依照政府所給的名分而記載，絕不以國土的大小，武力的強弱來決定。例如：吳楚二國雖然國力強盛，春秋仍以子爵稱之，宋國雖然國小力弱，仍然以公爵稱之。例如僖公二十九年，王子虎與晉狐偃、宋公孫固、齊國歸父、陳轅濤塗、秦小子憖盟于翟泉（晉地），孔子以王子不宜下盟諸侯之大夫，改書曰「會王人晉人宋人齊人陳人秦人蔡人盟于翟泉。」宋向戌弭兵之會，晉楚爭歃血之先後，晉接受宋的勸告，讓楚領先，但春秋記載此事，仍將楚排在晉之後。」一切務求其適宜，而不失正。

㈣趣味性：春秋筆法嚴謹，但在嚴謹中仍不失其高度的幽默，例如：魯隱公元年記載：「鄭伯克段於鄢。」用現代語應翻譯爲：「哥哥和弟弟打架，哥哥打贏了。」貶抑一件「君不君、臣不臣」的大事，用這樣的標題，是多麼新穎有趣。

大家都知道新聞報導，可以造成有力的輿論，所以，從事新聞工作的人，必須遵守新聞的四原則：正確性、完整性、適宜性以及趣味性。今天我們所處的時代，是「天下滔滔」、「赤禍成災」、「人欲橫流」、「正義低迷」的時代，要扭轉這時代的逆流，唯有發揚孔子的仁道精神，實踐三民主義，以三民主義的仁道輿論，來息滅共產的暴戾邪說，實現以三民主義的仁道思想統一中國，以三民主義的仁道輿論，領導世界輿論，大家朝向孔子天下爲公，世界大同的理想境界邁進。

三蘇新傳

一、蘇明允新傳

先生名洵，字明允，宋眉州眉山（今四川省眉山縣）人。生於眞宗大中祥符二年，卒於英宗治平三年（西元一〇〇九—一〇六六年）。父序以大理評事致仕，累贈識方員外郎，娶史氏夫人，生三子，長曰澹，次曰渙，先生居季，澹、渙先後皆以文學舉進士。洵未第進士，絕意仕進。渙則中進士第，官聲至美，或以比漢循吏。獨先生少時喜遊山水，無心場屋之學，間雖嘗學句讀、屬對聲律，但於宋仁宗天聖四年（西元一〇二六年）五月，詔禮部貢舉，先生與試，五年三月，榜賜禮部奏名進士、諸科及第出身一千七十六人，先生未列名其中。乃灑然廢學，與同鄉高亢之士史經臣等放情於名山勝水之間，時年十八歲。翌年，娶妻程氏，以先生遊蕩不學，雖不言，耿耿不樂。鄉閭親族或讓職方先生，何厚於澹、渙，而獨薄於先生，澹、渙皆承嚴訓而以文學舉進士，先生年已壯，竟縱而不問，職方先生但笑而不答，先生亦自如也；比年二十七，始慨謂妻程氏曰：「吾自視，今猶可學。然家待我而生，學且廢生，奈何？」程氏曰：「我欲言之久矣，惡使子爲因我而學者，子苟有志，以生累我可也。」程氏乃罄出服玩鬻之以治生，不數年，遂成富家。先生由是折節復學，歲餘舉進士再不中，又舉茂才異等亦皆不中，時年二十九歲。歸蜀途中，聞父序卒，乃兼程返家守喪，悉取曩時所爲文數百篇焚之，精心學術研究，取論語、孟子、韓子及其他聖賢人之文，兀然端坐，終日以讀之，絕筆不爲文辭者五、六年，遂豁然通六經百家之書，明古今治亂成敗之理，與聖賢窮達出處之道。下筆如御六馬而馳騁，決大河而澎湃，粲星斗而射文芒。並以學行，教授二子，撰「名二子說」勉之。曰：「是庶能明吾學者。」至和元年，張方平守成都，訪賢不遺餘力。次年，讀先生「機策」、「衡論」、「權書」、「洪範論」等論文，喜謂先生曰：「左丘明、司馬遷善敍事，賈誼之明王道，君兼之矣。」乃表薦先生，爲成都學官，不報。雅州太守雷簡夫讀先生文，佩極。乃致書張方平曰：「簡夫近見眉州蘇洵著述文字，其間如洪範論，眞王佐才也；史論，眞良史才也。豈惟西南之秀，乃天下之奇才耳。竊計明公引洵之意，不只一學官；洵望明公之意，亦不止一學官。……用之則爲帝王師，不用則幽谷一叟耳。」欲張方平向朝廷舉薦「至於再，至於三，俟其得請而後已。」方平遂謂先生曰：「遠方不足成君名，盍遊京師乎？」嘉祐元年（西元一〇五六年）三月，先生攜二子軾、轍，別方平赴京。方平爲修書歐陽修，並爲之備馬鞍行裝。雷簡夫聞先生將進京，亦分致書韓琦、歐陽修。謂韓琦曰：「師魯不再生，孰與洵抗耶？」謂歐陽修曰：「起洵於貧賤之中，簡夫不能也，然責亦不在簡夫也；若知洵不以告人，則簡夫爲有罪矣……執事職在翰林，以文章忠義爲天下師，洵之宜達在執事。向者，洵與執事不相聞，則天下不以是責執事；今也簡夫之書，既達於前，而洵又將東見執事於京師，今而後以洵累執事矣。」是年五月，先生至京師。九月，上書歐陽修，並附所作書二十二篇及張方平、簡雷夫之引薦書。修讀其文，大爲稱賞，乃獻之於朝。書既出，公卿士大夫爭傳之，一時學者，競效先生之文以爲師法，以先生父子俱知名，故號以老蘇別之。宰相韓琦見其書，善之，奏於朝。召試紫薇閣，辭疾不至。蓋先生之心以歐陽修之言，韓琦之奏，而仍千里召試，是未得上信，若應命試，是苟進以求榮利也；韓琦治昭陵，規模宏偉，向州縣攤派費用，海內騷動。明允以「華元厚葬其君，君子以爲不臣」，諫琦「改令以救百姓之急」。琦覽書爲之變色，其風骨嶙峋有如此。後遂除秘書省校書郎，會太常修纂建隆以來禮書，乃以爲霸州文安縣主簿，使食其祿，與陳州項城令姚闢同修禮書，爲太常因革禮一百卷。書成，方奏，未報。又作易傳未成，而疾革，命子述其志，又以兄澹早亡子孫未立爲囑，二子泣受命，四月二十五日以病卒，享年五十有八。英宗聞而哀之，特贈光祿寺丞。勅有司具舟載其喪，歸葬於蜀彭山之安鎭鄕可龍里。朝野之士爲誄者，百一十有三人。先生娶程氏大理寺丞文應之女，生三子：長曰景先早卒，次曰軾，季曰轍。有女皆早卒，三孫：長曰邁、次曰迨、季曰過。先生豪邁爽朗，善與人交，急人患難，死則卹養其孤，鄕人多德之，實有職方先生之遺範。張方平爲撰墓表，歐陽修爲撰墓誌銘，曾鞏爲撰哀詞，宋史文苑有傳。著有文集二十卷，謚法三卷，後世合編之曰嘉祐集。

二、蘇東坡新傳

先生名軾，字子瞻，一字和仲，謫居黃州時築屋東坡，因自號東坡居士，晚年以眉山先塋有老人泉，又自號老泉山人，宋眉州眉山（今四川省眉山縣）人，生於仁宗景祐三年十二月十九日，卒於徽宗建中靖國元年七月二十八日（西元一〇三六―一一〇一年），享年六十有六。先生秉性剛直而爽朗，才氣汗漫而澄清，自幼聰慧，八歲入鄉校，蒙師張易簡獨稱之。十歲父洵遊學四方，母程氏親授以書，聞母讀後漢書范滂傳慨然太息，即以范滂爲志，母子欣然相期許。慶曆七年（西元一〇四七年）五月，祖父序卒，八月，父洵聞耗，兼程返川居喪，作「名二子說」，以「輪輻蓋軫，皆有職乎車，而軾獨若無所爲者，雖然，去軾則吾未見其爲完車也，軾乎，吾懼汝之不外飾也」諸語勉之。翌年，先生十三歲，父洵以家艱閉戶讀書，因以行學，精心教授二子，曰：「是庶幾能明吾學者。」並命先生及弟轍，從眉山教授劉巨微之遊，先生竟能易微之詩句，微之驚異曰：「余非爾師也。」比冠，博通經史，初與弟轍師父洵爲文，繼好賈誼、陸贄書，既而讀莊子，歎曰：「吾昔有見，口未能言，今得是書，得吾心矣。」爲文日數千言，論古今治亂，不爲空言。先生及弟轍於嘉祐二年（西元一〇五七年），試禮部，主司歐陽文忠讀先生刑賞忠厚之至論驚喜，欲擢冠多士，以疑似其門下士曾鞏所爲，乃寘第二。復以春秋對義居第一，殿試中乙科，以書謝諸公。歐陽文忠見之，以書語梅聖俞曰：「老夫當避此人，放一頭地。」嘉祐五年（西元一〇六〇年）九月，母喪除，還朝，授河南福昌縣主簿，不赴。歐陽文忠以直言薦之秘閣，試六論，文義粲然，時以爲難。復對制策，入三等。有宋以來，對策入三等者，惟吳育與先生二人而已。除大理評事，簽書鳳翔府判官。治平二年（西元一〇六五年）入判登聞鼓院，英宗自藩邸聞其名，欲以唐故事召入翰林知制誥。宰相韓琦以先生遠大之器，若行驟用，反足爲累，乃召試學士院，以畏慕降伏天下士。及試二論，復入三等，得直史館。是年元配通義君卒。翌年四月父洵卒，護喪歸蜀，通義君柩隨行。治平四年葬父柩於先塋側，遵父遺命另葬通義君於父墓之西北八步。熙寧元年（西元一〇六八年）七月，父喪除。翌年三月還朝。王安石執政，素惡其議論異己，以判官告院。四年安石欲變科舉，興學校，詔兩制三館議。先生議迕安石，而上則深然之，安石不悅，命權開封府推官，欲困以事，先生決斷精敏，聲聞益遠。安石創行新法，先生上書其不便，安石滋怒，使其親家御使謝景溫論奏其過，窮治無所得，未嘗以一言自辯，乞外任避之，通判杭州。從知密州、徐州、湖州，以表謝上。御史李定、舒亶、何正言摭其語，并媒孽託諷詩，以為訕謗。元豐二年八月十八日逮赴臺獄，必欲置之死，鍛鍊久不決。神宗憐之，元豐二年十二月，以黃州團練副使安置。先生幅巾芒屩與田父野老相從溪谷之間，自是文學益進，沛然如川之方至，其詩祧李杜而與淵明並轡。築室東坡，躬耕以自食。元豐七年（西元一〇八四年）正月神宗欲命先生成國史，為宰相王珪、蔡確所沮。其後神宗出手札曰：「蘇軾黜居思咎，閱歲滋深，人材實難，不忍終棄。」三月量移汝州，七月經金陵訪王安石於蔣山，安石以修三國志為託。十月十九日上書自言飢寒，有田在常，願得居之，二十二日獲報可。元豐八年（西元一〇八五年）五月二十二日至常州貶所。三月神宗崩哲宗就位，司馬光為相，六月復朝奉郎，起知登州，召為禮部郎中。至京，即擢起居舍人。翌年遷中書舍人。尋除翰林學士，知制誥。元祐二年（西元一〇八七年）兼侍讀，元祐三年，權知禮部貢舉。會大雪苦寒，士坐庭中，噤未能言，先生寬其禁約，使得盡技，巡捕內侍每摧辱舉子，且持暖昧單詞誣以為罪，先生盡奏逐之，其尊禮士人如此。元祐四年，請外，拜龍圖閣學士知杭州。時西湖久未浚渫，葑積為田，湖水無幾，先生取葑泥爲堤，南北徑三十里，夾岸植芙蓉楊柳，點綴烟水之中，望之如圖畫，杭人名爲蘇公堤。元祐六年，召爲禮部尙書。未至，以弟轍除右丞，改翰林承旨。數月，復以讒請外，乃以龍圖閣學士知潁州。郡有宿賊尹遇等數劫殺人，又殺捕盜吏兵，朝廷以名捕不獲，先生招汝陰尉李直方告以能擒則乞行優賞，不獲亦免其責。直方訣老母而後行。卒緝知盜所，分捕其黨與，手戟刺遇，獲之。乃上乞將合轉一官與李直方酬獎狀。其知人如此，其能用人又如此。元祐七年，徙揚州。未閱歲，召爲兵部尙書，兼侍讀，爲南郊鹵簿使，入太廟，皇后及大長公主儀衛不肅，儀仗使御史中丞李之純不敢言，先生於車中奏之。哲宗遣使齎疏馳白太皇太后。明日召整肅儀衛，自皇后而下，皆毋得迎謁，其剛直如此。遷禮部尙書，兼端明殿翰林侍讀兩學士，謝表云：「始臣之學也，以適用爲本，而恥空言。故其仕也，以及民爲心，而慚尸祿。」並陳治道六事：「一曰慈；二曰儉；三曰勤；四曰愼；五曰誠；六曰明。慈者，謂好生惡殺，不喜兵刑。儉者，謂約己省費，不傷民財。勤者，謂躬親庶政，不邇聲色。愼者，謂畏天法祖，不輕人言。誠者，謂推心待人，不用智數。明者，謂專信君子，不雜小人。」元祐八年，宣仁后崩哲宗親政，先生乞補外，以兩學士出知定州。定州軍政敗壞廢弛，諸衛卒驕惰不教，軍校蠶食其廩，前守不敢誰何。先生取貪污者配隸遠惡，繕修營房，禁止飲博，軍中衣食稍定。乃部勤戰法，衆皆畏伏。會春大閱，將吏廢上下之分，先生命舉舊典，帥常服出帳中，將吏戎服執事，副總管王光祖自謂老將，恥之，稱疾不至。先生召書吏使爲奏，光祖懼而出，訖事，無一慢者。士氣大振，人心大定。此紹聖元年（西元一〇九四年）二月事也。惟時朝政將變，御史賈易，監察御史董敦逸、黃慶基，先後論先生掌內外制日，所作詞命，譏斥先朝。閏四月，遂落兩學士職，以左朝奉郎責知英州，五月二十五日始抵當塗縣，告再下，落左承議郎，責授建昌軍司馬，惠州安置，不得簽書公事。八月，過廬陵，告三下，落建昌司馬，貶寧遠軍節度副使，使惠州安置。居三年，又貶瓊州別駕，昌化安置。儋耳地非人所居，藥餌皆無有，初僦官屋倫江驛以居，次年四月，爲提舉湖南董必遣人過海，逐出官舍，因偃息城南污池之側桄榔林下，就地築屋，儋人運甓畚土以助之，摘葉書銘以記其處。元符三年（西元一一〇〇年）正月，哲宗崩，徽宗立，因陳襄進言，五月誥下，仍以瓊州別駕，內遷廉州安置。八月誥再下，遷蘇州團練副使，永州居住，十一月得旨復朝奉郎，提舉成都玉局觀。建中靖國元年（西元一一〇一年）七月十五日抵常州，遂上表請老，以本官致仕。是月二十八日卒。先生喪聞，浙西、淮南、京東、河北之民，相與哭於中，士君子奔弔於家。秦隴楚粵之間，耳塵馬跡所至，人無賢愚，皆咨嗟出涕。太學之士數百人，相率飯僧慧林佛舍。先生十九歲娶眉州青神王方女名弗，封通義郡君，生子邁，三十歲，通義君卒於京師。三十三歲娶王介幼女閏之爲繼室，封同安郡君，生子迨、過，三子俱善爲文，邁雄州防禦推官知河南縣事。迨、過皆承務郎，孫男十二人：簞、符、箕、筌、籌、籥、籍、節、笈、篳、竺、箾。建中靖國三年閏六月二十日，弟轍與子邁、迨、過合葬先生與繼配同安君柩於汝州郟城縣釣臺鄉上瑞里嵩陽峨嵋山，轍爲墓誌銘，遵遺命也。先生有生之日，始則仁宗朝，上讀先生及弟轍文，曾喜曰：「吾爲子孫得兩相」；及英宗朝，上嘗欲以不次用；後在神宗朝，先生處貶謫之中，上仍以奇才、奇才稱之，臨崩猶以不及重用先生爲憾以囑宣仁后，其得三朝特知如彼，而其所遇又如此，其命也夫！至高宗朝始獲贈太師，謚文忠。連雅堂云：「氣節之爲物，如日月麗大，雖雲霧掩於一時，終能破晦擒曙。」其先生之謂歟！著有易傳、書傳、論語說、唐書辨疑、東坡集全集、仇池筆記、東坡志林、東坡詞行世。

三、蘇潁濱新傳

先生名轍，字子由，一字同叔，號潁濱遺老。宋眉州眉山（今四川省眉山縣）人。生於仁宗寶元二年（西元一〇三九年）二月二十日，卒於徽宗政和二年（西元一一一二年）十月三日，享年七十有四。先生秉性沈靜雅潔，行事鯁亮切直。七歲，父洵出遊四方，與兄軾同入天慶觀小學。母程氏並親授以書，常戒之曰：「汝曹讀書勿效曹耦，止於書自名而已。」並稱引名節以勵之曰：「汝果能死直道，吾無戚焉。」九歲，祖父序卒，父洵匆返居喪。作「名二子說」，以「以天下之車，莫不由轍，而言車之功，轍不與焉。雖然，車仆馬斃，而患不及轍，是轍者，禍福之間。轍乎，吾知免矣」等語勉先生。翌年，父洵以家艱杜門讀書，精心教授先生兄弟二人。並命先生與兄軾從城西社下劉巨微之教授遊。十七歲，娶史氏。父曰矍。十八歲，隨父赴京秋試，過成都謁張方平，方平一見，許以國士。十九歲，試禮部，中第第五甲。又與兄軾同策制舉。仁宗春秋高，先生慮或倦於勤，因極言得失。而於禁廷之事，尤爲切至，策入，先生自謂必見黜。考官司馬光第以三等，初考官胡宿爭不可，光與范鎮議，以先生爲第四等。蔡襄曰：「吾三司使也，司會之言，吾愧之而不敢怨。」惟胡宿以爲不遜，力請黜之。仁宗不許，曰：「以直言召人而以直言棄之，天下其謂我何？」己卯，以先生爲試秘書省校書郎，充商州軍事推官。時知制誥王安石意先生右宰相，專攻人主，比之谷永，不肯撰詞。知制誥沈遘亦考官也，知其不然，故當制有「而轍也指陳其微，甚直不阿。雖文采未極，條貫未究，亦可謂知愛君矣」之語。諫官楊畋見上曰：「蘇轍臣所薦也，陛下恕其狂直而赦之，盛德之事也。乞宣付史館。」上悅從之。是時父洵被命修禮書，兄軾簽書鳳翔府判官。旁無侍子，先生乞養親京師，詔從之。治平二年（西元一〇六五年）正月，兄軾還至朝。三月，先生爲大名府推官。逾年，丁父憂。熙寧元年（西元一〇六八年）七月，服除。次年三月，先生上書言事。上批付中書曰：「詳觀疏意，知轍潛心當世之務，頗得其要，鬱於下僚，使無所伸，誠亦可惜。」即日召對延和殿。時王安石以執政與陳升之領三司條例，命先生爲之屬。安石出青苗書，使先生孰議曰：「有不便以告，勿疑。」先生曰：「以錢貸民，使出息二分，本以救民，非爲利也！然出納之際，吏緣爲姦，雖有法，不能禁。錢入民手，雖良民，不免妄用。雖富民，不免踰限。如此則恐鞭箠必用，州縣之事，不勝煩矣！唐劉晏掌國計，未嘗有所假責。有尤之者，晏曰：『使民得錢，非國之禍。使吏依法督責，非民之便。吾雖未嘗假責，而四方豐凶，貴賤知之，未嘗逾時。有賤必糴，以此四方無甚貴甚賤之病，安用貸爲？』晏之所言，則常平法耳，今此法見在，而患不修。公誠能有意於民？舉而行之，則晏之功可立俟也！」安石曰：「君言甚有理，當徐思之。」自此逾月不言青苗。會河北轉運使判官王廣廉乞度僧牒數千爲本錢，於陝西漕司私行青苗法，春散秋斂，與安石意合，於是青苗法大行四方。先生上書全面批評新法，力陳其不可，且求去職，安石怒，將加以罪，陳升之止之，以爲河南推官，會張方平知陳州，辟爲教授，從之三年。熙寧六年（西元一〇七三年）改授齊州掌書記。又三年，改著作佐郎。復從方平，簽書南京判官。元豐二年（西元一〇七九年）八月，兄軾以詩語被指謗訕朝政，逮赴臺獄，先生上書營救，貶監筠州鹽酒稅，五年不得調。元豐七年九月移知績溪縣，翌年正月至任所。是年三月哲宗立，五月司馬光爲相，八月，以秘書省校書郎召。元祐元年（西元一〇八六年）二月至京，就右司諫。九月，除起居郎。十一月，擢中書舍人。時舊相蔡確、韓縝、樞密使章惇皆尚在位，窺伺司馬光除弊得失，先生皆論去之。呂惠卿自知以傾陷安石，最爲士人不齒，乞宮觀以避貶竄。先生具疏其姦，以散官安置建州。元祐二年十一月，除戶部侍郎。翌年六月爲吏部侍郎，旋改翰林學士、知制誥。元祐五年爲龍圖閣學士、御史中丞。前後三上論分別邪正劄子，剴切周至，上感悟焉。遂使元豐舊黨不克阻擾革新庶政，而參用邪正之說乃衰。元祐六年二月擢尙書右丞，曾四上劄子請辭未允。元祐七年六月復擢門下侍郎，紹聖初，哲宗親政，起李清臣爲中書侍郎，鄧潤甫爲尙書左丞。二人久在外，不得志，稍復言熙豐之事，以激怒哲宗。會廷試進士，清臣撰策，即以邪說爲題。先生諫曰：「伏見御試策題，歷詆近歲行事，有紹復熙寧元豐之意。臣謂先帝以天縱之才，行大有爲之志，其所設施，度越前古，蓋有百世不可移者。在位近二十年，而終身不受尊號，裁損宗室，恩止祖免。減朝廷無窮之費，出賣坊場，顧募衙前，免民間破家之患。黜罷諸科誦數之學，訓練諸將慵惰之兵，置寄祿之官，復六曹之舊，嚴重祿之法，禁交謁之私。行淺攻之策，以制西夏，收六色之錢，以寬雜役。凡如此類，皆先帝之睿算，有利無害。而元祐以來，上下奉行，未嘗失墜也！至於其他，事有失當，何世無之？父作之於前，子救之於後。前後相濟，此則聖人之孝也。漢武帝外事四夷，內興宮室。財用匱竭，於是脩鹽鐵榷酤，均輸之政，民不堪命，幾至大亂。昭帝委任霍光，罷去煩苛，漢室乃定。光武顯宗，以察為明，以讖決事，上下恐懼，人懷不安。章帝即位，深鑒其失，代之以寬厚愷悌之政，後世稱焉。本朝眞宗，右文偃武，號稱太平。而群臣因其極盛，為天書之說；章獻臨御，攬大臣之議，藏書梓宮，以泯其迹。及仁宗聽政，絕口不言，天下至今韙之。英宗自藩邸入繼，大臣過計，創濮廟之議，朝廷為之洶洶者數年。及先帝嗣位，或請復舉其事，寢而不荅，遂以安靖。夫以漢昭章之賢，與吾仁宗、神宗之聖，豈其薄於孝敬，而輕事變易也哉？臣不勝區區，願陛下反覆臣言，愼勿輕事改易。若輕變九年已行之事，擢任累歲不用之人，人懷私忿，而以先帝為詞，大事去矣。」哲宗以引漢武帝先朝，事體失當，固不悅。李清臣、鄧溫伯又先媒孽之，因落職汝州。居數月元豐諸臣皆會於朝，章惇被擢為尚書左僕射，曾布為翰林學士，兼門下侍郎，諸臣交攻先生，乃再責知袁州。九月途至江州，復被告降朝議大夫，試少府監，分司南京，筠州居住。紹聖四年二月再貶化州別駕，雷州安置。六月復遷循州。元符三年（西元一一〇〇年）正月，哲宗崩，徽宗繼位。二月先生量移永州安置。四月，被命移岳州，十一月被命提舉鳳翔上清宮，外州軍任便居住。有田在潁川，乃即居焉。崇寧元年（西元一一〇二年），蔡京當國，六月，又降為朝議大夫。翌年，遷居汝南，又次年，還居潁川。政和二年（西元一一一二年）九月，由中大夫轉大中大夫，致仕，號潁濱遺老，十月三日卒。追復端明殿學士，特賜宣奉大夫。政和七年三月二十五日，夫人史氏卒，同葬汝州郟城縣上瑞里。三子：長曰遲，字伯克，妻梁氏，官至太中大夫，工部侍郎，徽猷閣待制，紹興二十五年卒。次曰适，字仲南，妻黃氏，官至承議郎，通判廣信軍，宣和四年卒。季曰遜，字叔寬，妻黃氏。官奉議郎，通判瀘州潼州府，靖康元年卒。女五。孫九：簡、策、籕、範、築、筠、箴、箱、簦。曾孫有可考者：諤、誦、詡三人。四世孫有可考者：諤之子林；詡之子森二人。先生居潁六年，杜門謝絕賓客，絕口不談時書，復理舊學，撰成詩傳二十卷、春秋集傳十二卷、老子解二卷、欒城集、後集、第三集共八十四卷、應詔集十二卷、潁濱遺語一卷，東坡評其文，以為「子由之文實勝僕，而世俗不知，乃以為不如。其人深不願人知之，其文如其為人，故汪洋澹泊，有一唱三歎之聲，而其秀傑之氣，終不可沒。」紹興中以子遲貴，累贈大師，封魏國公，史氏楚國夫人。淳熙三年，賜謚文定，時先生已歿六十有五年，宋史有傳。

吳沙開蘭之研究

一、前言

中華文化歷史悠久，博大精深。故其間雖有異族入侵，以武力控制中國，但最後仍為中華文化所同化，而成為中華民族的一份子，遼、金入侵，元、清入主，便是家喻戶曉的例子。中國共產黨以蘇俄的援助。佔據了整個大陸，欲用馬列邪說，消滅中華文化，企圖長久統治中國，奴役炎黃子孫。先總統　蔣公高瞻遠矚，深知惟有復興民族文化，實行三民主義，纔能消滅共產邪說，使我中華民族子子孫孫，永遠過著安和樂利的生活。故先有中華文化復興委員會的成立，接著又有行政院文化建設委員會的設置，使學術與實際合一行動，民間與政府配合並行。近年來民間藝術如戲劇、技藝、雕塑、美術、音樂、陶藝等的熱烈倡導，名勝古蹟的鑑定與保存，古典文學的探討與發揚，以及宗親會、同鄉會、修族譜等的尋根活動，無不做得有聲有色，影響深遠。相信在歷久彌新的中華文化巨流激盪之下，共產邪說的逆流，終將消失於無形。

談到尋根活動，除了開台的鄭成功和捨身成仁的吳鳳，為大家所熟知，而又為大家所一致崇仰外，還有一個開拓蘭陽的先賢吳沙，其成就絕不遜色於吳鳳，值得我們獻上最大的敬意和誠懇的效法。這是

吳沙後裔世系表

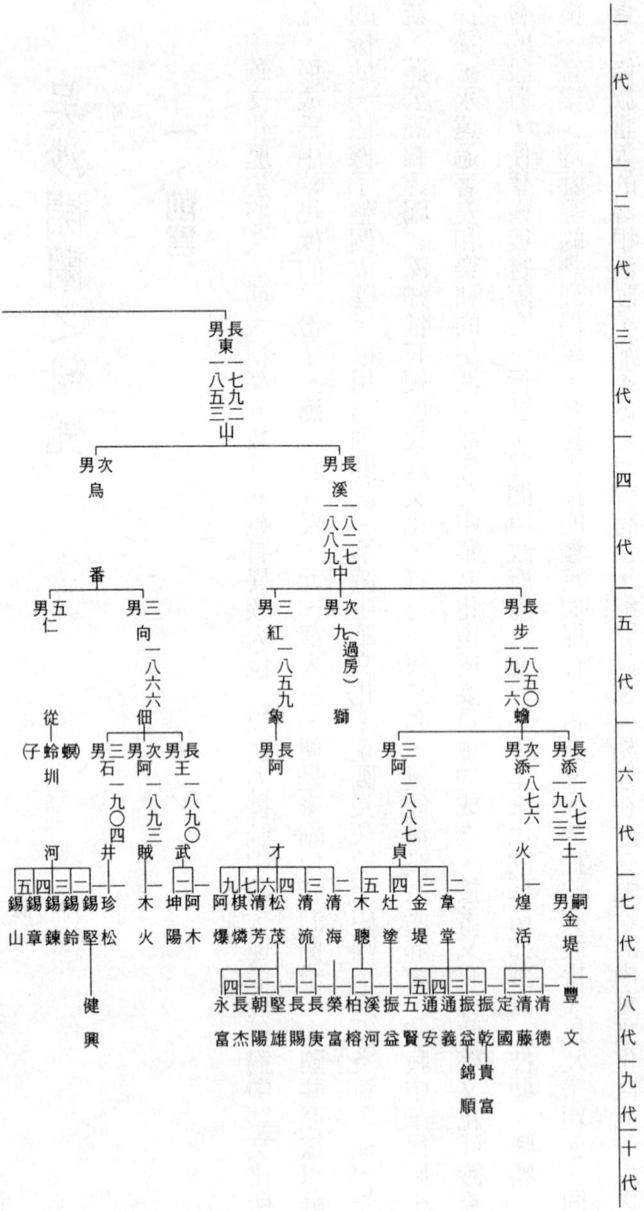

一代
二代
三代
四代
五代
六代
七代
八代
九代
十代
長男 東 一七九二—一八五三 山
長男 溪 一八二七—一八八九 中
次男 烏
番
長男 步 一八五〇—一九一六 蟾
次男 九（過房） 獅
三男 紅 一八五九 象
三男 向 一八六六 佃
五男 仁
長男 添 一八七三—一九二三 土
次男 添 一八七六 火
三男 阿 一八八七 貞
長男 阿 才
長男 王 一八九〇 武
次男 阿 一八九三 賊
三男 石 一九〇四 井
從 （螟蛉子） 圳 河
嗣男 金堤
煌活
二 韋堂
三 金堤
四 灶塗
五 木聰
二 清海
三 清流
四 松茂
六 清芳
七 棋燐
九 阿爆
阿木
二 坤陽
木火
珍松
二 錫堅
三 錫鈴
四 錫鍊
五 錫章
錫山
豐文
清德
二 清藤
三 定國
振乾
二 振益
三 通義
四 通安
五 五賢
振益
溪河
二 柏榕
榮富
長庚
二 長賜
堅雄
二 朝陽
三 長杰
四 永富
健興
貴富
錦順

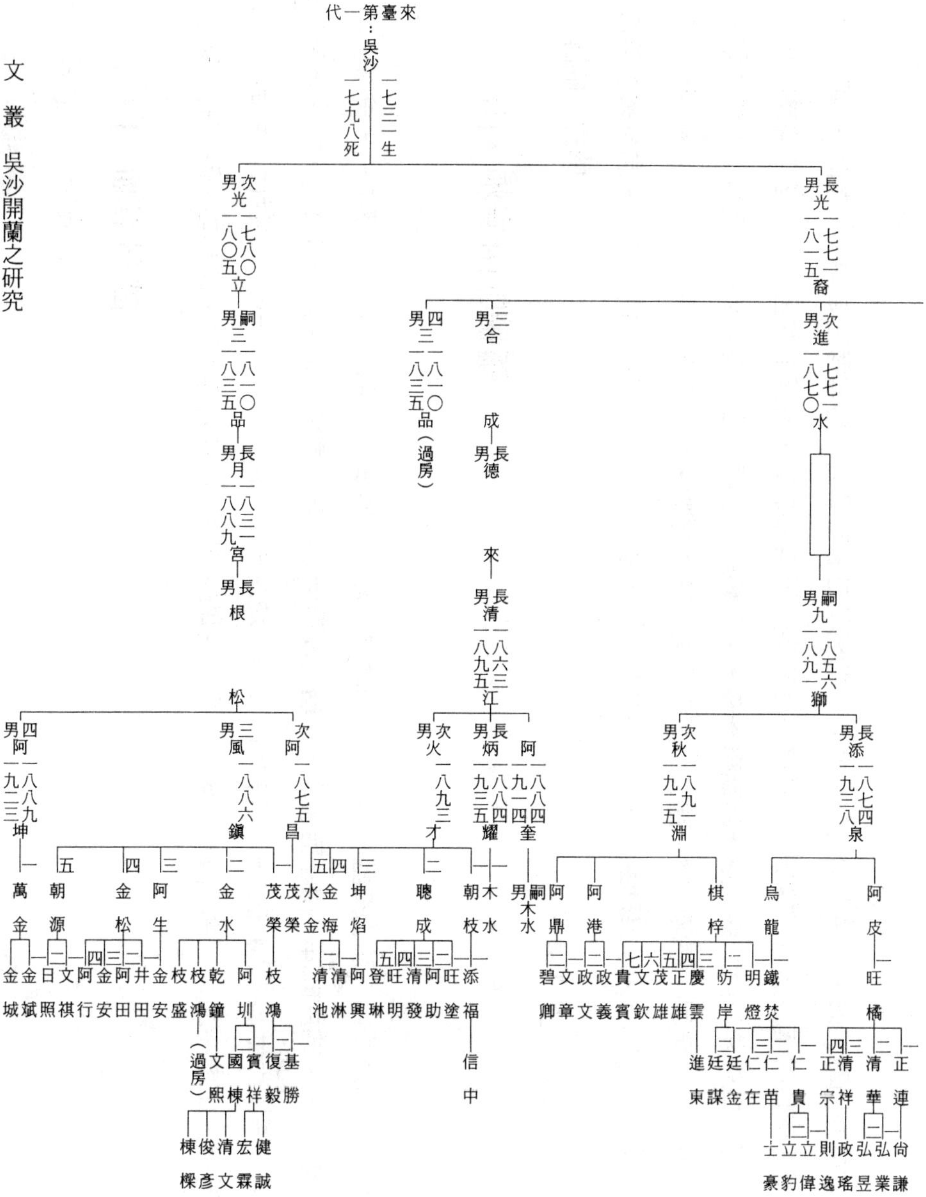
來臺第一代
吳沙 一七三一生 一七九八死
長男 光裔 一七七一—一八一五
次男 光立 一七八〇—一八〇五
次男 進水 一七七一—一八七〇
三男 合成
四男 三品 一八一〇—一八三五（過房）
嗣男 三品 一八一〇—一八三五
長男 德來
長男 月宮 一八三一—一八八九
長男 根松
長男 清江 一八六三—一八九五
嗣男 九獅 一八五六—一八九一
次阿昌 一八七五
三男 風鎮 一八八六
四男 阿坤 一八八九—一九三三
次男 火才 一八九三
長男 炳耀 一八八四—一九三五
阿奎 一八八四—一九一四
次男 秋淵 一八九一—一九二五
長男 添泉 一八七四—一九三八
萬金 朝源 金松 阿生 金水 茂榮 茂榮 水金 金海 坤焰 聽成 朝枝 木水 嗣男木水
阿鼎 阿港 棋梓 烏龍 阿皮
金城 金斌 日照 文祺 阿行 金安 阿田 井田 金安 枝盛 枝鴻（過房） 乾鐘 阿圳 枝鴻
清池 清淋 阿興 登琳 旺明 清發 阿助 旺塗 添福
碧卿 文章 政文 政義 貴賓 文欽 茂雄 正雄 慶雲 防岸 明燈 鐵焚 旺橋
文熙 國棟 賓祥 復毅 基勝 信中
進東 廷謀 廷金 仁在 仁苗 仁貴 正宗 清祥 清華 正連
棟櫟 俊彥 清文 宏霖 健誠
士豪 立豹 立偉 則逸 政瑤 弘昱 弘業 尙謙

本人採訪撰寫本文的動機。

一、吳沙家世

吳沙，字沙成，福建省漳州府漳浦縣人，生於清雍正九年（西元一七三一年）八月十四日。卒於嘉慶三年（西元一七九八年）十二月九日，活了六十八歲。吳沙於清乾隆三十八年（西元一七七三年），由故鄉渡海來台，首先住在淡水廳三貂社（即今臺北縣貢寮鄉），時年四十三。世世相傳，至今已有二百五十三年，子孫繁盛，從公從商或從事其他行業，都有良好的成就，閭里稱頌。茲將其家世列表如上：

三、吳沙在台事蹟

㈠通番、化番

吳沙來臺之初，寄居三貂。經營山產。三貂與蛤仔難（即今宜蘭縣）番社毗連，吳沙遂以食鹽和紗布和山胞交易，因爲他的爲人豪爽重義，熱忱和藹，很受山胞的信賴，生意興隆。時間一久，深入蘭陽地區，看到該地區，平原廣濶，雨水豐沛，土壤肥沃，草木綠縟而蔥籠，雜居在深林水窟中的平埔族、泰耶爾族山胞，卻不知耕種開墾，還是過著茹毛飲血的原始生活，浪費了天然的豐富資源，實在可惜。於是不避艱險，勸導山胞開闢。同時商議與許天送、朱合、洪掌等約集漳、泉、粵三籍移民計三千餘人，鄉勇三百餘人，及懂得山胞語言的人二十三人，於乾隆五十二年（西元一七八七年）進駐烏石港（現稱頭城鎮），建築土圍、房屋，開始拓土開荒。歷經艱辛的奮鬥，慘淡的經營，完成了第一處城廓——就是現在的頭城。

正在這個時候，山胞眼見吳沙墾地的擴張，恐怕生活會遭到威脅，於是糾合全族傾力攻擊；吳沙的弟弟吳立就在一次戰鬥中死亡。吳沙接受深諳番情的許天送建議，決定不和山胞力戰。遂想做一、二件可以向山胞示信義的事。以贏取山胞們更佳的好感。那時候有海寇侵犯海濱，蛤仔難也得到警戒消息，吳沙遂派人告訴山胞說：「我奉官令，以海賊將據蛤仔難盡滅諸番，特來堵賊，且護番足衆糧而已，非有他也。」山胞不懂耕種技術，雖有少數耕種的人，但用力苦而成功少，所以對土地原本不很愛惜。聽了吳沙的話，疑信參半。戰鬥又屢次失敗，以爲漢人有神明在暗中相助，於是戰鬥稍止。過了不久，又恰遇山胞社區發生天花疫症，傳染甚廣，死亡的人很多，將全族他遷。吳沙不顧自身安危，跋山、涉水，深入蠻陌，出方施藥（因吳夫人深知醫道），爲山胞治病。起初山胞不敢吃，強制他們吃下，病很快就痊癒，總共救活了百數十人，山胞以爲神，獻土地以謝其恩德。又依據他們習俗埋石設誓，相約以堵截海寇做外援，不再侵削他們的土地，從此番、漢間的心理鴻溝，因受吳沙的感化而漸漸地消失了。

㈡**拓土、開疆**

因爲山胞對吳沙的敬愛，爲墾荒工作奠下了穩固的基礎。先後不到三年時間，由頭城、二城、三城而四城（即今吳沙村）。據噶瑪蘭志略藝文志記載：「蛤仔難番既通貿易，漳、泉、廣東之民，多至其地，墾田、結廬，以居以食。蠶叢未闢，官吏不至，以爲樂土，聞風者接踵以至。於是，圍堡禦患，自北而南，爲頭、二圍、三圍，又南爲四圍。漳人有吳沙者，遂統其事，衆目爲頭家。沙能部署，設立鄉勇，以防生番。」又據噶瑪蘭廳志雜識門記載：「吳沙在日，官給以吳春郁義首戳，疎節濶目，一切頗聽其便。及三年，沙已死，子吳光裔頂充。由四圍更築至五圍，六年，請續墾開蘭，未報，尋亦卒。今沿海以東諸所陞報田園，皆當日吳沙酬謝民壯之地，俗呼民壯圍（即今壯圍鄉）。其由淡入蘭，自遠望坑至梗枋一帶，鄉勇坐護行人，尙有五路未及裁撤，亦當日分守隘寮之遺也。今已久成腹地，毫無生番蹤跡矣。」

㈢官信、民賴

吳沙爲人講信義，重豪俠，移居三貂，時間一久，便成爲衆人的敬佩人物，連山胞也受其感化。也因此，深得官府的讚譽與信賴。根據姚瑩東槎記略記載：「吳沙者，漳浦人，久居三貂，好俠，通番而有信，番悅之。民窮蹙往投者，人給米一斗，斧一柄，使入山伐薪抽藤自給，人多歸附。淡水廳聞，懼其爲亂，乃遣諭羈縻之。林爽文之亂，慮賊北竄內山，同知徐夢麟言，三貂有吳沙，民番素信，可堵賊，毋使遁入者是也。」又據噶瑪蘭廳誌楊廷理撰議開臺灣後山噶瑪蘭（即哈仔難）節略稱：「到任三月，值彰邑林爽文之變，以守城微勞，（乾隆）五十二年秋九月陞補臺灣知府，五十三年，隋福郡王康安平台莊，攻克大理，戰後理等防林逆竄路，始知有三貂蛤仔難之名。及該逆率夥越山逃遁，理撫飭淡防同知徐夢麟趕赴三貂堵緝，嗣接覆文，方知有漳人吳沙，久居三貂，民番信服，可保無疏縱弊，及隔港蛤仔難生番尚未歸化，並無居民，毋須顧慮等情。次年林逆就獲，大兵凱旋，徐署郡篆，每向理稱吳沙可信。」清咸豐八年（西元一八五八年）桐月頭圍縣丞事錢塘王兆鴻景仰吳沙的偉績，特立昭績碑，以示追遠，而勵來茲。其碑文如下：

「布衣而建開闢之功，纖民而創不朽之業，生無一命之加，歿享千秋之祀，稽之史冊，偉績如吳公者，絕無而僅見也。臺灣得後天之氣，國初始入版圖，涵仁沐德，垂二百年，比戶絃歌，居然文物之邦矣。惟噶瑪蘭僻在山後，番人所久居，茹毛而飲血。吳公名沙者，漳浦人，居近三貂，慕義而任俠，力不足以供客，則予以粮糗、斧斤，使抽藤伐木以自贍，日久人衆，闢地益進，三貂、草嶺之開，髣髴如有神助，嘉慶元年起，自三貂開至四圍，十餘年中，和番肅衆，皆係吳公及子光裔之辛勤，從子化之繼武也。海寇蔡牽，朱濆相繼窺伺，賴其父子，策群力以殺敗之，梁少詹曾奏蒙仁宗睿皇帝，恩旨褒查，而太府覆奏未及，以致褒功之典久淹，未免輿情仰望。蘭地之闢，雖成功於楊雙梧太尊，而開磽确成膏腴，則全賴吳公父子經營血戰之力。吾願蘭民之安享於太平者，食毛踐土，無忘所自，虔薦烝嘗之祀，則吳公之庇佑蘭民，生死豈有二致哉。景仰之餘，泐貞珉而爲之記。」他受到官府這樣崇高的信賴，絕不是偶然的。

吳沙的事蹟受到官府的信賴，自然更受到宜蘭人民的崇仰。宜蘭人民飲水而思源，數典而敬祖，在礁溪鄉，建有吳沙祠，吳沙紀念館，並整修吳夫人莊梳娘女士之墓經行政院文建會鑑定爲三級古蹟，善予保護。宜蘭縣長李鳳鳴還代表全體縣民撰寫吳沙夫人墓碑文，頌夫人之賢德，以爲後世賢婦範。其碑文如下：

「向聞賢婦勤事稼穡者，昔有陳仲子伉儷灌園食力，傳爲千秋美談。而本縣吳沙夫人，不矜父富荊釵布裙，勤苦甚於士庶，勖夫渡臺篳路啓疆，奠定宜蘭設治之基，其懿德遠超於古人矣。

夫人姓莊名梳娘字勤慈，於乾隆十六年（公元一七五一年）十月二十二日，出生於福建省漳浦縣小山賊之望族，自幼聰慧，習岐軒之術，佐父懸壺濟世。及笄父慕鄰舍吳沙好俠尚義，胸懷大志，即以勤慈妻之。而八閩多山耕種不易，於乾隆三十八年（公元一七七三年）夫人與沙攜手渡海來臺，初寓三貂社知蛤仔蘭地廣人稀正符墾拓之策，沙乃與夫人共商毅然於嘉慶元年（西元一七九六年）九月十六日進據烏石港南，築土開墾，即今之頭城也。是地打馬煙社番兇悍異常，傾其族相拒，沙弟吳立死之，故未敢續進。迨至翌年三十六番社平埔番遍患天花痘症，死亡枕籍，夫人乃以採藥製成妙方，授沙乘機示惠醫治救活甚衆，番人感其德，即分地付墾，遂得次第開至二圍、三圍。

嘉慶三年季冬吳沙逝世，夫人矢志守節，繼先夫未竟之遺志，領導姪兒吳化等墾至四圍、五圍諸地，未幾終底於成。夫人日理墾務積勞成疾，於嘉慶十三年（西元一八〇八年）十一月三十日駕鶴西歸，享年五十有七齡。子孫遵其遺囑，卜葬於宅後田陌旁，座向東與先夫墓陵（貢寮鄉仁里村）遙遙相望。

夫世之賢婦相夫齊家者實多，然能助夫來臺涉蠻荒深入蛤仔蘭開疆拓土，爲炎黃子孫奠定萬年之基者，蓋亦少矣，後世宜以民族巾幗英雄尊之。茲値佳城重修，爰敍其崖略，以彰其德，永垂不朽耳。」此外又在吳沙故居二城鄉，設置吳沙國中，培育青少年，使他們效法吳沙開蘭精神，建設更進步更理想的家園。

四、超人膽識垂範千秋

吳沙雖目不識丁，而其成功，卻能垂範千秋，實是賴他有高遠過人的膽識，與堅苦卓絕的精神，茲分述於下：

㈠以三貂爲開蘭之始基：閱陳志謙「吳沙與三貂二、三事」一文，可知吳沙選定三貂爲開發蘭陽的前進基地，是獨具慧眼，陳志謙文中說：

「遠在雍正嘉慶年間，噶瑪蘭尙未開發，可說是洞壑嶇澂、峯巒嵬瘣，別有洞天之世外桃源地帶，吳沙爲了開疆拓土，經過深思熟慮，何不以坪林尾作據點，卻乃駐紮於三貂？

因爲臺灣的北部，三貂與雞籠，龍潭堵毗連，此一數一數二之部落，開發比較早，漢人當時冒險犯難進取開發，可說是寥若晨星。單就頂雙溪來說，該地位於三貂嶺，草嶺中間，頂雙溪上流，發源粗坑九份、金瓜石，溪流一出猴洞，瑞芳、基隆河，一出合坪林溪的支流，滙合出於三貂溪港（往時帆船運貨，物資呑吐處）故謂之雙溪，該地翠嶺高聳，兩山峽峙，湖光迎人欲醉，據考據，清乾隆年代，連喬、吳爾兩位先賢歷盡千辛萬苦，憑著赤手空拳，開創天下，終于看準了雙溪，在交流的據點，依山傍水，有些平原，就決心定居了。久而久之，人烟漸聚，街肆略具雛型，他們因能安居樂業，淡泊世味，而身居翠鬟，芳躅耕辛。那時候，他們已是桃花源裏的人啦。也不作異想思遷。適吳沙在這個時候，到達了三貂，看看他們都是漳泉一帶的人，異鄉作客，情逾骨肉。沙雖一介匹夫，卻是心存大志，且體軀魁梧，智略過人，這個時候的吳沙，常越草嶺或柑腳，繞道萬順寮，由頭圍石砲仔而出，睥睨噶瑪蘭平原，果然一片幅員袤長一百三十里，尚屬原始未開發的沃土。那時候，沙已擬定計劃，在三貂招募鄉勇凡願意參加開拓噶瑪蘭的同志，以米一斗，並予以刀斧之便，計劃就緒，沙之最得力股肱賴阿登、林漢中、許天送、張德明、何長興、吳翼飛、趙隆盛、黃君佐、林有成、林朝瑞，以及所應募的鄉勇，都成了他們開疆拓土的豪傑。這批開拓的先驅者，爬山越嶺，浩浩蕩蕩，面臨噶瑪蘭三十六社番，硬軟兼施，剛柔並用，並且用了施恩濟藥的策略，開發了我們現在的蘭陽。話說回來，往時三貂這個地方，在西元一六二六年被西班牙DNTOPIOCDCENIODEVDGES遠征軍指揮隊發現了三貂角。三貂之名至明末流寓沈光文平臺灣時，謂之「三朝」，黃叔璥臺灣使槎錄，及臺灣府志，謂之「山朝」，此地有汪洋浩瀚的太平洋。山巒峻嶒起伏，有ケタガラソ社族，キウアノソ社社番蟠踞。中有舊社、新社、遠望坑、福隆四部落，漢人謂之三貂四社，相傳往時舊社社番，每遭海賊之洗刼，乃移居於新社，爲三朝之字，改爲三貂之說。

甲午之役，馬關條約後，日本在尚未侵入以前，就以不開口的托鉢僧，數次覬覦探密，詳盡洞悉臺灣濱海、地形、海峽、朝汐、山嶽、地理、民情、風俗，明瞭整個臺灣的環境。日軍選擇三貂澳底鹽寮登陸，這一大椿的大事，不是貿然的，吳沙選擇爲糾衆入噶瑪蘭駐紮開發的據點，這是個聰明人互相吻合的選擇，既無疏導，又是異民族，如此吻合我認爲是地靈人傑，三分人事七分天。」陳文所述，甚有見地。

㈡以烏石港爲拓土之初程：烏石港與三貂密邇相接，先踞烏石港築圍開墾，有進可攻，退可守之利。果然，開港初成，即引起番人驚懼，傾全力來犯。吳沙接受番割許天送的建議，先行退保三貂，從容籌畫繼續拓土之策，終於逐次感化番人，完成艱鉅。

㈢以四圍爲子孫安居之地：吳沙開拓土地至四圍（即今四城鄉），看到四圍一帶山明水秀，位置在蘭陽之中，三面背山倚嶺，東部面臨波濤怒吼之太平洋，且有龜山相對，西北丘陵相峽，存有四季不旱之大坡池沼十八公頃（即今名湖龍潭），形成一個天然水庫，可以灌溉一千多公頃水田，附近沒有溪流，不愁洪水爲患，四季如春，農產頗豐，實是安居後代子孫的最好之地，遂定居四圍，其故居至今猶存。現在的四城都，阡陌縱横，水利發達，稻浪翻風，炊烟彌望，眞家富人樂，一幅豐穰景象。吳沙的後代傳到現在已是第十代，一族三百餘人，分布在各行各業之中，都有傑出的成就。吳沙有先見之明，於此又可窺見一、二。

㈣緦緦以作供稅良民爲職志：吳沙見墾地一天一天地擴大，移民一天一天地增加，生恐被視爲私墾土地而不納稅的莠民，雖已向淡水廳請到文單、諭札。仍「緦緦以歸化爲請」，要做一個供繳租稅的守法良民。據噶瑪蘭志略人物志記載：「沙在淡丞署，並請有文單、諭札，惴惴以私墾爲妨。及添派鄉勇，分設隘寮，藉墾至五圍（爲今廳治）也，則人希爲業戶，緦緦以歸化爲請，亦可見沙雖一匹夫，而長顧卻慮，不忘戴天率土之恩，不可謂無裨於開造。」再看東槎紀略記載噶瑪蘭入籍中的一段過程，由於官府的無知，更可見吳沙膽識的過人，與其立志爲良民的偉大情操。東槎紀略中說：「噶瑪蘭之入圖籍也，其議倡自淡水同知徐夢麟。乾隆五十三年林爽文既平，徐署府事，乃爲臺灣府楊廷理言吳沙可信，及蛤仔難生番易於招墾，楊議上之。巡撫徐嗣曾以外界地恐肇番衅，弗許。吳沙既入墾，懼獲罪，嘉慶二年赴淡水請給札招墾；同知何茹蓮予之。沙出私單招佃，每地五甲爲一張犁，取番銀二十助鄉勇費。沙死四年，其衆詭名蘇長發赴省請墾，藩司劉栻檄府察之。淡水同知李明心議以蛤仔難遠在淡水三貂以外，距淡城五百里，深林密箐，疊嶂重巒，鳥道紆迴，人跡罕至，三十六社生番性同梟獍，勿許便，時栻已去，藩司李長森從之。六年，沙子光裔及何績、趙隆盛、柯有成等請，復如前議置之。然三籍人衆，亦未議逐出封禁，民肚自若也。績等多方求爲業戶，不克。」柯培元撰噶瑪蘭志略藝文誌也說：「吳沙既富，自恨不爲良民供租稅，且百貨不通，乃陰求敢言於當路者，得奏報升科，願出賦，爲請設官建署。其時鎮道惡周羅以化外，置之不問。」吳沙死了，他的姪子吳化繼志述事，終於嘉慶十二年因協助官軍大敗海寇朱濆，平定禍亂立了大功，再以歸化納稅爲請，始於嘉慶十五年夏五月得總督方維甸奏報朝廷，嘉慶十七年秋八月，設立噶瑪蘭廳，築城建署，置民番通判，經劃地界。吳沙遺志，到此才告實現。現在社會上有些人以逃稅漏稅爲能事，視吳沙能不愧死！

㈤感化林爽文餘衆以安地方：乾隆五十三年，林爽文率夥越山逃遁。始臺灣知府楊廷理會飭淡防同知徐夢麟趕往三貂堵緝。徐夢麟覆文說三貂有吳沙，民番信服，可保無疎縱弊。吳沙乃一介平民，能以坦誠豪放，行俠好義之襟懷，與凜然之氣，使林爽文餘衆紛來投靠，聽從吳沙的指揮，一同翻山拓野，不但地方未受損害，反而平添一股開拓疆土的生力軍，這種奇蹟，眞可謂千載如一時。

㈥以三貂爲墓坟之處所：吳沙開蘭始基於三貂，死後特囑安葬於三貂，這和張良始遇高祖於留，助高祖平定天下後，功雖最大，仍只求封以留侯，是一樣的高明。而且臨終還囑咐說：「三貂歷代皆有洪水之憂，因山勢傾斜陡急，上游多峽谷，中流爲懸宕，滾滾急流隨山澗一瀉而下，一出平原，滔洪流順地勢奔向四方，因此常遭水患，然地勢雖險惡，風水甚佳，安葬在此，而後必不再發生洪水。」據稱吳沙遺囑果然靈驗，百餘年來三貂均無洪水之患，而他的墓園也至今仍完整無損，且拱木扶疏，深得地方人士的加意維護。事雖略帶迷信，但吳沙臨死仍以地方福祉爲念的偉大胸懷，也足値「地方人士每逢忌辰，多敬備清香花果，到墓園頂禮膜拜」（吳沙第九代孫吳正連「誌蘭陽拓荒懷先祖吳沙公」語）了。

五、史有定評

連雅堂吳沙列傳說：「吾讀姚瑩楊廷理所爲書，其言蛤仔難之事詳矣，而多吳沙開創之功。夫沙匹夫爾，奮其遠大之志，率其堅忍之氓，以深入狉榛荒穢之域，與天氣戰，與猛獸戰，勇往直進，不屈不撓，用能達其壯志，以張大國家之版圖，是豈非一殖民家也哉，吾又讀謝金鑾蛤仔難紀略，力陳廢棄之非，其言曰，夫君子之居官，仁與智二者而已，智者慮事，不在一日而在百年，仁者之用心，不在一己之便安，而求益於民生國計，倘敬事以愛民，蛤仔難之民，創堯舜之民也，何禍端之有，旨哉斯言，可以治當時之蛤仔難，且可以治臺灣矣，夫蛤仔難番地爾，勢控東北，負隅固險，得失之機，實係全局，使非沙有以啓之，則長爲豺狼之域矣，然則沙之功不更偉歟？」雅堂先生以吳沙爲一殖民家，實在不是過分的贊詞。吳沙是個不識字的人，以垂暮之年，還致力墾殖，深入蠻荒，感化悍番，建立漢人新社會，功垂萬世，古人所謂士先器識，而後文藝。古今多少自負碩學的士子其器識能如吳沙者，於此更可見吳沙的不平凡，更値得後世的崇敬了。